KB123873

Logic Pro
입문 코스

최이진 지음

노하우
도서출판

최이진의
로직 프로 입문 코스
(한글 버전 특별판)

초판 발행 2023년 1월 25일

지은이 최이진

펴낸곳 도서출판 노하우
기획 현음뮤직
진행 노하우
편집 덕디자인

주소 서울시 관악구 행운동 100-339
전화 02)888-0991
팩스 02)871-0995

등록번호 제320-2008-6호
홈페이지 hyuneum.com

ISBN 978-89-94404-52-3
값 33,000원

인생을 바꾸는 한 권의 책!

멀티 출판 부문 1위!
독자 여러분! 고맙습니다.

세상을 살다 보면
차라리 죽고만 싶을 만큼
힘들고, 괴로울 때가 있습니다.

하지만, 누가 봐도
힘들고, 괴로워 보이는 사람들은
오히려 그 속에서 피와 땀을 흘려가며
가슴속 깊이 전해지는 감동을 만들어냅니다.

도서출판 노하우는
힘들게 공부하는 사람들과
함께하는 작은 디딤돌이 되겠습니다.

힘들고, 괴로울 때
내가 세상의 빛이 될 수 있다는
꿈과 희망을 품고 열심히 공부하세요
멈추지 않는다면, 꿈은 반드시 이루어집니다.

그 곁에 도서출판 노하우가 함께 하겠습니다

고맙습니다.

Contents

알아 두면 좋아요!   영상 강좌

서적으로 공부할 때의 어려움.
영상으로 시청할 때의 오해.
두 가지를 함께하면 이러한 문제를 해결할 수 있으며,
개인 교습을 받는 것과 같은 효과를 얻을 수 있습니다.

오른쪽 QR 코드를 촬영하면 본서의 학습을
영상으로 시청할 수 있는 유튜브 채널에 연결됩니다.
유튜브에서 최이진을 검색해도 됩니다.

로직으로 시작하는
뮤지션의 길

SECTION 01

로직 사용을 위한 준비

음악 작업에 필요한 시스템의 종류와 연결 방법, 오디오 드라이버 및 프로젝트 설정 방법 등, 로직을 사용하기 위한 준비 과정을 살펴봅니다. 이미 로직을 이용하여 작업을 진행하는데 큰 문제가 없더라도 한 번쯤 읽어보면서 자신의 시스템 설정을 체크해보기 바랍니다.

Lesson 01

컴퓨터 음악의 이해

과거에는 작곡가, 작사가, 편곡가, 연주인, 녹음 엔지니어 등 각 분야별로 참여 인원이 명확하게 구분되어 있었습니다. 그러나 요즘에는 이 모든 것을 혼자서 해내고 있으며, 녹음 작업을 위해서 엄청난 비용의 스튜디오를 빌려야 했던 일까지 집에서 해결하고 있습니다. 결국, 분야에 상관없이 음악 관련 일을 하고 있다면 컴퓨터 음악 프로그램을 다룰 수 있는 능력을 갖추는 것이 필수이며, 맥 사용자 대부분이 로직을 사용합니다.

┃ 작곡 및 작사

컴퓨터 음악 프로그램은 미디와 오디오 데이터를 입력하고 편집하는 툴을 말하며, 다양한 제품이 있습니다. 그 중 MAC에서 가장 많이 사용하고 있는 프로그램이 로직이며, 음악을 제작하는 모든 과정을 처리할 수 있다고 해서 Digital Audio Workstation(DAW)이라고도 합니다.

녹음기를 틀어놓고 Piano 또는 Guitar를 연주하면서 흥얼거리는 노래를 녹음합니다. 그리고 녹음한 음악을 모니터 하면서 마음에 드는 부분을 악보로 옮기는 과정을 반복하여 멜로디와 코드를 완성해가는 것이 작곡가들의 전형적인 작업 방식이었습니다. 그러나 요즘에는 악기와 녹음기 대신에 노트북 하나 달랑 들고 음원까지 만들어내는 작곡가들의 모습을 흔하게 볼 수 있습니다.

대중의 사랑을 받는 히트곡의 대부분이 오랜 시간 작업실에서 만들어진 것보다는 이동하는 자동차 안이나 친구를 기다리는 커피숍 등에서 문득 떠오르는 악상으로 탄생한 것들이 더 많다는 일화를 많이 들어보았을 것입니다. 이것은 늘 음악을 생각하는 열정을 가지고 있으며, 언제 어디서든 악상을 기록할 수 있는 장치를 휴대하고 있다는 증거입니다. 작곡가의 꿈을 가지고 있다면 로직이 설치되어 있는 노트북이나 가라지밴드가 설치되어 있는 패드 정도는 늘 소지하고 다니는 습관을 가져야 할 것입니다. 물론, 간단하게 악상을 기록하는 도구로는 휴대폰의 녹음 기능이 최적입니다. 참고로 가라지밴드는 로직의 축소판으로 Mac에서 기본적으로 제공하는 무료 프로그램이며, 언제 어디서나 음악 작업이 가능한 iOS용 모바일 어플로도 제공되고 있습니다.

▲ 노트북을 이용한 음악 작업

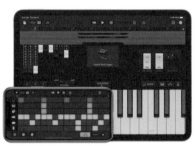
▲ iOS용 가라지밴드

│ 편곡 및 녹음

작곡된 악보 또는 음악은 편곡을 의뢰합니다. 편곡가는 작곡가가 보내준 악보를 반복 연주해 보면서 드럼은 어떻게 연주하는 것이 좋을지, Guitar와 Piano 등의 솔로 악기를 첨가할 것인지의 여부를 고민하면서 각 악기 파트의 연주 악보를 완성합니다. 그리고 스튜디오를 빌리고 수십 명의 연주자들을 섭외하여 편곡한 악보에 맞추어 음악을 녹음합니다. 이것이 과거의 음악 작업 형태입니다. 그러나 요즘에는 마우스 하나로 편곡 작업을 진행할 수 있기 때문에 전문적인 음악 지식보다는 감각이 요구되는 시대가 되었고, 곡의 특징을 누구보다도 잘 알고 있는 작곡가가 직접 편곡을 하는 추세입니다. 이렇게 자신이 작곡한 곡에 편곡 작업을 진행할 때 필요한 것이 본서에서 학습할 로직이며 Ableton사의 Live, Yamaha사의 Cubase, AVID사의 Pro Tools 등 다양한 제품들이 있습니다.

사실 컴퓨터 음악 프로그램의 종류는 수 없이 많지만, 맥 사용자는 Logic, 윈도우 사용자는 Cubase, 힙합이나 댄스 음악을 하는 사람들은 OS에 상관없이 Ableton Live을 사용하는 것이 거의 정석처럼 여겨지고 있습니다. 물론, 이러한 현상이 선입견으로 작용되는 부작용도 있지만, 입문자에게는 프로그램을 선택하고 공부하는데 도움이 될 수 있습니다.

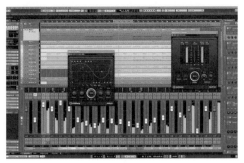

▲ 큐베이스를 이용한 음악 작업

▲ 로직을 이용한 음악 작업

| 홈 스튜디오

작사, 작곡, 편곡, 녹음이 끝난 곡은 믹싱과 마스터링 작업을 진행합니다. 믹싱은 각 트랙에 녹음한 악기 연주의 볼륨과 톤을 조정하고, 다양한 이펙트를 사용하여 현장감 있는 사운드를 연출하기 위한 작업이며, 마스터링은 CD나 DVD에 담을 곡의 다이내믹을 조정하고, 각 곡들 간의 색채를 일치시키는 작업입니다.

믹싱과 마스터링 작업을 하기 위해서는 스튜디오의 음향 시설과 각종 음향 장치들이 필요한데, 로직에는 실제 수 천만원 상당의 스튜디오 장비와 대등한 기능의 음향 장치들을 제공하고 있습니다. 물론, 장비보다 중요한 것이 음향에 대한 전문 지식과 경험이기 때문에 아직도 녹음과 믹싱 작업은 스튜디오 엔지니어와 함께 작업을 하는 경우가 많습니다. 그러나 사용자가 열심히 공부한다면, 안방에서 작곡, 편곡, 녹음, 믹싱 등의 모든 작업을 스스로 해결할 수 있게 해주는 것이 로직의 역할입니다.

▲ 스튜디오 하드웨어 믹싱 콘솔

▲ 로직의 소프트웨어 믹싱 콘솔

미디 작업

오디오 샘플을 자유롭게 사용할 수 있는 시대에 미디 학습을 거론한다는 것이 조금은 뒤떨어지는 것이 아니냐는 의견이 있을 수 있습니다. 그러나 미디는 입력한 데이터를 사용자가 원하는 스타일로 쉽게 편집할 수 있기 때문에 연주 실력에 상관없이 작/편곡에 많은 도움이 됩니다. 미디 작업을 대부분의 학생들이 컴퓨터를 처음 배울 때 익히는 워드 프로세서와 비교해보면 키보드를 이용해서 컴퓨터에 글자를 입력하고, 워드 프로그램의 다양한 기능을 활용하여 입력한 글자를 수정하거나 꾸민 다음에, 컴퓨터에 연결한 프린터로 인쇄하는 것과 비슷하다는 것을 알 수 있습니다.

① 연주 정보 입력

사람이 연주해야만 하는 악기를 컴퓨터가 연주하게 하는 것이 미디 음악입니다. 독자가 작곡한 곡을 연주자에게 연주하게 하려면 악보라는 연주 정보를 그려줘야 하듯이 컴퓨터에 연결한 악기를 연주하게 할 미디 정보를 컴퓨터에 입력해야 합니다. 이때 게임을 할 때 마우스 보다는 조이스틱을 사용하고, 그림을 그릴 때도 태블릿이라는 도구를 사용하듯이 로직에 미디 정보를 입력할 때 많이 사용하는 것이 마스터 건반입니다.

▲ 마스터 건반을 이용하여 로직에 미디 정보 입력

② 연주 정보 편집

디카로 찍은 사진을 컴퓨터에 입력하여 배경을 바꾸고, 밝기를 조정하면, 좀 더 멋진 사진을 만들 수 있듯이, 로직에 입력한 어설픈 연주를 훌륭하게 편집하는 기술을 익히는 것이 미디 학습의 핵심입니다. 로직은 대부분의 음악 프로그램에서 채택하고 있는 '피아노 롤', 악보에 익숙한 사용자를 위한 '악보 편집기', 컨트롤 정보를 빠르게 편집할 수 있는 '목록 편집기' 등의 미디 편집 창과 효과적인 시스템 구성을 위한 Environment를 제공하고 있습니다.

▲ 로직에서 제공하는 다양한 미디 편집 창

③ 연주 정보 출력

로직에서 편집한 연주 정보로 외부 악기를 연주하는 것은 재생 버튼을 클릭하는 간단한 동작으로 할 수 있습니다. 이때 악기의 성능이 사운드를 결정하기 때문에 프로 뮤지션들이 악기를 장만하는데 많은 돈을 쓰고 있으며, 대부분의 학생들이 여기서 꿈을 접는 경우가 종종 있습니다. 그러나 컴퓨터의 발달로 하드웨어 악기를 소프트웨어로 구현하는 시대가 되었기 때문에 고가의 하드웨어 악기를 장만해야만 하는 부담을 크게 줄일 수 있게 되었습니다. 결국, 경제적인 이유로 꿈을 접는다는 이유는 실력 없는 사람들의 핑계일 뿐입니다. 소프트웨어 악기는 로직에서 제공하는 것 외에 전문 업체에서 만든 것들이 있는데, 이렇게 로직에서 사용할 수 있도록 제 3 업체에서 만든 것을 서드파티 플러그인이라고 합니다.

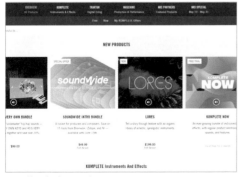

▲ native-instruments.com

▲ spectrasonics.net

하드 레코딩

연주가 목적이라면 미디 작업만으로 목적을 이룰 수 있겠지만, 음원을 제작하기 위해서는 악기 연주를 사운드로 녹음하는 과정이 필요합니다. 취미로 음악 작업을 하는 경우라면 카세트 테이프나 CD 레코더 등에 음악을 한 번에 녹음해도 상관이 없지만, 상업 음악을 하기 위해서는 기타, 베이스, 피아노 등, 각각의 악기 사운드를 개별적으로 편집하기 위해서 따로 녹음을 해야 합니다. 20가지의 악기 사운드를 사용하고 있다면, 20개의 녹음기가 필요하다는 것입니다.

① 레코더를 이용하는 경우

20개의 카세트 테이프를 이용해서 녹음한다고 가정할 때, 각각의 연주 타이밍을 맞추거나 컨트롤하는 것이 불가능하다는 것은 쉽게 짐작할 수 있을 것입니다. 그래서 하나의 장비로 동시에 16개 또는 24개의 녹음기 역할을 하는 멀티트랙 레코더라는 장비를 많이 사용합니다. 하드웨어는 언제 어디서든 녹음이 가능한 이동성과 안전성이 있지만, 고가라는 단점이 있습니다.

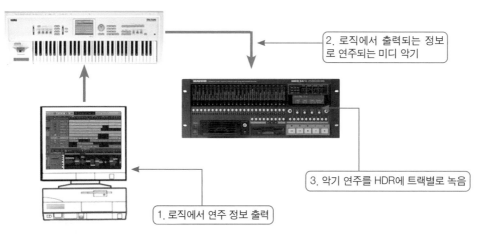

2. 로직에서 출력되는 정보로 연주되는 미디 악기

3. 악기 연주를 HDR에 트랙별로 녹음

1. 로직에서 연주 정보 출력

▲ HDR을 이용한 레코딩

② 로직를 이용하는 경우

로직은 미디 작업 외에도 사운드를 녹음할 수 있는 레코더 기능이 있습니다. 녹음 방식은 컴퓨터 하드디스크를 이용한다는 점에서 하드웨어 레코더와 동일합니다. 그러나 로직은 녹음 트랙에 제한

이 없고, 녹음한 사운드를 자유롭게 편집할 수 있다는 등, 하드웨어와 비교할 수 없는 수많은 장점을 가지고 있습니다. 단, 높은 시스템 사양을 필요로 합니다. CPU와 RAM의 용량도 중요하지만, 하드 디스크에 녹음하는 것이므로 많은 수의 트랙 작업이 필요하다면 빠른 속도의 하드 디스크를 갖출 필요가 있습니다.

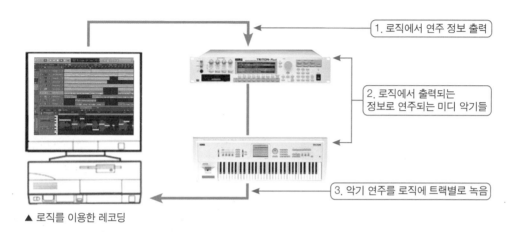

1. 로직에서 연주 정보 출력
2. 로직에서 출력되는 정보로 연주되는 미디 악기들
3. 악기 연주를 로직에 트랙별로 녹음

▲ 로직을 이용한 레코딩

③ 스튜디오와의 호환 작업

컴퓨터 음악 프로그램은 로직 외에도 Ableton사의 Live, Yamaha사의 Cubase, Digidesign사의 Pro Tools 등이 있습니다. 각각의 프로그램 마다 장/단점이 있기 때문에 사용자 폭도 다양합니다. 문제는 독자가 작업한 음악을 스튜디오에 가져가서 믹싱과 마스터링 작업을 하고 싶을 때, 스튜디오에서 사용하는 프로그램이 다를 수 있다는 것입니다. 그러나 로직은 타사의 음악 및 영상 프로그램과 호환이 가능한 AAF 파일 제작이 가능하기 때문에 별다른 문제없이 작업을 진행할 수 있습니다.

▲ 로직의 프로젝트를 AAF 파일로 익스포팅

▲ 영상 편집 프로그램에서 AAF 파일을 임포팅

믹싱과 마스터링 작업

멀티 녹음을 완료한 후에는 디지털 컨텐츠를 위한 사운드 파일이나 오디오 CD 제작을 위한 믹싱과 마스터링 작업을 진행합니다. 믹싱은 각 트랙 별로 녹음한 사운드에 각종 이펙트를 사용하여 정위감과 공간감을 만드는 작업이고, 마스터링은 CD에 담길 곡들의 레벨과 색체를 다듬어 가장 인상 깊고, 듣기 좋은 앨범을 만들기 위한 작업입니다.

① 믹싱 작업

각 트랙으로 녹음한 사운드의 레벨을 조정하고, 다양한 이펙트를 사용하여 정위감과 공간감을 만
드는 믹싱 작업은 오랜 경험이 필요할 만큼 어려운 작업이기 때문에 많은 뮤지션들이 전문 스튜디오를 찾습니다. 로직은 녹음 스튜디오의 환경을 그대로 옮겨 놓은 듯한 믹싱 콘솔과 다양한 이펙트를 내장하고 있기 때문에 녹음실에서의 모든 작업이 가능한 프로그램입니다.

▲ 녹음실 전경

② 가상 이펙트

실제 하드웨어 악기를 소프트웨어로 구현하는 가상 악기가 있듯이 하드웨어 이펙트를 소프트웨어로 구현하는 가상 이펙트가 있습니다. 특히, 가상 이펙트의 기술은 이미 하드웨어와 대등하다
는 평가를 듣고 있기 때문에 라이브 공연이 아니라면 굳이 하드웨어 이펙트가 필요없을 정도입니다. 로직은 믹싱과 마스터링 작업에 필요한 다양한 가상 이펙트가 내장되어 있으며, 별다른 하드웨어가 필요 없을 만큼의 성능을 가지고 있습니다.

▲ 로직의 이펙트

③ 마스터링 작업

각각의 트랙 사운드를 조정한 후 최종 마스터 트랙에서 사운드 파일 제작을 위한 익스포팅 작업을 하기전에 EQ나 컴프레서를 사용하여 전체 사운드의 색깔과 다이내믹을 조정하는 마스터링 작업을 합니다. 일반적으로 믹싱 작업과 동시에 하기 때문에 국내에는 마스터링 전문 엔지니어가 없지만, 세계 동향을 보면 전문직으로 급부상할 수 있는 분야이기도 합니다. 로직 학습자는 지금까지 살펴본 미디, 하드레코딩, 믹싱, 마스터링 등의 모든 분야에 욕심을 내어 다재 다능한 컴퓨터 뮤지션이 될 수 있어야할 것입니다.

▲ 로직에서의 마스터링 작업

| 그 밖의 작업

로직은 미디, 하드레코딩, 믹싱과 마스터링 작업은 물론 멀티미디어 파일 제작의 익스포팅까지 음악 제작에 필요한 모든 것을 하나로 해결할 수 있는 컴퓨터 음악 프로그램입니다. 그 밖에 사용자 센스에 따라 악보 작업, 리믹스 작업, 영상 음악 작업 등이 가능합니다.

① 악보 작업

실제 음악 작업과 거리가 있어서인지 대부분의 컴퓨터 음악 프로그램은 악보 제작 기능이 형편 없습니다. 그래서 악보 제작이 필요한 사용자는 '피날레'나 '시벨리우스'와 같은 악보 제작 프로그램을 따로 공부해야만 하는 부담이 있습니다. 하지만, 로직은 애초부터 악보 프로그램으로 시작되었기 때문에 전문 프로그램 못지않은 악보 제작이 가능합니다. 특히 아이패드와의 연동이 가능하기 때문에 추가 작업이 필요 없다는 장점이 있습니다. 연주자들에게는 이 기능 하나만으로도 더할 나위 없이 좋은 도구가 될 것입니다.

▲ 피날레 (finalemusic.com)

② 리믹스 및 디제잉

원곡의 리듬을 바꾸는 리믹스 및 디제잉 작업에 가장 많이 사용하는 프로그램에는 Ableton사의 Live나 가상 악기로 유명한 Native Instruments사의 Traktor Pro등이 있습니다. 로직은 Ableton Live와 같이 루프 샘플을 런치 패드로 컨트롤할 수 있는 Live Loops 기능을 제공하고 있어 리믹스 작업은 물론, 라이브 디제잉이 가능한 퍼포먼스를 연출할 수 있습니다.

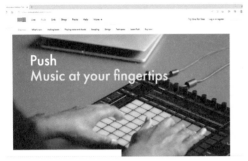

▲ 에이블톤 라이브 (abletone.com)

▲ 트랙터 프로 (native-instruments.com)

③ 사운드트랙 및 방송

영화 및 드라마 등의 상업 분야에서는 사운드가 영상의 퀄리티를 결정한다는 말을 원칙으로 여기며 많은 비용을 투자합니다. 개인 유튜브 편집자라도 어느 정도 경험이 쌓이면 이 사실을 몸소 체감하며 최종적으로 사운드 편집을 공부하게 됩니다. 로직은 맥의 대표적인 영상 편집 프로그램인 파이널 컷 프로와 연동 작업이 가능하며, 깨끗하고 선명한 실시간 방송 사운드를 송출할 수 있습니다.

▲ 파이널 컷 프로 (apple.com/kr/final-cut-pro)

▲ OBS Studio (obsproject.com/ko)

시스템 준비하기

로직을 학습하기 위해서 특별한 장치가 필요한 것은 아니지만, 좀 더 편리한 미디 데이터 입력과 상업용 음악과 같은 음질을 구현하기 위해서는 몇 가지 갖추어야 할 장비가 있습니다. 다만, 이제 막 공부를 시작하는 경우라면 컴퓨터에 내장되어 있는 오디오 기기만으로 학습을 진행하기 바라며, 뭔가 부족함을 느낄 때쯤 하나씩 장만하는 것이 좋습니다.

┃ 맥의 선택

맥의 1차 선택 기준은 이동이 잦은 사용자는 MacBook Air와 MacBook Pro의 노트북, 주로 집이나 스튜디오에서 작업을 하는 사용하는 iMac, Mac mini, Mac Studio, Mac Pro의 데스크탑입니다. 1차 선택이 완료되었다면 2차 선택 기준은 자신의 작업 상황에 어울리는 옵션을 고르는 일입니다. 맥은 프로세서, 메모리, 하드 용량을 옵션으로 선택할 수 있는데, 무조건 큰 게 좋습니다. 하지만,

▲ 맥 (apple.com)

어느 정도 기준이 필요할 것입니다. 프로세서는 칩셋마다 기본형부터 Pro, Max, Ultra로 구분되어 있는데, 선택 요령은 메모리와 하드 용량을 먼저 결정하는 것입니다.

첫째 메모리 용량은 음악 작업에 있어서 아주 중요합니다. 모든 소프트 악기는 메모리로 로딩되며, 큰 것은 음색 하나에 1GB가 넘는 것도 많습니다. 즉, 악기 사용에 제한이 있을 수 있으므로, 자신이 주로 사용하는 소프트 악기의 총 메모리 용량을 체크해야 하며 입문자라면 최소 16GB 이상을 권장합니다. 둘째는 하드 용량입니다. 음악 작업을 하다 보면 가상 악기와 샘플을 많이 사용하게 되는데, 가장 많이 사용하는 Native instruments사의 Komplete만 해도 설치 용량이 800GB가 넘습니다. 물론, 외장 하드를 써도 상관없지만, 자주 사용하는 음색은 설치를 하는 것이 좋습니다. 그러므로 자신이 주로 사용하는 라이브러리와 샘플 용량을 체크해야 하며 입문자라면 최소 1TB 이상을 권장합니다. 이렇게 작업에 필요한 메모리와 하드 용량을 먼저 체크하고 예산에 맞추어 프로세서를 선택하면 후회 없는 결정이 될 것입니다.

❘ 마스터 건반

음악 작업의 첫 번째 단계는 로직에서 제공하는 소프트웨어 악기 또는 컴퓨터에 연결한 외부 하드 음원을 자동으로 연주 시켜줄 미디 정보를 입력하는 것입니다. 로직에 미디 정보를 입력하는 도구로는 컴퓨터의 기본 장비인 키보드와 마우스를 이용힐 수도 있지만, 김퓨터 게임을 할 때 '조이스틱'이라는 게임 컨트롤러를 이용하면, 좀 더 자유롭게 게임을 즐길 수 있듯이 미디 정보 입력을 리얼하게 할 수 있는 미디 정보 입력 장치를 사용하는 것이 편리합니다. 미디 정보 입력 장치로 많이 사용하는 것에는 피아노와 같은 모양의 마스터 건반입니다. 외관상으로는 신디사이저라는 건반 악기와 비슷하지만 미디 연주 정보 입력용으로 사용하는 장치이기 때문에 내장된 음색이 없습니다. 마스터 건반 외에 미디 정보 입력 장치로 사용하는 것에는 가격은 부담스럽지만 음원을 내장하고 있기 때문에 미디 정보 출력용으로도 사용이 가능한 신디사이저가 있습니다. 그리고 많이 사용하지는 않지만 각종 연주 테크닉을 리얼하게 입력할 수 있는 드럼 패드, 미디 기타, 윈드 컨트롤러 등 연주자에게 적합한 미디 정보 입력 장치도 있습니다.

▲ 마스터 건반　　　　　　　▲ 신디사이저

| 미디 음원

로직에 입력한 미디 연주 정보로 연주되는 악기를 미디 음원이라고 합니다. 미디 음원에는 앞에서 살펴본 신디사이저 외에도 건반 없이 음원만 내장되어 있는 모듈이라는 것도 있습니다. 신디사이저에서 건반만 떼어놓은 것을 마스터 건반, 음원만 떼어놓은 것을 모듈이라고 이해하면 됩니다. 모듈은 최소한백여 가지 이상의 음색이 내장되어 있으며, 로직에서 음색 번호를 선택하여 쉽게 사용할 수 있다는 장점이 있습니다. 그러나 이미 내장된 음색 이외의 사운드를 만들어 사용할 수 없다는 단점이 있기 때문에 원하는 음색을 만들어 사용할 수 있는 샘플러라는 장치를 미디 음원으로 사용하기도 합니다.

▲ 모듈   ▲ 샘플러

모듈과 샘플러는 가격이 높다는 단점이 있기 때문에 라이브 연주가 필요 없는 컴퓨터 뮤지션이라면 소프트 악기를 권장합니다. 가상 악기라고도 불리며, 컴퓨터에 프로그램처럼 설치하여 사용하는 악기를말합니다. 사실 요즘에는 과거에 유명했던 모듈의 대부분이 소프트웨어로 복각되어 출시되고 있으며, 실제 하드웨어 모듈은 단종되고 있는 추세입니다. 특히, 로직은 상업용 음원 작업에 사용되고 있을 만큼의 뛰어난 음질을 가진 소프트 악기를 기본적으로 20가지 이상 제공하고 있기 때문에 추가 비용 없이 음악 작업을 할 수 있다는 장점이 있습니다. 그리고 로직에서 사용할 수 있도록 제 3의 회사에서 제작된 서드 파티(Third Party) 또는 플러그-인(Plug-In)이라고 불리는 제품을 추가하여 사용할 수 있습니다. 다만, 기본적으로 제공되는 악기들은 좋지 않다는 잘못된 인터넷 정보로 입문자들조차 플러그인제품에만 관심을 갖는 경우가 있는데, 그렇지 않습니다. 기본적으로 제공되는 악기들을 충분히 다룰수 있도록 공부하는 것이 우선입니다. 어느 정도 지식이 쌓이면 자신의 음악에 필요한 플러그인을 선별할 수 있는 능력과 처음보는 악기라도 바로 사용할 수 있는 실력을 갖추게 됩니다.

오디오 인터페이스

맥에 내장되어 있는 사운드 카드의 성능은 우수하다는 평가를 받고 있습니다. 실제로 추가 비용 없이 음악 공부를 바로 시작할 수 있는 성능을 보여주고 있습니다. 그러나 작업에 어느 정도 익숙해지면 사운드가 지연되는 레이턴시 현상도 해결하고 싶고, 상업용 음원과 같은 깨끗한 소리로 녹음을 하고 싶은 것이 당연한 욕심입니다. 이것을 동시에 해결할 수 있는 방법은 오디오 인터페이스를 구매하여 장착하는 것입니다. 사실 음악을 하겠다면 꼭 필요한 장비이기 때문에 나중으로 미루기 어려운 장비입니다. 과거에 비해 가격은 많이 낮아지고 성능은 더 좋아졌기 때문에 꼭 고가의 제품을 구매할 필요는 없습니다. 자신의 작업 환경에 따라 몇 개의 마이크와 악기를 연결할 것인지 확인하고, 필요한 인풋 수 정도만 체크하면 무리 없습니다.

▲ 2개의 인풋을 제공히는 제품

▲ 8개의 인풋을 제공하는 세품

헤드폰

보컬이나 색소폰 등의 마이크 녹음을 할 때 필요한 것이 헤드폰입니다. 녹음을 할 때는 헤드폰에서 들리는 소리가 마이크로 들어오면 안 되기 때문에 외부 소리를 차단할 수 있는 밀폐형을 써야 하며, 그래도 문제가 있는 경우라면 이어폰을 끼고, 그 위에 헤드폰을 덧쓰는 방법도 있습니다.

보컬이나 연주자는 녹음을 할 때 오로지 헤드폰을 통해 들려오는 소리로만 모니터를 하기 때문에 가급적 주파수 왜곡이 없는 모니터용 헤드폰을 구비하는 것이 좋으며, 연주자가 두 명 이상이거나 집에서 녹음을 하는 경우라면 4개 혹은 8개의 헤드폰을 동시에 연결할 수 있는 헤드폰 앰프도 필요합니다.

▲ 모니터 헤드폰

∣ 마이크

사람의 목소리와 같이 라인으로 연결할 수 없는 아날로그 신호를 로직에 디지털 신호로 녹음할 수 있는 방법은 마이크를 이용하는 것 밖에 없습니다. 특히, 팝에서는 가수의 역할이 음악의 승패를 좌우하므로, 마이크의 성능이 다른 무엇보다도 중요한 역할을 합니다. 마이크는 스튜디오에서 많이 사용하는 콘덴서 마이크와 충격에 강하기 때문에 라이브 공연에서 많이 사용하는 다이내믹 마이크 등이 있습니다. 마이크를 구입할 때는 다른 장비와 마찬가지로 주변에서 많이 사용하는 제품을 선택하는 것이 요령입니다.

▲ 무선 마이크

▲ 콘덴서 마이크

전문 녹음실의 경우에는 좀 더 질 높은 마이크 녹음을 위해서 마이크 프리 앰프, 컴프레서 등의 아웃보드를 사용하고 있습니다. 일부 뮤지션의 경우 "실력 없는 것들이 장비 탓 한다" 라는 말들을 하곤 하는데, 이것을 액면 그대로 받아들여 "실력만 있으면 아무 장비나 사용해도 질 좋은 사운드 작업을 할 수 있다"라고 오해하면 안 됩니다. 좋은 장비는 좋은 결과를 만들고, 나쁜 장비는 나쁜 결과를 만드는 것이 당연합니다. "실력 없는 것들이 장비 탓 한다" 라는 말은 자신이 사용하고 있는 장비에 대한 충분한 학습조차 하지 않고, 무조건 비싸고, 좋은 장비만을 구입하려고 하는 일부 사람들을 비난 하는 말로 이해하는 것이 좋겠습니다. 독자는 가지고 있는 장비를 충분히 연구하고, 학습하여 최대의 작업 성과를 이룰 수 있도록 하기 바랍니다. 그리고 부족함을 느낄 때쯤 여건이 허락하는 한도 내에서 전문 장비에 욕심을 내는 것이 바람직한 태도입니다.

▲ 마이크 프리 앰프

▲ 컴프레서

▎ 모니터 스피커

로직을 이용해서 음악 작업을 할 때 가장 중요한 역할을 하는 것이 바로 독자의 '귀' 입니다. 그리고 로직에서 작업하는 음악을 귀로 들려주는 역할을 하는 장비가 소리를 증폭시켜 주는 앰프와 증폭된 소리를 전달하는 스피커로 구성된 모니터 시스템입니다. 입문자들이 많이 사용하는 모니터 시스템으로는 가정용 오디오와 컴퓨터용 스피커가 있습니다. 그 이유는 적은 비용으로도 모니터 시스템을 구성할 수 있기 때문입니다. 그러나 요즘에 출시되는 모니터 스피커는 앰프가 내장되어 있는 저렴한 제품들이 많으므로 구입을 고려해보는 것이 좋겠습니다. 모니터용으로 나와 있는 제품들의 특징은 가정용 오디오 스피커나 라이브용 스피커와는 다르게 주파수 대역이 고르기 때문에 독자가 원하는 사운드를 구현하는데 효과적입니다.

▲ 앰프 내장형

▲ 앰프 분리형

▎ 미디 컨트롤러

로직 믹서의 볼륨과 팬, 플러그인의 파라미터 등을 마우스가 아닌 외부 장치로 조정할 수 있게 해주는 장치를 미디 컨트롤러라고 합니다. 컨트롤러 전용 장치도 있지만, 대부분의 마스터 건반에는 슬라이더, 노브, 키 패드 등의 컨트롤러 기능을 제공하기 때문에 꼭 필요한 경우가 아니라면 추가 구매는 필요 없습니다. 다만, 로직 10.5에서부터 Ableton Live와 동일한 Loop 기능을 도입하면서 Novation사의 런치패드를 이용할 수 있게 되었습니다. 하나쯤 가지고 있으면 로직의 루프 기능을 효과적으로 이용할 수 있는 컨트롤러입니다.

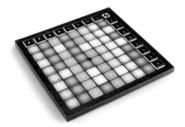

▲ 런치패드(novationmusic.com)

Lesson 03

시스템 연결하기

홈 스튜디오를 꾸미기 위해서는 부담이 될 수 있는 비용이 필요하지만, 과거에 비하면 정말 저렴한 비용으로 하이 클래스의 녹음 스튜디오와 대등한 음질의 음원을 만들 수 있습니다. 다만, 아직도 컴퓨터가 음악을 만들어준다고 오해하는 입문자가 많습니다. 컴퓨터는 사용자 아이디어를 기록하는 녹음기일 뿐이므로, 음악 이론 학습과 피아노 연습을 병행해야 한다는 것을 명심하기 바랍니다.

| 오디오 레코딩 장치 연결

오디오 레코딩에 필요한 장비는 오디오 인터페이스, 마이크, 헤드폰입니다. 친구들끼리 모여서 녹음을 한다면, 여러 대의 헤드폰을 연결할 수 있는 헤드폰 앰프도 필요합니다. 요즘에는 입문자들을 위해서 레코딩 장비를 패키지로 담아서 판매하는 회사가 많습니다. 오디오 인터페이스가 마이크를 2 대만 연결할 수 있는 2In 제품이라서 동시 녹음은 할 수 없지만, 상업용 음원을 제작하는 데 아무런 문제가 없습니다. 동시 녹음을 할 일이 없는 개인 작업자에게는 가장 저렴하게 시스템을 꾸밀 수 있는 방법입니다.

▲ Steinberg 패키지

▲ Focusrite 패키지

01 대부분의 오디오 인터페이스는 USB 또는 Thunderbolt 포트로 연결됩니다. 다만, USB 2.0 제품도 많기 때문에 구입할 때 확인할 필요가 있으며, 애플 실리콘 시스템이라면 별도의 USB Type-C 허브가 필요할 수 있습니다.

USB 허브

인터페이스 연결

02 오디오 인터페이스는 자동으로 인식되지 않고, 별도의 드라이버를 설치해야 하는 경우가 많습니다. 제작사 홈페이지에서 드라이버를 다운 받아 설치합니다. 자세한 사항은 설명서를 참조하거나 구입처에 문의 합니다.

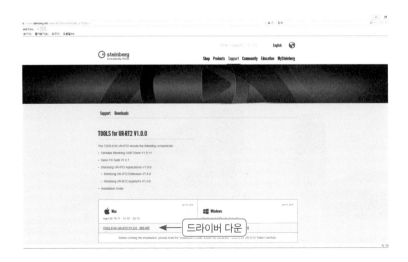

드라이버 다운

03 마이크는 오디오 인터페이스의 Mic Input 단자에 연결합니다. 녹음할 때 많이 사용하는 콘덴서 마이크는 +48V의 펜덤 파워가 On으로 되어 있을 때 동작합니다.

+48V

Mic Input

04 인풋이 2개라면 나머지는 기타나 베이스와 같은 악기를 연결할 수 있는 하이 임피던스(Hi-z) 단자입니다. 4채널 이상의 멀티 인터페이스도 Hi-z 단자는 1-2개뿐인 경우가 많으므로, 확인하고 연결합니다.

Hi-z Input

05 보컬 및 연주자에게 음악을 들려주기 위한 헤드폰을 연결합니다. 대부분 헤드폰 그림으로 표시되어 있습니다.

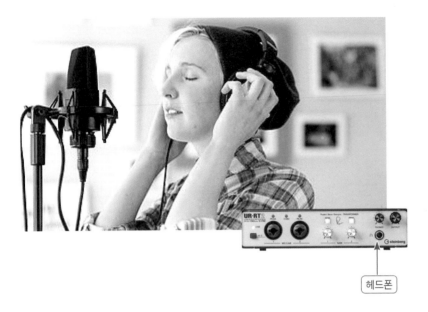

헤드폰

06 음악 작업에서 보컬까지 혼자서 해내는 싱어송 라이터라면 상관없지만, 친구와 함께 녹음을 할 때는 두 개 이상의 헤드폰이 필요하며, 여러 대의 헤드폰을 연결할 수 있는 헤드폰 앰프도 필요합니다. 제품에 따라 라인 아웃으로 연결되는 것도 있으므로, 구입시 확인합니다.

헤드폰 앰프

애플 실리콘이 탑재된 Mac은 새로운 보안 기능을 사용하기 때문에 인텔 기반에 출시되었던 구형 제품을 설치하려면 보안 수준을 변경해야 합니다.

1. 맥을 종료합니다.

2. 옵션 아이콘이 보일때까지 전원 버튼을 누르고 있습니다.

3. 옵션 아이콘을 선택하고 계속 버튼을 클릭합니다.

4. 유틸리티 메뉴에서 시동 보안 유틸리티를 선택합니다.

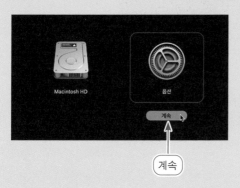
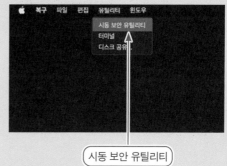

계속

시동 보안 유틸리티

5. 시동 디스크를 선택하고, 보안 정책 버튼을 클릭합니다.

6. 부분 보안을 선택합니다.

7. '확인된 개발자가 배포한 커널 확장 파일의 사용자 관리 허용' 옵션을 체크합니다.

8. 확인하고, 애플 메뉴의 재시동을 선택합니다.

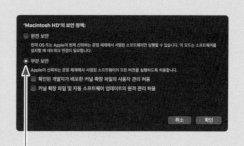

보안 정책

부분 보안

미디 레코딩 장치 연결

음악 작업을 위한 미디 레코딩은 필수입니다. 혼자서 모든 섹션의 악기를 구현할 수 있다는 것이
컴퓨터 음악의 매력이기도 하며, 이를 위해 필요한 장비는 마스터 건반 하나면 됩니다. 대부분의
마스터 건반은 USB로 연결되며 자동으로 인식됩니다. 단, 미디 컨트롤 기능을 제공하는 경우에는
제작사 홈페이지에서 별도의 프로그램을 다운받아 설치해야 하는 경우도 있습니다. 자세한 것은
설명서를 참조하거나 구입처에 문의합니다.

마스터 건반을 USB에 연결

USB 포트가 있는 디지털 피아노라면 마스터 건반으로 사용할 수 있습니다. 단, 대부분 Local Off
를 지원하지 않기 때문에 VST 악기와 피아노 소리가 함께 들리게 되므로, 볼륨을 줄여 놓고 사용
합니다

USB 포트

모니터 연결

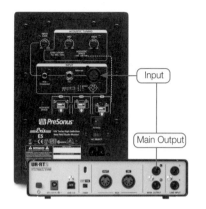

Input

Main Output

사운드를 레코딩하고 편집하는 오랜 시간 동안 헤드폰만으로 모니터하는 것은 청력에 좋지 않습니다. 가능하면 모니터 스피커까지 갖추길 권장합니다. 모니터 스피커의 Input은 오디오 인터페이스의 Main Out에 연결합니다. 오디오 레코딩 패키지, 마스터 건반, 모니터 스피커를 모두 갖추면 음악을 만들고 음원을 발표할 수 있는 준비는 완료된 것입니다. 이제 남은 것은 꾸준한 학습과 연습입니다.

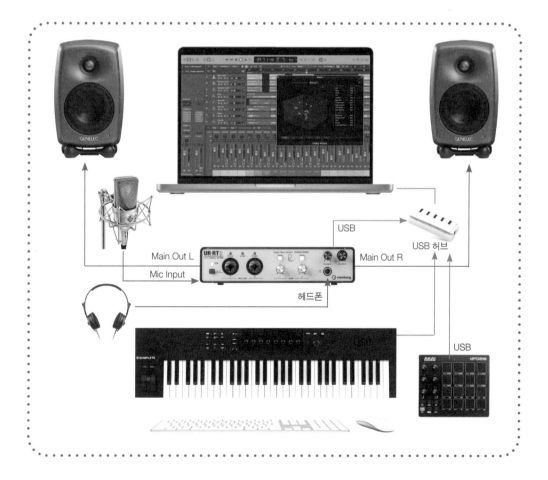

Main Out L
Mic Input

USB
USB 허브
Main Out R

헤드폰

USB

로직 구매와 설치

로직은 Apple사의 소프트웨어로 맥에서만 구동되는 음악 프로그램입니다. 앱스토어에서 구매할 수 있으며 설치는 자동으로 이루어집니다. OS는 Monterey 12.3 이상이 필요하며 M1 시스템에서 안정적으로 동작합니다. 단, 서드파티 플러그인은 아직까지 애플 실리콘을 지원하지 않는 경우가 많기 때문에 로제타(Rosetta)로 실행할 필요가 있습니다.

로직 이야기

1972년 세계 최초의 비디오 게임인 퐁(Pong)을 시작으로 아케이드 게임과 가정용 게임기를 중심으로 PC 게임, 핀볼, 휴대용 게임기를 만들면서 유명해진 아타리(Atari)사에서 1985년에 개발하고 1990년에 상용화를 시작한 가정용 컴퓨터 Atari ST를 출시하고, 음악 소프트웨어 개발업체 Emagic사와 함께 미디 음악을 게임처럼 즐길 수 있도록 하겠다는 기획으로 Atari ST Creator과 Notator를 차례로 발표합니다.

악보를 그려 놓으면 컴퓨터에 연결된 미디 악기를 연주해주는 노테이터 기능이 전부였지만, 당시에는 개인이 접근할 수 있는 유일한 기술이었기에 전세계 뮤지션들의 마음을 사로잡기에 충분했습니다. 하지만 컴퓨터를 구입하려면 거의 소형차한 대 값이 필요했기에 대중화에는 실패하고 단종됩니다.

▲ Atari ST

1993년 Emagic사는 다시 한 번 Notator Logic이라는 이름으로 매킨토시용을 출시하고, 1994년에 윈도우용으로 버전 2까지 발표하면서 본격적으로 일반인들에게 관심을 받기 시작합니다. 하지만 당시에는 불법 소프트웨어가 당연하게 여겨지던 시기였기 때문에 버전 5까지 발표를 했지만 결국에는 망하고 맙니다. 때마침 마땅한 음악 프로그램이 없었던 Apple사는 Emagic사를 인수하여 2002년 Logic Studio라는 이름으로 발표를 하고, 버전 7에서부터 본격적으로 Logic Pro라는 이름을 사용하며 완전한 애플 제품으로 자리를 굳힙니다. 하지만 맥을 사용하는 사람이 극히 제한적이었기 때문에 시장 확보는 실패할 수밖에 없었고, 그저 맥용 음악 프로그램의 카테고리를 지키는 역할만 하게 됩니다.

2009년 아이폰3가 발표되면서 Apple은 전문가를 위한 전유물이 아니고 일반인도 쉽게 접근할 수 있는 친숙함으로 대중화에 큰 성공을 거두게 되며, 데스크탑과 노트북까지 높은 판매율을 기록하게 됩니다. 이때 발표된 Logic Pro 9은 뮤지션들에게 초유의 관심을 받게 되며, 애플의 전략과 맞물려 전문가는 로직이라는 타이틀까지 얻게 됩니다. 그리고 그 성공은 2013년에 발표한 Logic Pro X 버전까지 이어집니다. 하지만 그후로 지금까지 10년이 지나도 버전업이 되지 않아 Logic이 단종될 거라는 소문까지 돌기 시작하면서 또 다시 위기를 맞이합니다. 버전 10.1로 마이너 업그레이드 되었을 때 초기 화면이 맥에서 기본적으로 제공하는 개러지밴드(GarageBand)와 동일한 인터페이스를 갖추면서 소문은 거의 기정 사실화되는 분위기였고, 때마침 힙합, 댄스 등의 루프 음악이 유행하면서 이에 적합한 Ableton Live로 전향하는 사태까지 벌어집니다. (Ableton Live는 2022년 DAW 부문 전세계 시장 점유율 1위를 차지한 프로그램입니다.)

이렇게 Logic이 뮤지션들에게서 멀어져 갈때 쯤, Apple은 2020년 새로운 애플 실리콘 M1을 발표하면서 또 한번 전세계를 열광하게 만듭니다. 성능은 2배, 가격은 절반으로 윈도우 사용자까지 끌어들이고 있습니다. 팬데믹으로 PC 부품값이 급등한 것도 한 몫을 하게 되었지만, 맥은 작업용, 윈도우는 업무 및 게임용이라는 분위기가 형성되고 있으며, Logic은 Ableton Live로 뺏긴 사용자들을 다시 찾아오겠다는 의지로 Live Loops 기능을 추가하고, 한글화 작업을 마친 10.7 버전을 발표하면서 입문자들에게 엄청난 관심을 받고 있습니다.

현재의 관심이 버전 9때와 같은 시장 점유율을 되찾는 결과로 이어질 것인지의 여부는 좀 더 지켜봐야 하겠지만, 사용자가 늘어나는 것은 분명하며, 맥 사용자에게 가격과 성능면에서 가장 좋은 선택이라는 것은 사실입니다.

로직의 첫 실행

01 로직은 앱스토어에서 ① 검색하여 ② 구매할 수 있으며, 설치는 자동으로 이루어집니다.
(2022년 로직은 10이라는 의미의 X를 떼고 그냥 Logic Pro라는 이름으로 변경되었습니다.)

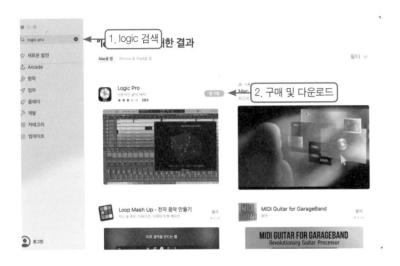

02 로직은 자주 사용하는 프로그램이 될 것이므로, 파인더에서 ① 응용 프로그램 폴더의 Logic
Pro를 찾아 ② Dock으로 드래그하여 추가합니다.

03 로직을 처음 실행하면 어떤 모드로 사용할 것인지를 묻는 창이 열립니다. 로직의 모든 기능을 사용하려면 컴플리트 모드를 선택합니다. 필요하면 언제든 변경할 수 있습니다.

Logic Pro 시작하기

이 앱을 사용할 방법을 선택하십시오.

경험이 많은 Logic 사용자는 전문가 도구 전체를 사용할 수 있는 '컴플리트' 모드를 선택하십시오.

Logic을 처음 접하는 사용자는 음악 제작을 위한 강력한 기능의 핵심 모음을 사용할 수 있도록 앱 전반의 도구 및 메뉴가 정리된 '심플' 모드를 선택하십시오. 환경설정 > 고급에서 언제든지 도구 전체를 사용하도록 설정할 수 있습니다.

더 알아보기...

심플 모드   컴플리트 모드

컴플리트 모드

04 라이브러리 다운로드 과정이 진행됩니다. 나중에 다운로드 받을 수 있지만, 로직의 악기와 이펙트를 제대로 사용하려면 완료해야 합니다. 닫기 버튼을 클릭하여 백그라운드로 진행되게 하고, 로직을 실행합니다.

기본 사운드 다운로드

Logic Pro을 시작하기 위해 악기 및 루프의 기본 모음을 다운로드합니다. 다운로드는 사용자의 광대역 연결 속도에 따라 최대 한 시간 정도 소요됩니다.

134.7MB/1.18GB - 약 3분   나중에 다운로드   닫기

닫기

05 프로젝트를 선택할 수 있는 템플릿 창이 열립니다. 일단 ① 데모 프로젝트에서 제공하는 데모 곡을 ② 더블 클릭하여 열어 봅니다. (라이브러리 다운로드가 완료되지 않았다면, 데모 곡을 다운 받는 동안 시간이 걸릴 수 있습니다.)

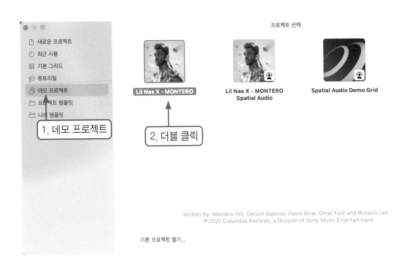

06 데모 곡이 열리면 스페이스 바 키를 눌러 제대로 재생되는지 확인합니다. 사용자 시스템의 모니터 스피커로 재생되지 않고 있다면 Logic Pro 메뉴의 환경설정에서 오디오를 선택합니다.

07 환경설정 창의 오디오 탭이 열립니다. 출력 기기와 입력 기기 목록에서 맥에 연결한 오디오 인터페이스가 선택되어 있는지 확인하고, 시스템이나 마이크로 선택되어 있다면 변경합니다.

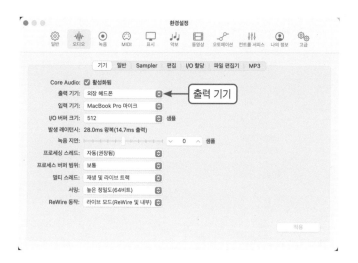

08 라이브러리 다운로드를 나중으로 미루었거나 완료되지 않은 상태로 종료했더라도 언제든 추가 진행할 수 있습니다. Logic Pro 메뉴의 사운드 라이브러리를 선택하면 악기 및 이펙트 사용을 위한 최소한의 라이브러리를 다운로드하는 기본 사운드 다운로드(1.5GB), 사용 가능한 모든 사운드 다운로드(70GB) 및 사운드 라이브러리 다시 설치 메뉴와 사용자가 원하는 것만 선택할 수 있는 사운드 라이브러리 관리자 열기 메뉴를 제공합니다.

09 사운드 라이브러리 관리자 열기를 선택하면 설치된 것과 완료되지 않은 목록을 볼 수 있으며, 사용자가 원하는 샘플만 체크하여 설치할 수 있습니다

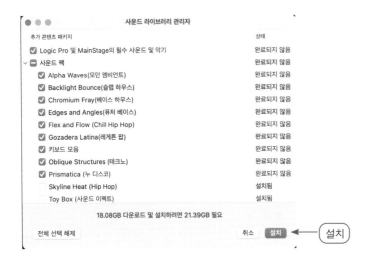

10 사운드 라이브러리 위치 변경을 선택하면 라이브러리를 외장 SSD 및 USB로 이동시킬 수 있습니다. 디스크를 삽입하고 재배치 버튼을 클릭하면 되는데, 이는 맥 시스템의 용량이 부족한 경우에 사용됩니다. 다만, 필요할 때마다 외장 디스크를 연결해야 하는 불편함이 있습니다. 사실 70GB 용량의 로직 라이브러리조차 설치가 어려운 상황이라면 다른 서드파티 제품은 아예 사용을 할 수 없다는 얘기입니다. 유튜브에서 256GB의 기본 제품도 충분하다는 내용의 영상이 많은데, 이는 깡통으로 사용할 때를 말하거나 광고입니다. 맥은 나중에 업그레이드가 불가능하므로, 처음 구입할 때 다소 무리가 있더라도 최소 1TB 이상을 권장합니다. 나중에 이것도 부족하다고 하는 경우를 많이 보았습니다.

로직은 10.7.2 버전부터 한글을 지원합니다. 관련 프로그램 중에서는 유일하며, 도움말까지
완벽하게 한글로 제공되고 있기 때문에 혼자서 공부하는 초보자에게는 더 없이 좋은 업그레
이드입니다. 다만, 로직에 어느 정도 익숙해져 있는 사용자 이거나 스튜디오와 공동 작업을
진행하는 경우에는 오히려 혼란스럽기 때문에 다시 영문으로 바꾸어 사용하는 경우가 많습
니다.

한글로 설치되는 로직을 영문으로 바꾸려면 Dock의 시스템 환경 설정 아이콘을 클릭하여
창을 열고, 일반 카테고리의 언어 및 지역을 선택합니다.

응용 프로그램 항목에서 + 기호의 추가 버튼을 클릭하여 Logic Pro를 추가합니다. 그리고
시스템 기본-한국어로 설정되어 있는 언어를 English-영어로 변경합니다.

프로젝트 열기 및 저장

로직을 이용하여 음악을 만들 때 가장 먼저 준비하는 것이 프로젝트입니다. 워드에서 글을 입력하기 전에 문서를 준비하는 것과 같습니다. 그 이후에 트랙을 만들고, 오디오 및 미디 데이터를 입력하고, 편집하면서 음악을 만들게 됩니다. 결국, 로직에서의 음악 작업은 프로젝트 안에서 이루어지는 것입니다.

| 프로젝트 저장하기

01 로직을 실행하면 새로운 프로젝트를 만들거나 기존의 프로젝트를 열 수 있는 템플릿 창이 열립니다. 목록에서 ① 새로운 프로젝트를 선택하고 ② 비어 있는 프로젝트를 더블 클릭합니다.

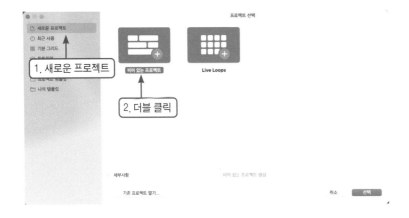

02 트랙 유형을 선택하는 창이 열립니다. 기본적으로 선택되어 있는 ① 소프트웨어 악기는 의미 그대로 로직에서 제공하는 것 또는 사용자가 추가로 설치한 가상 악기를 연주할 수 있는 트랙을 만듭니다. 악기는 ② 세부사항에서 미리 선택하거나 트랙을 만든 후에 라이브러리에서 선택할 수 있습니다. ③ 라이브러리 열기 옵션을 체크하면 트랙을 만들 때 라이브러리 창을 열어주고, ④ 다중 음색은 채널이 순차적으로 설정된 멀티 트랙을 만들 수 있습니다.

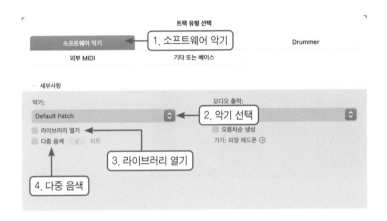

03 Default Patch 상태로 트랙을 만들었다면 Classic Electric Piano 음색이 로딩된 트랙이 생성되지만, 툴 바의 ① 라이브러리 아이콘을 클릭하거나 Y 키를 눌러 라이브러리 창을 열고, 사용자가 원하는 ② 악기 음색으로 변경할 수 있습니다.

04 트랙은 리스트 상단의 ① + 기호로 표시되어 있는 아이콘을 클릭하여 추가할 수 있으며, 동일한 유형의 트랙은 리스트의 빈 공간을 ② 더블 클릭하는 방법도 있습니다.

05 같은 과정을 반복하여 드럼, 베이스, 피아노 트랙 등을 만들고, 연주 데이터를 입력하여 음악을 완성해가는 것이 로직을 이용하여 음악을 만드는 과정입니다. 이때 무엇보다 중요한 것은 저장입니다. 작업을 시작하기 전에 저장을 먼저하고 틈틈이 Command+S 키를 눌러 저장하는 습관을 갖길 바랍니다. 파일 메뉴의 저장을 선택합니다.

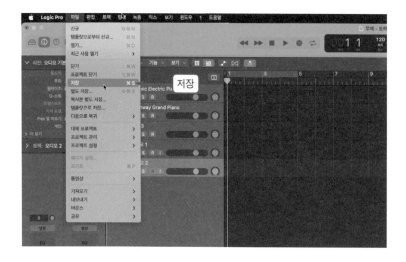

06 파일 이름을 입력할 수 있는 창이 열립니다. 사용자의 ① 프로젝트를 다음으로 구성 항목이 패키지로 선택되어 있는지 확인하고 ② 별도 저장 항목에 곡 제목을 입력하여 저장합니다.

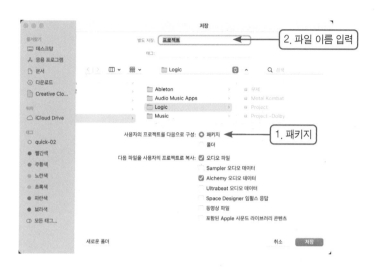

07 ① 패키지는 프로젝트를 하나의 파일로 생성하기 때문에 관리가 편하지만, 용량이 커진다는 단점이 있고, ② 폴더는 프로젝트와 오디오 폴더가 별도로 생성되어 효율적인 관리가 가능하지만, 자칫 실수를 할 수 있다는 단점이 있습니다. 파일 관리가 서툰 초보자에게는 패키지로 저장할 것을 권장합니다.

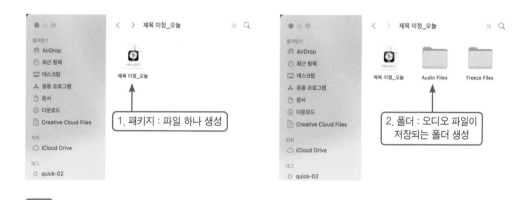

Tip

프로젝트를 저장할 때 위치를 변경하지 않았다면 기본 경로는 사용자/음악/Logic 폴더입니다.

｜ 프로젝트 열기

01 저장한 프로젝트의 이름이 ① 제목 표시줄에 표시됩니다. 아무 작업도 하지 않았지만, 일단 파일 메뉴의 ② Logic Pro 종료를 선택하여 로직을 종료합니다.

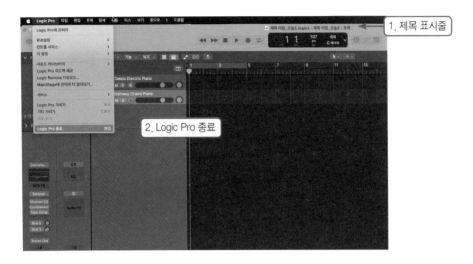

02 로직을 다시 실행하고 템플릿 창의 ① 최근 사용 목록을 보면 앞에서 저장한 프로젝트를 볼 수 있으며, ② 더블 클릭으로 열 수 있습니다. 목록 선택에 상관없이 기존에 작업했던 프로젝트를 불러올 때는 아래쪽 보이는 ③ 기존 프로젝트 열기 버튼을 클릭합니다.

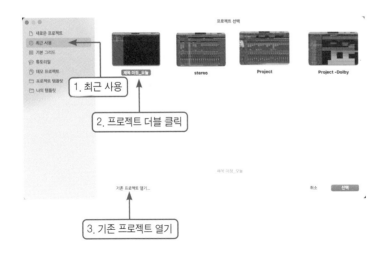

03 프로젝트가 열려 있는 상태에서 기존 프로젝트를 열고자 할 때는 파일 메뉴의 열기를 선택합니다.

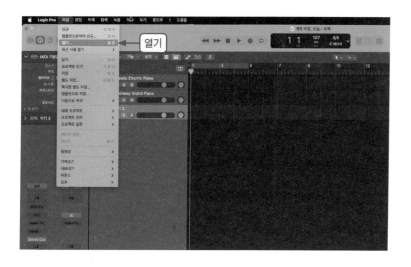

04 템플릿 창에서 기존 프로젝트 열기 버튼을 클릭했을 때와 동일한 창이 열리며, 기존에 작업하던 프로젝트를 더블 클릭하여 열 수 있습니다.

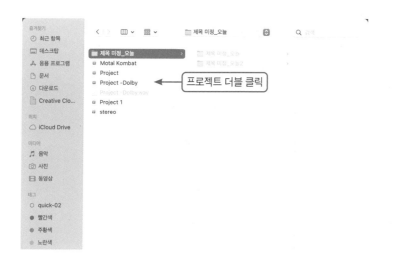

05 현재 열려 있는 프로젝트를 닫을 것인지의 여부를 묻는 창과 현재 열려 있는 프로젝트의 저장 여부를 묻는 창이 열립니다. 각각 원하는 작업을 선택합니다.

06 로직은 2개 이상의 프로젝트를 열어 놓고 동시 작업이 가능합니다. 윈도우 메뉴 아래쪽에서 현재 열어놓은 프로젝트 목록을 볼 수 있으며, 선택하여 전환할 수 있습니다. 물론, 2개의 프로젝트를 적당한 크기로 조정하여 서로 데이터를 복사하는 등의 작업도 가능합니다.
(창의 크기는 가장 자리를 드래그하여 조정할 수 있습니다.)

프로젝트 목록

로직을 실행하면 열리는 템플릿 창 대신에 사용자가 원하는 동작을 바로 수행할 수 있습니다. Logic Pro의 환경 설정에서 일반을 선택하여 창을 열고, 시작 동작 항목을 보면 템플릿 선택으로 되어 있는데, 이것을 변경하면 됩니다.

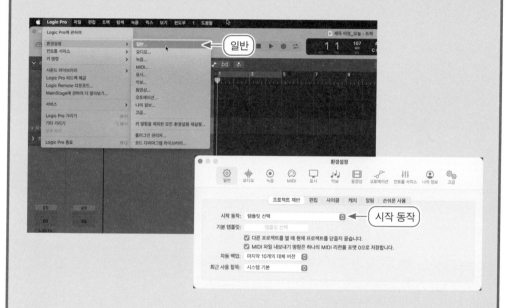

● 동작 실행 안 함 : 아무것도 실행하지 않습니다. 새로운 프로젝트를 만들거나 기존에 작업하던 프로젝트를 불러오기 위해서는 파일 메뉴의 신규 또는 열기를 선택합니다.

● 가장 최근 프로젝트 열기 : 마지막에 저장했던 프로젝트를 엽니다.

● 기존 프로젝트 열기 : 기존에 작업하던 프로젝트를 열기 위한 창을 엽니다.

● 템플릿 선택 : 템플릿 선택 창을 엽니다. 옵션이 이것으로 선택되어 있었기 때문에 로직을 실행하면 템플릿 선택 창이 열리는 것입니다.

● 비어 있는 새로운 프로젝트 생성 : 비어있는 프로젝트를 선택했을 때와 같은 동작입니다.

● 기본 템플릿을 사용하여 새로운 프로젝트 생성 : 아래쪽 기본 템플릿 옵션에서 원하는 템플릿을 선택할 수 있으며, 자신만의 템플릿을 만든 경우에 유용합니다.

● 묻기 : 시작 동작 옵션을 선택할 수 있는 창을 엽니다.

SECTION 02

화면 구성 살펴보기

로직은 음악을 창작하고 완성하는데 필요한 다양한 작업 창을 제공합니다. 모든 작업 창은 프로젝트를 생성하면 보이는 메인 윈도우에 종속된 것이며, 필요할 때 열거나 닫을 수 있도록 하고 있습니다. 로직에서 제공하는 작업 창의 종류와 역할을 간단하게 살펴보겠습니다.

Lesson 01

메인 윈도우

로직은 메인 윈도우와 믹서를 비롯해서 스마트 컨트롤러, 피아노롤, 악보 편집기 등 수많은 작업 창을 제공합니다. 물론, 작업을 할 때 이 모든 창을 사용하는 것은 아니지만, 수저, 젓가락, 포크 등 먹는 음식에 따라 필요한 도구를 사용하는 것처럼 작업 목적에 따라 선택해서 사용하려면 각각의 역할과 기능을 모두 알고 있어야 합니다.

트랙 창

로직의 메인 화면은 상단에 컨트롤 막대와 하단에 트랙 창으로 구성되어 있습니다. 나머지 로직에서 제공하는 작업 창들은 필요할 때 열거나 닫을 수 있는 것들입니다. 로직에서 제공하는 데모 프로젝트를 열어보면 트랙 창 왼쪽에 인스펙터 창이 열려 있으며, 컨트롤 막대의 인스펙터 버튼을 클릭하거나 I 키를 눌러 닫거나 열 수 있다는 것을 확인할 수 있습니다.

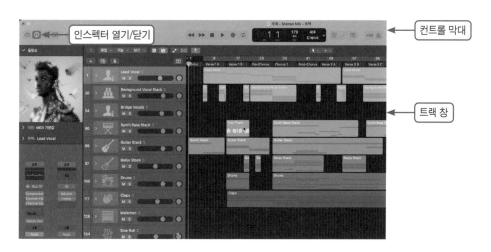

트랙 창을 좀 더 세부적으로 들여다보면 상단에 편집, 기능, 보기 메뉴와 몇 가지 기능 버튼이 있는 메뉴 바가 있고, 바로 아래쪽에 곡의 위치를 마디로 표시하고 있는 눈금자가 있습니다. 그리고 작업 공간은 왼쪽의 트랙 리스트와 오른쪽에 리전이 생성되는 영역으로 구분됩니다.

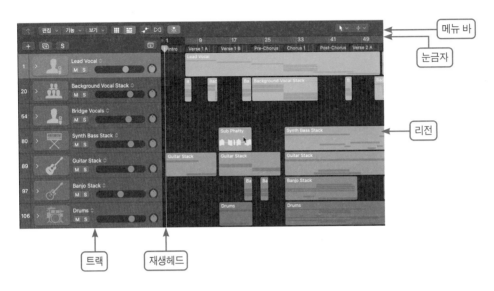

- 메뉴 바 : 편집, 기능, 보기 메뉴를 비롯하여 작업 공간에 생성되는 리전을 편집하는데 필요한 다양한 도구를 제공합니다.
- 눈금자 : 곡의 재생 및 편집 위치를 나타내며, 필요에 따라 타임으로 표시할 수 있습니다. 데모 프로젝트는 눈금자 아래쪽에 Intro, Verse 1 A 등, 곡의 구성을 파악할 수 있는 문자가 입력되어 있는데, 이 트랙을 리전이 생성되는 연주 트랙과 구분하여 글로벌 트랙이라고 합니다.
- 재생헤드 : 스페이스 바 키를 누르면 오른쪽으로 이동하는 세로 라인이 보이는데, 이것을 재생헤드라고 합니다. 재생 및 편집 위치를 나타냅니다.
- 트랙 : 연주자로 비교할 수 있습니다. 피아노 연주자, 드럼 연주자, 기타 연주자 등 필요한 수만큼 만들 수 있습니다. 실제 사람과 다른 점은 사용자가 원하는 것이라면 어떤 악기라도 연주할 수 있는 실력자인데도 섭외 비용이 필요 없다는 것입니다.
- 리전 : 작업 공간에 색깔을 가지고 있는 막대 모양의 바를 리전이라고 합니다. 연주자를 섭외하면 어떻게 연주해달라고 요구를 하듯이 트랙에게 어디서부터 어디까지 어떻게 연주해달라고 하는 데이터를 담고 있습니다. 물론, 이 데이터는 사용자가 직접 만들어야 하며, 곡의 결과물을 결정하는 요소가 됩니다.

| 컨트롤 막대

컨트롤 막대에는 곡을 재생하거나 레코딩 동작을 수행할 수 있는 트랜스포트 버튼과 디스플레이가 중앙에 있고, 양쪽으로 작업 창을 열거나 닫는 역할을 하는 버튼들이 있습니다. 그리고 자주 사용하는 기능 버튼과 전체 볼륨을 조정할 수 있는 마스터 볼륨 바가 있습니다.

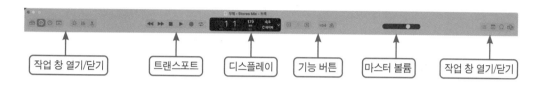

작업 창 열기/닫기 — 트랜스포트 — 디스플레이 — 기능 버튼 — 마스터 볼륨 — 작업 창 열기/닫기

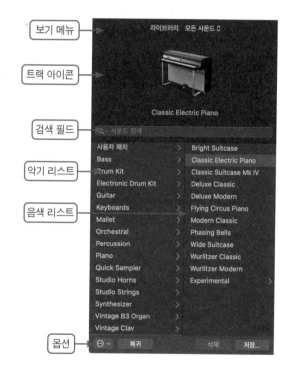

보기 메뉴 — 트랙 아이콘 — 검색 필드 — 악기 리스트 — 음색 리스트 — 옵션

◎ 라이브러리 열기/닫기 : 트랙 리스트 왼쪽에 트랙에서 연주할 악기 및 음색을 선택할 수 있는 라이브러리 창을 열거나 닫습니다. 단축키는 Y 입니다.

● 보기 메뉴 : 리스트에 표시할 악기를 선택할 수 있습니다. 기본적으로 모든 악기를 표시합니다.

● 트랙 아이콘 : 악기를 쉽게 구분할 수 있는 그림이 표시됩니다.

● 검색 필드 : 음색 이름을 입력하여 검색할 수 있습니다.

● 리스트 : 왼쪽에서 악기를 선택하면 오른쪽에 음색(패치)이 나열되고, 음색을 선택하면 트랙에 적용됩니다.

● 옵션 : 버튼을 클릭하면 다음과 같은 옵션 메뉴가 열립니다.

기본값으로 정의 : 소프트웨어 트랙을 만들 때 기본적으로 적용되는 패치를 설정합니다.

사용자 기본값 지우기 : 기본값으로 정의된 패치를 취소합니다.

라이브러리 새로 고침 : 리스트를 새로 고쳐 표시합니다.

패치 병합 활성화 : 다른 패치의 설정을 현재 패치와 병합합니다. 병합할 수 있는 유형은 MIDI 이 펙트, 악기, 오디오 이펙트, 센드의 4가지로 선택할 수 있습니다.

다운로드 가능한 항목 보기 : 다운로드가 완료되지 않은 패치에 다운 로드 버튼을 표시합니다.

● 복귀 : 패치의 변경 사항을 초기값으로 복구합니다.

● 삭제 : 선택한 패치를 삭제합니다.

● 저장 : 사용자가 만든 패치를 저장합니다.

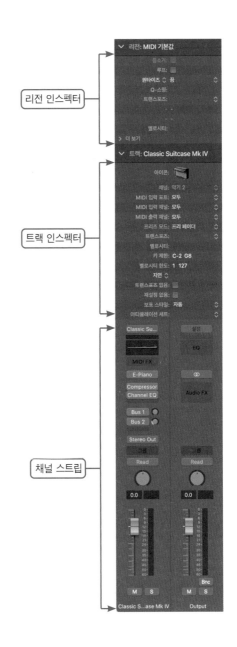

리전 인스펙터

트랙 인스펙터

채널 스트립

ⓘ 인스펙터 열기/닫기 : 트랙의 연주 정보를 컨 트롤할 수 있는 인스펙터 창을 열거나 닫습니 다. 단축키는 I 이며, 파라미터의 구성은 트랙 종 류에 따라 달라집니다.

● 리전 인스펙터 : 선택한 리전의 연주 정보를 컨 트롤할 수 있는 파라미터를 제공합니다.

● 트랙 인스펙터 : 트랙의 연주 정보를 컨트롤할 수 있는 파라미터를 제공합니다. 트랙에 존재하 는 모든 리전은 영향을 받습니다.

● 채널 스트립 : 미디 및 오디오 신호의 볼륨이나 팬 등을 컨트롤할 수 있는 파라미터를 제공합니 다. 믹서를 열지 않고도 해당 트랙의 신호를 컨 트롤할 수 있습니다. 기본적으로 오른쪽은 최종 출력을 담당하는 마스터 트랙의 채널 스트립이 표시되지만, 아웃이 Bus로 설정되는 경우에는 Aux 트랙을 표시합니다.

 빠른 도움말 열기/닫기 : 리전 인스펙터 위쪽에 마우스 위치 파라미터의 기능을 간략하게 설명하는 도움말 창을 열거나 닫습니다. 단축키는 Shift+/이며, Command+/키를 누르면 상세 도움말 창을 열 수 있습니다.

〈도움말 메뉴〉

● **빠른 도움말** : 빠른 도움말 열기, 플로팅 윈도우로 열기, 닫기 순서로 동작합니다.

● **빠른 도움말이 다음으로 나타남** : 빠른 도움말의 표시 방법을 선택합니다.

● **Logic Pro 튜토리얼** : 온라인 교육을 받는 듯한 느낌으로 독학할 수 있는 학습 창을 엽니다.

● **Logic Pro 도움말** : 로직 사용 설명서를 엽니다. 설명서 아래쪽에는 도서를 다운 받을 수 있는 Apple Books 링크를 제공합니다. 악기와 이펙트 설명서를 선택하여 열 수 있고, 컨트롤 서피스, 새로운 기능, 릴리즈 노트, 지원, 토론 등의 웹페이지에 연결하여 도움을 받을 수도 있습니다.

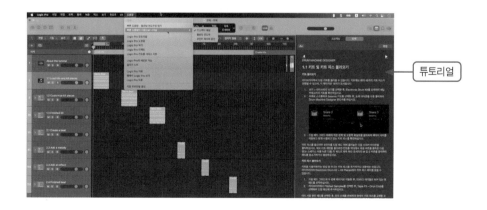

튜토리얼

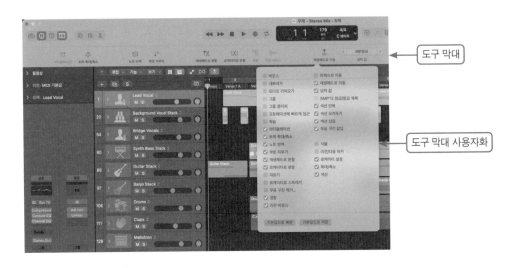 도구 막대 열기/닫기 : 컨트롤 막대 아래쪽으로 리전을 편집할 수 있는 도구 막대를 열거나 닫습니다. 도구 막대에서 마우스 오른쪽 버튼을 클릭하여 바로 가기 메뉴를 열고, 도구 막대 사용자화를 선택하면 사용자가 원하는 도구들로 구성할 수 있는 창이 열립니다.

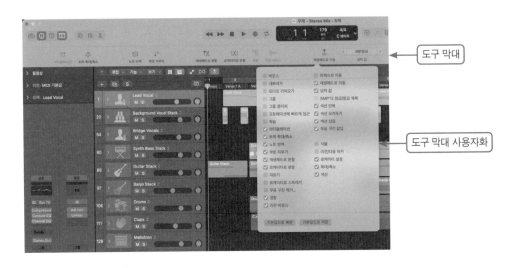

 Smart Control 열기/닫기 : 도구 막대 열기/닫기 버튼 오른쪽의 3가지 열기/닫기 버튼은 작업 공간 아래쪽에 창을 열거나 닫습니다. 첫번째 Smart Control 버튼은 트랙의 주요 파라미터를 빠르게 컨트롤할 수 있는 스마트 컨트롤 창을 열거나 닫습니다. 단축키는 B 입니다.

믹서 열기/닫기 : 모든 트랙의 채널 스트립을 한 화면에서 컨트롤할 수 있는 믹서 창을 열거나 닫습니다. 단축키는 X 입니다. 믹싱과 마스터링 작업을 할 때 가장 많이 사용하게 되는 창이며, 오랜 경험과 학습이 필요한 분야입니다.

믹서

편집기 열기/닫기 : 오디오 및 미디 데이터를 편집할 수 있는 창을 열거나 닫습니다. 로직은 오디오, 피아노 롤, 드러머, 악보, 스텝 등의 다양한 편집기를 제공하며, 트랙 유형에 따라 달라집니다. 기본적으로 오디오 리전을 더블 클릭하면 오디오 편집기가 열리고, 미디 리전을 더블 클릭하면 피아노 롤 편집기가 열립니다. 단축키는 E 입니다.

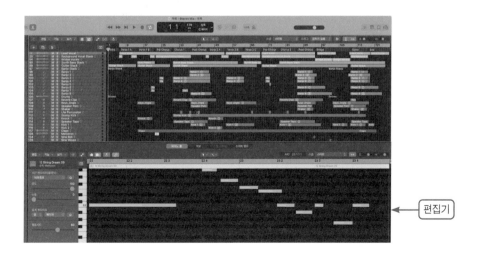

편집기

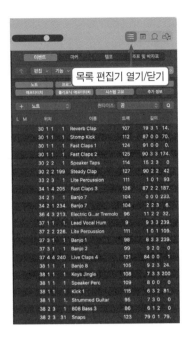

目록 편집기 열기/닫기 : 컨트롤 막대 오른쪽에 위치한 4가지 버튼은 메인 윈도우 오른쪽에 창을 열거나 닫는 역할을 합니다. 첫번째 목록 편집기는 메인 윈도우 또는 리전에 기록되어 있는 이벤트, 마커, 템포, 조표 및 박자표를 편집할 수 있는 창을 열거나 닫습니다. 숫자만 가득한 이벤트 창이 초보자에게는 다소 어려워 보일 수 있지만, 정밀한 작업을 하기 위해서는 반드시 익숙해져야 하는 창이기도 합니다.

메모장 열기/닫기 : 메모장은 의미 그대로 프로젝트 및 트랙에 대한 정보를 기록해둘 수 있습니다. 녹음이나 믹싱 작업이 하루에 끝나는 경우는 없기 때문에 각 트랙에 대한 정보를 기록해두면 나중에 세팅을 할 때 매우 요긴하게 사용됩니다. 물론, 곡의 가사를 입력해 놓아도 좋고, 갑자기 떠오른 아이디어를 기록해 놓아도 좋습니다. 메모장의 사용 용도는 개인마다 얼마든지 달라질 수 있습니다.

루프 브라우저 열기/닫기 : 로직에서 무료로 제공하는 Apple Loops 창을 열거나 닫습니다. 단축키는 O 입니다. 드럼 비트, 리듬 파트, 연주 프레이즈, 리프 등을 비롯하여 패턴과 효과음까지 80GB에 달하는 샘플을 제공하고 있으며, 프로젝트로 드래그하여 자유롭게 사용할 수 있습니다. Apple Loops는 프로젝트 템포와 키에 자동으로 일치되기 때문에 별다른 수고없이 높은 퀄리티의 음악을 만드는 일이 가능합니다. 간혹, 샘플을 이용하여 음악을 만드는 사람들에게 창작 운운하며 비판하는 사람들도 있지만 신경 쓸 필요 없습니다. 샘플 조합으로 완성도 높은 음악을 만드는 일 또한 능력입니다.

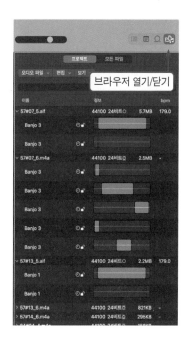

브라우저 열기/닫기 : 프로젝트에서 사용되고 있는 오디오 파일을 관리할 수 있는 창을 열거나 닫습니다. 초보자에게 파일 관리의 중요성은 잔소리에 불과하겠지만, 하드 용량이 부족해지면서 백업용 외장 하드를 하나 둘 추가하는 단계가 되면, 처음부터 제대로 관리하지 못한 자신을 자책하는 날이 오게 됩니다. 다소 귀찮더라도 처음부터 파일을 체계적으로 관리하는 습관을 들이기 바랍니다.

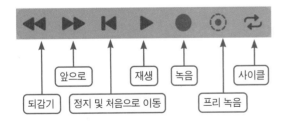

Lesson 02 트랜스포트

컨트롤 막대에는 곡을 재생하거나 녹음을 진행하는 등의 역할을 하는 트랜스포트 버튼들을
제공합니다. 하지만, 실제로 이 버튼들을 클릭하여 컨트롤하는 경우는 거의 없습니다. 로직을
이용하여 음악을 만들겠다면 최소한 트랜스포트 기능을 수행하는 단축키 정도는 외우고 시
작하기 바랍니다. 특히, 재생과 정지 역할의 스페이스 바와 녹음의 R키는 기본입니다.

| 재생헤드

곡의 재생과 녹음을 시작하는 위치는 작업 공간에 세로 라인으로 표시되어 있는 재생헤드입니다.
재생헤드의 위치는 〈꺾쇠〉 모양이 있는 콤마(,) 키와 마침표(.) 키를 이용해서 마디 단위로 이동하
거나 return 키를 이용해서 처음으로 이동시킬 수 있습니다. 재생 중에 return 키를 누르면 처음으
로 이동하여 재생합니다.

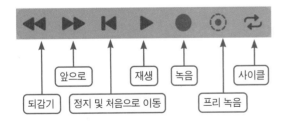

되감기 : ,
앞으로 : .
정지 : Space Bar (재생 중일 때)
처음으로 이동 : return (정지 중일 때)
재생 : Space Bar
녹음 : R
프리 녹음 : Control-Option-Command-R
사이클 : C

┃ 되감기 및 앞으로 버튼

재생헤드를 이동시키는 방법은 되감기의 콤마(,) 키와 앞으로의 마침표(.) 키 외에도 다양한 것들이 있습니다.

① Shift 키를 누른 상태에서 콤마 및 마침표 키를 누르면 8마디 단위로 이동합니다.
② Option 키를 누른 상태에서 콤마 및 마침표 키를 누르면 이전 또는 다음 마커로 이동합니다. 물론, 마커가 입력되어 있는 경우입니다.
Command 키를 누른 상태에서 되감기 및 앞으로 버튼을 클릭하여 이전 또는 다음 마커로 이동할 수 있습니다.
Option 키를 누른 상태에서 마커를 클릭하면 해당 마커의 시작점으로 이동합니다.
숫자 키가 있는 경우에는 숫자 키를 눌러 해당 마커의 위치로 이동할 수 있습니다. 10 이상은 Shift 키를 누른 상태로 숫자 키를 누르면 됩니다.
③ 눈금자 아래쪽에 세로 라인으로 마디 및 박자 위치를 나타내는 부분을 클릭하여 이동합니다.
④ Shift 키를 누른 상태로 작업 공간을 클릭하여 이동합니다.
⑤ 재생헤드를 드래그하여 이동합니다. 되감기 및 앞으로 버튼을 드래그하여 빠르게 이동하는 것도 가능합니다.
⑥ 디스플레이에서 마디 및 박자 위치를 표시하는 부분을 드래그하거나 더블 클릭하여 입력하는 방법이 있습니다. 이때 마디와 박자는 마침표로 구분할 수 있지만, 보통은 마디만 입력하여 이동합니다.

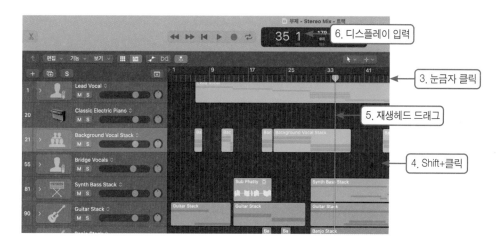

정지 버튼

재생 버튼 왼쪽에 있는 버튼은 곡이 재생 줄일 때는 정
지 버튼 역할을 하며, 곡이 정지 중일 때는 처음으로 이
동 버튼 역할을 합니다. 단축키는 정지와 처음으로 이
동이 구분되어 있습니다. 정지는 스페이스 바 키이며,
처음으로 이동은 return 키입니다. 숫자 키가 있는 경우
에는 0번 키가 정지 및 처음으로 이동 버튼 역할을 합
니다. 그 외, 정지 버튼을 마우스 오른쪽 버튼으로 클릭
하면 역할을 변경할 수 있는 메뉴가 열립니다.

● **정지** : 프로젝트 재생을 정지합니다.

● **정지하고 왼쪽 로케이터로 이동** : 재생을 정지하고, 재생헤드가 로케이터 시작 위치로 이동합
니다.

● **정지하고 마지막 지정 위치로 이동** : 재생을 정지하고, 재생헤드가 로케이터 끝 위치로 이동합
니다.

● **정지 상태에서 마키와 프로젝트 시작 지점 간 점프** : 정지되어 있을 때 재생헤드를 마키 시작
점 또는 프로젝트 시작 지점 사이에서 앞뒤로 이동합니다.

● **정지 상태에서 사이클과 프로젝트 시작 지점 간 점프** : 정지되어 있을 때 재생헤드를 사이클
영역 시작점과 프로젝트 시작 지점 사이에서 앞뒤로 이동합니다. 활성화된 사이클 영역이 있을 때
만 적용됩니다.

● **정지 상태에서 선택한 리전과 프로젝트 시작 지점 간 점프** : 정지되어 있을 때 재생헤드를 처
음 선택된 리전의 시작점과 프로젝트 시작 지점 사이에서 앞뒤로 이동합니다. 리전이나 폴더를 선
택한 경우에만 적용됩니다.

● **정지 상태에서 마지막 지정 위치와 프로젝트 시작 지점 간 점프** : 정지되어 있을 때 재생헤드
를 마지막으로 찾은 위치와 프로젝트 시작 지점 사이에서 앞뒤로 이동합니다.

| 재생 버튼

곡을 재생하며, 단축키는 스페이스 바 키입니다. 곡이
재생 중일 때 스페이스 바 키는 정지 역할을 합니다. 즉,
스페이스 바 키는 재생과 정지 역할을 하는 모두 수행
합니다. 숫자 열의 return 키는 재생 기능을 하며, 재생
중일 때는 처음으로 이동하여 재생을 하고, 0번 키가 정
지 기능을 하며, 정지 중일 때는 처음으로 이동입니다.
그 외, 재생 버튼을 마우스 오른쪽 버튼으로 클릭하면
역할을 변경할 수 있는 메뉴가 열립니다.

- **마키의 선택 범위부터 재생** : 마키 선택 범위를 재생합니다.
- **사이클부터 재생** : 사이클 모드가 켜져 있으면 왼쪽 로케이터 위치에서 재생이 시작됩니다.
- **선택한 리전부터 재생** : 처음 선택된 리전의 시작 부분에서 재생이 시작됩니다.
- **마지막 지정 위치부터 재생** : 마지막 재생헤드 위치에서 재생이 시작됩니다.

| 녹음 버튼

녹음을 시작하며, 단축키는 R 키입니다. 숫자 열이 있는
경우에는 별표(*) 키입니다. 그 외, 녹음 버튼을 마우스
오른쪽 버튼으로 클릭하면 역할을 변경할 수 있는 메뉴
가 열립니다.

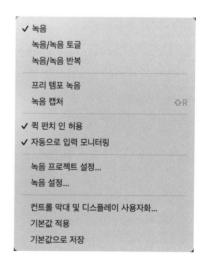

- **녹음** : 녹음 기능을 수행합니다. 정지할 때는 스페이스 바 키를 이용합니다.
- **녹음/녹음 토글** : 녹음과 정지 모드를 전환합니다.
- **녹음/녹음 반복** : 녹음을 취소하고 시작한 위치로 되돌아가 다시 녹음을 합니다.
- **프리 템포 녹음** : 프리 템포 녹음을 진행합니다.
- **녹음 캡처** : 녹음 중인 아닌 상태에서 연주한 미디 정보를 기록합니다.
- **퀵 펀치 인 허용** : 재생 중에 바로 녹음 모드로 진입할 수 있도록 합니다.
- **자동으로 입력 모니터링** : 녹음 중에만 입력 신호를 모니터할 수 있게 합니다.
- **녹음 설정** : 프로젝트 녹음 설정 창을 엽니다.

- **시작 시 동작 버튼** : 녹음을 시작할 때 카운트 인 또는 프리롤 길이를 선택합니다.

  카운트 인 : 녹음을 시작할 때의 카운트 길이를 선택합니다.

  녹음 프리롤 : 녹음을 시작할 때 몇 초 전부터 재생되게 할 것인지를 설정합니다.

  템포 변경 기록 허용 : 녹음 모드에서 모든 템포 변경을 기록합니다.

  자동으로 테이크 색상 지정 : 첫 번째 테이크는 색상 팔레트에서 선택한 색상을 테이크 폴더에 할당하지만 다음 테이크 각각에 대해 해당 테이크 폴더에서 다른 색상을 지정합니다. 테이크 폴더에 사용된 모든 색상은 색상 팔레트의 동일한 색상 행에서 선택되며 각 테이크 후에 미리 정의된 열 수만큼 진행됩니다.

● MIDI :

MIDI 데이터 감소 : 녹음 중에 일련의 컨트롤러 메시지의 끝에 값을 유지하는 지능형 알고리즘을 사용하여 컨트롤러 이벤트를 감소시킵니다.

자동으로 복제본 지우기 : 기존 노트와 동일한 위치, 피치 및 MIDI 채널에서 스텝 녹음 또는 병합을 통해 MIDI 리전으로 노트를 재생하거나 추가하면 이전 노트를 삭제합니다. 동일한 위치는 두 노트가 모두 동일하게 퀀타이즈된 경우이거나, 퀀타이즈가 사용되지 않는 경우에는 100틱 이내로 정의됩니다.

● **오디오 녹음 경로** : 설정 버튼을 클릭하여 녹음 폴더를 지정할 수 있습니다. 프로젝트 버튼을 클릭하면 프로젝로 재설정됩니다.

● **녹음 환경설정** : 로직의 녹음 환경설정 창을 엽니다.

● **오디오** : 녹음되는 오디오 파일 포맷과 비트 수를 결정합니다.

녹음 파일 유형 : 녹음할 오디오 파일 포맷을 선택합니다. AIFF, BWF(Wave) 또는 CAF 파일 중에서 선택할 수 있습니다.

24비트 녹음 : 녹음 비트를 24비트로 설정합니다. 해제하면 16비트로 녹음됩니다.

● **겹쳐지는 트랙 녹음** : MIDI 및 오디오 트랙이 겹칠 때의 동작을 설정합니다.

  테이크 폴더 생성 : 기존 MIDI 또는 오디오 리전에 녹음할 때 신규 테이크 폴더가 생성됩니다.

  병합 : 새로 녹음된 MIDI 데이터를 이전에 녹음한 MIDI 데이터와 병합합니다.

  겹침 : 동일한 트랙의 이전 MIDI 리전과 겹치는 신규 MIDI 리전을 생성합니다.

  선택한 리전 겹치기/병합 : 새로 녹음된 데이터는 선택한 모든 리전과 병합되어 단일 리전을 형성합니다. 이것은 각 녹음이 완료된 후에 발생합니다.

  트랙 생성 : 기존 MIDI 또는 오디오 리전에 녹음할 때 새로운 트랙이 생성됩니다.

  대체 트랙 생성 : 새로운 대체 트랙은 각 녹음 또는 사이클 반복과 함께 자동으로 생성됩니다.

  현재 녹음만 병합 : 모든 사이클 패스에서 기록된 데이터를 단일 리전으로 병합합니다.

  트랙 생성 : 각 사이클 반복에 대해 새로운 트랙을 자동으로 생성합니다. 녹음하는 동안 이전 트랙이 재생됩니다.

  트랙 생성 및 음소거 : 사이클 모드에서 녹음할 때 각 사이클 반복에 대해 동일한 채널 스트립에 할당된 새로운 트랙을 자동으로 생성합니다. 녹음이 중지된 후에 트랙이 생성됩니다.

  새로운 트랙 생성 : 기존 자료 위에 녹음하면 새로운 오디오 트랙이 자동으로 생성됩니다. 녹음이 중지된 후에 새로운 트랙이 생성됩니다.

  대치 : 대치가 활성화된 경우의 동작을 설정합니다.

  리전 지우기 : 녹음 구간의 리전을 지웁니다.

  리전 펀치 : 오디오 또는 MIDI 이벤트가 녹음된 리전만 지웁니다.

  콘텐츠 지우기 : 리전 안의 오디오 또는 MIDI 콘텐츠를 지웁니다.

  콘텐츠 펀치 : 리전 안의 오디오 또는 MIDI 이벤트가 녹음된 부분에만 있는 콘텐츠를 지웁니다.

| 프리 녹음 버튼

사용자 연주를 분석하여 프로젝트 템포를 설정할 수 있습니다. 새 프로젝트를 만들고, 템포를 결정하지 않았을 때, 흥얼거리는 오디오 또는 미디 연주에 맞추어 템포를 결정하고 싶을 때 유용한 기능입니다. 프리 녹음 버튼을 클릭하면 메트로놈이 비활성화 되며, 프로젝트 작업 중에는 선택한 트랙이 솔로로 진행됩니다. 녹음을 마치면 어떻게 처리할 것인지를 묻는 창이 열립니다.

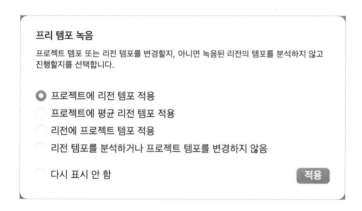

● **프로젝트에 리전 템포 적용** :
  사용자 연주 템포를 분석하여 프로젝트 템포를 설정합니다.

● **프로젝트에 평균 리전 템포 적용** :
  사용자 연주의 평균 템포를 분석하여 프로젝트 템포를 설정합니다. 프로젝트에 리전 템포 적용은 사용자 연주 템포의 변화를 모두 기록하는 것이고, 프로젝트에 평균 리전 템포 적용은 하나의 템포로 설정하는 것입니다.

● **리전에 프로젝트 템포 적용** :
  사용자 연주를 프로젝트 템포에 맞춥니다. 느린 연주를 프로젝트 템포에 맞출 때 유용합니다.

● **리전 템포를 분석하거나 프로젝트 템포를 변경하지 않음** :
  프로젝트 템포 변화 없이 사용자 연주를 그대로 기록합니다.

프리 템포 녹음 창에서 다시 표시 안 함 옵션을 체크한 경우에는 마지막에 선택한 옵션이 적용됩니다. 만일, 옵션을 변경하거나 원래 대로 창이 열리게 하고 싶다면 파일 메뉴의 프로젝트 설정에서 스마트 템포를 선택하여 창을 열고, 프리 템포 녹음 항목의 기본 템포 동작에서 원하는 옵션을 선택하거나 묻기를 선택하면 됩니다.

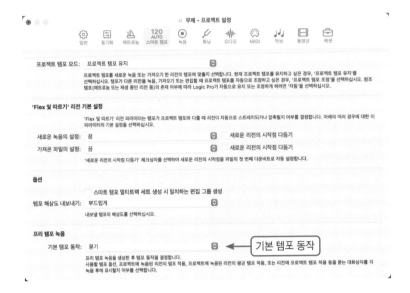

사이클 버튼

눈금자 위에 마디 번호가 표시되어 있는 부분을 드래그하여 사이클 범위를 설정할 수 있습니다. 사이클 범위는 해당 구간을 반복하여 재생하거나 녹음할 때 사용하며, 사이클 버튼 또는 눈금자에 표시되는 노란색 범위를 클릭하거나 단축키 C를 눌러 On/Off 할 수 있습니다.

사이클 버튼을 마우스 오른쪽 버튼을 클릭하여 단축 메뉴를 열고, 로케이터 자동 설정을 선택하면 마커, 리전, 노트에 따라 사이클 범위가 자동으로 설정되게 할 수 있습니다.

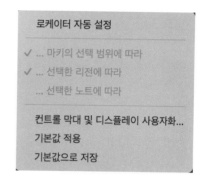

마키의 선택 범위에 따라 : 마키 툴로 범위를 선택하면 해당 범위가 사이클 범위로 설정됩니다.

선택한 리전에 따라 : 리전을 선택하면 해당 길이만큼 사이클 범위로 설정됩니다.

선택한 노트에 따라 : 미디 에디터에서 노트를 선택하면 해당 마디가 사이클 범위로 설정됩니다.

Lesson 03

디스플레이 사용자 설정

컨트롤 막대의 보기 버튼, 트랜스포트 버튼, 디스플레이(LCD) 정보, 모드 및 기능 버튼은 기본적으로 표시되는 것들 외에 몇 가지가 더 있으며, 사용자가 원하는 것들로 재구성할 수 있습니다. 여기서 재생헤드 위치 및 템포와 조표 등의 정보를 표시하고 있는 디스플레이 창은 좀 더 많은 정보를 표시하는 사용자 설정을 사용하는 경우가 많습니다.

● 사용자 설정

디스플레이(LCD) 오른쪽의 작은 삼각형을 클릭하면 표시 정보를 선택할 수 있는 메뉴가 열립니다. 여기서 사용자 설정을 선택하면 일반적으로 많이 사용하는 타입으로 변경할 수 있습니다.

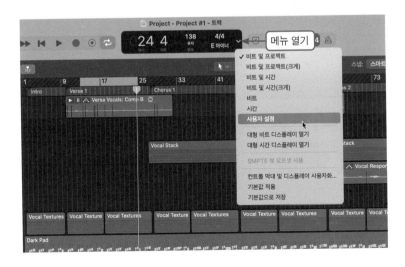

● 재생헤드 위치

사용자 설정 LCD의 첫 번째 항목은 재생헤드위 위치를 표시합니다. 위쪽은 SMPTE라고 부르는 시간 단위이며, 아래쪽은 마디 단위입니다. 각각의 단위를 드래그하거나 더블 클릭하여 재생헤드의 위치를 이동시킬 수 있습니다.

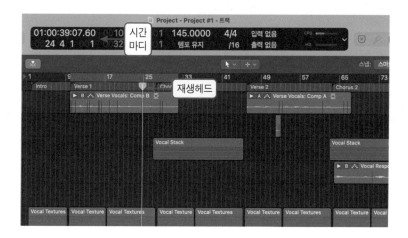

● 로케이터 범위

눈금자에서 마우스 드래그로 사이클 범위를 설정할 수 있는데, 이때 선택된 구간을 로케이터 범위라고 하며 LCD의 두 번째 항목은 이 로케이터 범위를 표시합니다. 위쪽은 시작 위치이고, 아래쪽은 끝 위치이며, 마우스로 드래그하거나 더블 클릭하여 변경할 수 있습니다.

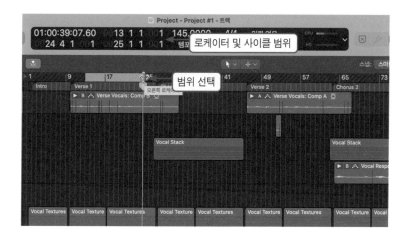

● 템포

LCD 세 번째 항목은 템포를 표시하며, 마우스 드래그 또는 더블 클릭으로 변경 가능합니다. 아래쪽에 템포 유지 항목을 클릭하면 모드를 선택할 수 있는 메뉴가 열립니다.

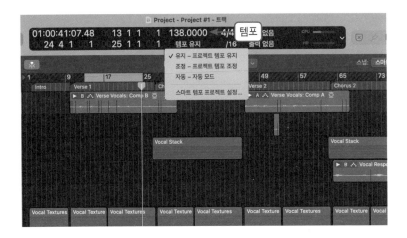

● 템포 모드

녹음을 할 때 또는 오디오 샘플을 가져올 때 템포를 어떻게 처리할 것인지를 설정합니다.

유지 - 프로젝트 템포 유지 : 프로젝트 템포를 변경하지 않습니다.

조정 - 프로젝트 템포 조정 : 가져오는 샘플에 프로젝트 템포를 맞춥니다. 새 프로젝트에서 메트로놈을 끄고 녹음을 하면 프로젝트 템포가 녹음본에 맞춰 조정됩니다.

자동 - 자동모드 : 샘플에 템포 정보가 있으면 유지 모드로 동작하고, 없으면 조정 모드로 동삭합니다. 새 프로젝트에서 녹음을 할 때 메트로놈을 켜면 유지 모드로 동작하고, 끄면 조정 모드로 동작합니다.

스마트 템포 프로젝트 설정 : 템포 모드를 선택할 수 있는 프로젝트 설정 창을 엽니다.

● **프로젝트 템포 모드** : 프로젝트의 기본 템포 모드를 선택합니다.

● **'Flex 및 따르기' 리전 기본 설정** : 녹음(새로운 녹음의 설정)을 하거나 샘플(가져온 파일의 설정)을 가져올 때 프로젝트 템포에 맞출 것인지를 선택합니다. 기능을 활성화하는 켬, 그리고 마디에 정렬할 것인지, 마디 및 비트에 정렬할 것인지를 선택할 수 있습니다. 새로운 리전의 시작점 다듬기 옵션을 체크하면 리전의 시작을 첫 번째 다운비트로 자동 설정합니다.

● **옵션** : 내보내기 템포 정보의 해상도를 결정합니다.
스마트 템포 멀티트랙 세트 생성 시 일치하는 편집 그룹 생성 : 멀티 트랙 세트를 생성하기 위해 사용한 모든 오디오 파일을 단일 그룹으로 결합하여 편집합니다.
템포 해상도 내보내기 : 템포 변화를 모두 내보내는 부드럽게와 비트 단위의 정보만 내보내는 비트 중에서 선택할 수 있습니다.

● **프리 템포 녹음** : 프리 템포 녹음 모드를 선택합니다. 각각의 옵션은 이미 살펴본 내용입니다.

● 박자표 / 디비전

LCD의 네 번째 항목은 위쪽에 박자를 표시하고, 아래쪽에 디비전을 표시합니다. 각각의 항목을 클릭하면 값을 변경할 수 있는 메뉴가 열립니다. 디비전은 눈금자에 표시되는 세로 라인 수(Grid)를 의미하는데, 기본값 16은 한 마디에 16개의 세로 선을 표시한다는 의미입니다. 단, 작업창 크기에 따라 16개의 라인을 모두 표시하지 못하는 경우도 있지만, 리전을 편집할 때 스냅 기능은 그대로 적용됩니다.

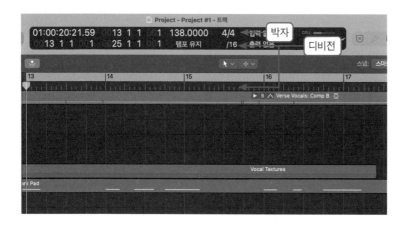

● 미디 입/출력

LCD의 다섯 번째 항목은 미디 입력과 출력 정보를 표시합니다. 코드를 연주하면 로직이 이를 분석하여 코드로 표시하고, 컨트롤러를 움직이면 해당 정보를 표시합니다. 사용하고 있는 마스터 건반의 컨트롤러 이상 유무를 체크할 때도 유용합니다.

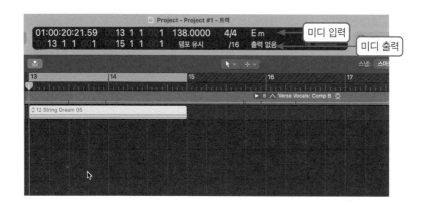

● CPU / HD

LCD 마지막 항목은 시스템의 사용량을 표시합니다. 항목을 더블 클릭하면 CPU(프로세싱 스레드) 및 하드 디스크 캐쉬(드라이브 I/O) 사용량을 퍼센트 단위로 확인할 수 있는 성능 측정기가 열립니다. 로직을 사용하는 가장 안전한 방법은 틈틈히 Command+S 키를 눌러 작업 중인 프로젝트를 저장하는 것입니다.

● 컨트롤 막대 및 디스플레이 사용자화

컨트롤 막대에서 마우스 오른쪽 버튼을 클릭하여 단축 메뉴를 열고, 컨트롤 막대 및 디스플레이 사용자화를 선택하여 디스플레이 표시 항목은 사용자가 원하는 것으로 재구성할 수 있습니다. 그밖에 컨트롤 막대양쪽에 있는 보기 버튼, 트랜스포트 버튼, 디스플레이 오른쪽에 있는 모드 및 기능 버튼도 사용자가 원하는 것으로 구성할 수 있으며, 기본값으로 저장 가능합니다.

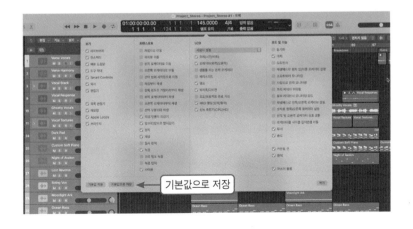

SECTION 03

트랙 유형

트랙은 연주자와 비교됩니다. 음악을 녹음하기 위해서는 반드시 피아노, 기타, 베이스, 드럼 등의 연주자를 섭외하듯이 악기 트랙을 만드는 것입니다. 실제 연주자와의 차이점이라면 사용자가 요구하는 어떤 악기이든 연주자 가능하며, 50명이든, 100명이든 섭외 비용이 필요 없다는 것입니다.

미디와 오디오 트랙

로직은 미디 이벤트를 입력할 수 있는 소프트웨어 악기와 외부 MIDI 트랙, 그리고 오디오 이벤트를 입력할 수 있는 오디오, 기타 또는 베이스, Drummer의 5가지 트랙을 제공합니다. 그 중에서 가장 많이 사용하는 것이 오디오 트랙과 소프트웨어 악기 트랙입니다.

소프트웨어 악기 트랙

로직을 실행하거나 새로운 프로젝트를 만들면 어떤 트랙을 만들 것인지를 묻는 트랙 유형 선택 창이 열립니다. 소프트웨어 악기, 외부 MIDI, 오디오, 기타 또는 베이스, Drummer 중에서 원하는 것을 ① 더블 클릭하거나 선택 후 ② 생성 버튼을 클릭하여 트랙을 만들 수 있습니다.

작업을 진행하면서 트랙을 추가할 때는 트랙 리스트 상단에 + 기호로 표시되어 있는 트랙 추가 버튼을 클릭합니다.

먼저 소프트웨어 악기 트랙의 세부사항 옵션을 살펴보겠습니다. 옵션은 크게 악기와 오디오 출력 항목으로 구성되어 있습니다. 세부 사항이 닫혀 있는 경우에는 세부 사항 왼쪽에 보이는 삼각형 아이콘을 클릭하여 엽니다.

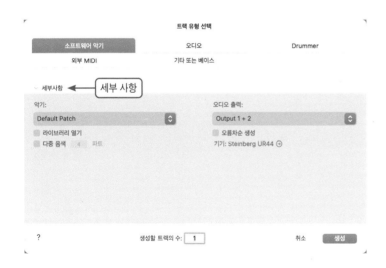

● **악기** : 해당 트랙에서 연주할 악기를 선택합니다. 트랙을 만든 후에 라이브러리에서 원하는 악기를 선택할 수 있기 때문에 군이 결정하지 않아도 됩니다.

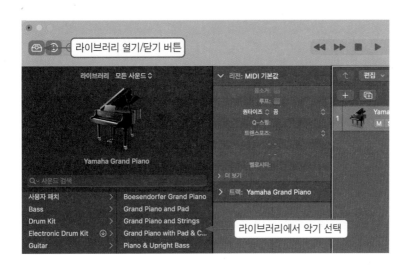

● **라이브러리 열기** : 라이브러리 창을 엽니다. 컨트롤 막대의 라이브러리 버튼을 클릭하거나 단축키 Y 키를 눌러 언제든 열고 닫을 수 있기 때문에 군이 체크하지 않아도 됩니다.

● **다중 음색** : 2개 이상의 소프트웨어 악기 트랙을 만들어 새로운 합성 음색을 만들 수 있습니다. 이것도 필요하면 언제든 2개 이상의 트랙을 서밍으로 묶어서 사용할 수 있기 때문에 군이 트랙을 만들 때 체크할 필요는 없습니다.

● **오디오 출력** : 오디오 출력 포트를 선택합니다. 기본적으로 모니터 스피커는 오디오 인터페이스 메인 아웃(1+2)에 연결되어 있을 것이므로, 특별히 변경할 이유는 없습니다.

● **오름차순 생성** : 멀티 아웃 시스템을 사용하는 경우라면 2개 이상의 트랙을 만들 때 각각의 아웃 풋을 오름차순으로 생성할 수 있습니다. 일반 사용자가 멀티 아웃 시스템을 갖춘 경우는 드물기 때문에 이것도 거의 사용할 일은 없는 옵션입니다. 결국, 소프트웨어 악기 트랙을 만들 때 세부 사항에서 체크할 옵션은 없습니다.

외부 MIDI 트랙

01 신디사이저나 디지털 피아노와 같은 외부 하드웨어 악기 음원을 사용하고자 할 때 필요한 트랙입니다. 세부사항에서 ② 외부 악기 플러그인 사용 옵션을 체크하고 ① 오디오 입력에서 악기의 라인 아웃이 연결되어 있는 오디오 인터페이스의 인풋을 선택합니다. 그리고 ③ MID 대상에서 사용하고 있는 악기와 채널(1)을 선택합니다.

● **외부 악기 플러그인 사용** : 하드웨어 악기는 아웃 라인이 오디오 인터페이스의 인풋에 연결되어 있어야 하며, 외부 악기 플러그인 사용 옵션을 체크하고, 오디오 입력 항목에서 하드웨어 악기가 연결되어 있는 인풋을 선택합니다.

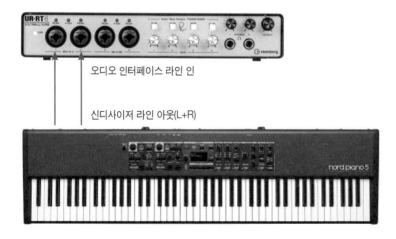

오디오 인터페이스 라인 인

신디사이저 라인 아웃(L+R)

● **미디 대상** : USB로 연결되어 있는 하드웨어 악기를 선택합니다. 트랙을 두 개 이상 생성하는 경우에는 오름차순 생성 옵션을 체크하여 미디 채널을 오름차순으로 설정할 수 있습니다.

● **오디오 출력** : 오디오 출력 포트를 선택합니다.

02 외부 악기 플러그인 사용 옵션을 체크한 외부 MIDI 트랙은 실제 미디 이벤트를 입력하고 편집하는 것이 목적이 아니라 믹싱을 위한 AUX 채널 역할을 하는 것입니다. 즉, ① 외부 악기 플러그인 사용 옵션을 해제한 외부 MID 트랙을 하나 더 만들 필요가 있습니다. ② MIDI 대상에서 동일한 채널을 선택합니다.

03 인스펙터 창의 ① 트랙 파라미터를 열고, ② 프로그램 항목을 체크합니다. 그리고 ③ 프로그램 목록에서 음색을 선택합니다. 기본적으로 표시되는 음색 이름은 디지털 피아노에 많이 채택

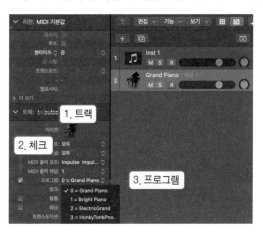

되어 있는 GM 모드입니다. 자신이 사용하고 있는 악기의 음색 이름과 달라도 상관없습니다. 그냥 번호로 선택하면 됩니다. 단, 제품에 따라 0번을 1번으로 인식하는 경우가 있습니다.

04 대부분의 신디사이저는 수 백 개의 음색을 가지고 있습니다. 하지만 프로그램은 0에서 127 까지로 제한되어 있습니다. 그래서 그 이상의 음색을 제공하는 신디사이저는 프로그램을 뱅크 단 위로 제공합니다. 즉, 음색은 몇 번 뱅크에 몇 번 프로그램으로 지정하는 것입니다. 악기의 뱅크 번호를 확인하여 선택합니다.

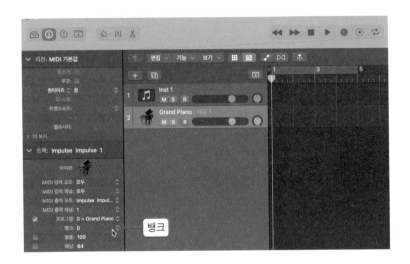

05 프로그램 리스트에 표시되는 음색 이름을 자신이 사용하고 있는 악기 이름으로 표시되게 하고 싶다면 약간의 수고가 필요합니다. 미디 트랙의 아이콘을 더블 클릭합니다.

06 GM 모드로 지정되어 있는 음색 리스트를 볼 수 있습니다. 뱅크 번호를 선택하고, 각각의 항목을 더블 클릭하여 이름을 변경하면 되지만, 수 백 개의 이름을 일일이 입력할 수는 없습니다. 악기 제작사 홈페이지를 방문하여 PDF 또는 Excel 파일로 제공되는 음색 리스트를 다운 받습니다.

07 PDF 파일로 제공되는 경우라면 이름만 복사해서 사용할 수 없습니다. 음색 리스트를 드래그로 선택하고 Command+C 키를 눌러 복사합니다.

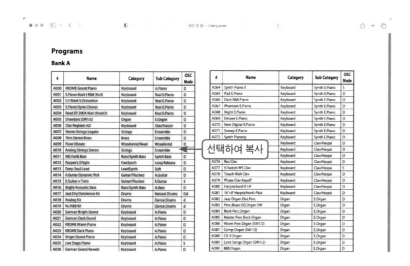

08 맥에서 기본적으로 제공하는 Numbers를 실행하여 빈 페이지를 만들고, Command+V 키를 눌러 앞에서 복사한 리스트를 붙입니다. 그리고 음색 이름 셀만 드래그하여 선택하고 Command+C 키를 눌러 복사합니다.

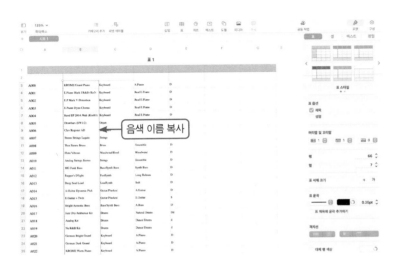

음색 이름 복사

09 이제 로직의 프로그램 리스트 ① 옵션에서 이름을 숫자로 초기화 하고, 모든 이름 붙여넣기 를 선택하면 됩니다. 뱅크마다 이 과정을 반복하면 자신이 사용하는 악기의 음색 이름을 그대로 로직에서 사용할 수 있습니다. 참고로 ② 뱅크 메시지는 제품마다 컨트롤 32번을 사용하는 것과 컨트롤 0번을 사용하는 것이 있으므로 프로그램이 선택되지 않으면 0번으로 바꿔봅니다.

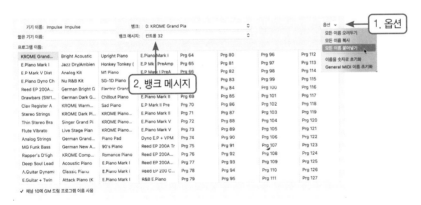

1. 옵션

2. 뱅크 메시지

10 외부 MIDI 트랙은 이렇게 2개의 트랙으로 구성되는 것이며, ① 외부 악기 플러그인 사용 옵션을 해제한 트랙에서 미디 이벤트를 입력하거나 편집하고, ② 외부 악기 플러그인 사용 옵션을 체크한 트랙에서 사운드 디자인 및 믹싱 작업을 진행하는 것입니다. 두 트랙을 Shift 키를 누른 상태로 선택하고, 마우스 오른쪽 버튼을 클릭하면 열리는 단축 메뉴에서 ③ 트랙 스택 생성을 선택하여 폴더 스택으로 정리하면 화면도 깔끔하고, 작업도 편리합니다.

11 대부분의 신디사이저는 16채널을 지원하므로, 채널별로 총 32개의 트랙을 만들어 사용할 수 있습니다. 뱅크 및 프로그램 작업이 완료된 프로젝트는 템플릿으로 저장하여 사용합니다.

오디오 트랙

보컬을 비롯한 마이크 입력 사운드를 녹음하거나 오디오 샘플을 사용할 트랙을 만듭니다.

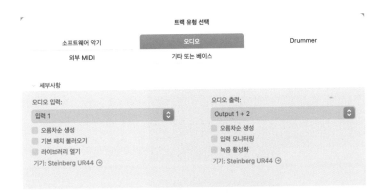

● **오디오 입력** : 마이크가 연결되어 있는 오디오 인터페이스의 입력 포트를 선택합니다.

● **오름차순 생성** : 멀티 오디오 인터페이스를 사용하는 경우에 여러 개의 트랙을 생성하면 입력 포트를 오름차순으로 설정합니다.

● **기본 패치 불러오기** : 채널 스트립에 EQ가 로딩되고, 리버브가 로딩된 2개의 Aux 트랙을 만듭니다. Aux2에는 긴 타임의 리버브, Aux3에는 짧은 타임의 리버브가 장착되어 있으며, 각각 Bus 노브를 드래그하여 리버브 양을 조정할 수 있습니다.

● **라이브러리 열기** : 라이브러리 창을 엽니다. 오디오 트랙의 라이브러리는 보컬 및 악기에 어울리는 이펙트를 장착하여 이펙트 사용이 서툰 사용자도 사운드를 멋지게 디자인할 수 있습니다.

● **오디오 출력** : 오디오 출력 포트를 선택합니다.

● **입력 모니터링** : 트랙의 입력 모니터링 버튼을 활성화 합니다. 녹음을 할 때 채널 스트립에 리버브를 장착하고, 리버브가 적용된 사운드를 모니터 하고 싶을 때 이 버튼을 On으로 해야 합니다. 단, 필요한 경우에 On/Off 할 수 있으므로, 트랙을 만들 때 체크할 필요는 없습니다.

● **녹음 활성화** : 트랙의 녹음 버튼을 활성화 합니다. 이것 역시 트랙을 만들고, On/Off 할 수 있기 때문에 트랙을 만들 때 체크할 필요는 없습니다.

기타 또는 베이스 트랙

오디오 트랙과 동일합니다. 단, 세부사항에서 기본 패치 불러오기 옵션을 체크하면 기타와 베이스 사운드 메이킹에 필요한 페달 보드(Pedalboard) 및 앰프(Amp)와 같은 이펙트가 세팅 되어 있는 채널 스트립을 만들어준다는 차이만 있습니다.

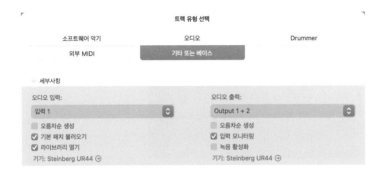

▲ 페달 보드

▲ 앰프

일렉 기타 및 베이스를 오디오 인터페이스에 바로 연결하여 연주하거나 녹음을 하려면 낮은 레벨을 증폭시켜 주는 Hi-Z 인풋 단자에 연결해야 합니다. 제품에 따라 Guitar라고 표기되어 있거나 그림이 그려진 경우도 있습니다.

오디오 인터페이스에 따라 기타 및 베이스를 바로 연결하여 녹음할 수 있는 Hi-Z 단자가 없는 경우도 있습니다. 이때는 다이렉트 박스(Direct Box)라고하는 제품을 이용합니다. 기타를 다이렉트 박스 인 단자에 연결하고, 다이렉트 박스 아웃 단자를 오디오 인터페이스 라인 인 단자에 연결하여 사용하는 것입니다. 물론, 대부분 일렉 기타나 베이스를 연주하는 사람들은 하드웨어 이펙트나 앰프를 갖추고 있는 경우가 많고, 이런 경우에는 바로 오디오 인터페이스 라인 인에 바로 연결하여 사용할 수 있기 때문에 별도의 다이렉트 박스가 필요 없습니다.

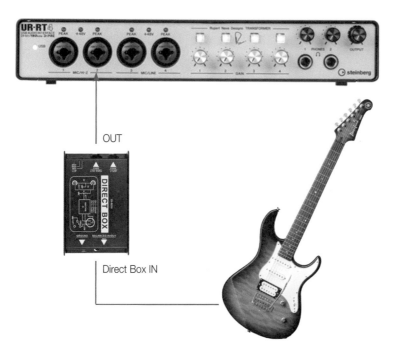

Lesson 02 드러머 트랙

앞에서 살펴본 트랙은 미디 또는 오디오 이벤트를 사용자가 직접 연주하여 입력해야 하지만, 드러머(Drummer) 트랙은 이벤트까지 자동으로 만들어주는 특별한 기능을 갖추고 있습니다. 전문 드러머를 섭외하여 A급 스튜디오에서 녹음한 것과 동일한 효과를 만들어 주기 때문에 드럼에 관한 지식이 없어도 멋진 드럼 트랙을 완성할 수 있습니다.

▎트랙 만들기

01 드러머 트랙은 드럼 연주자를 섭외하는 것과 동일합니다. 트랙을 만들 때 ① 장르 항목에서 어떤 장르의 드러머를 섭외할 것인지를 선택할 수 있지만, 트랙을 만든 후에 연주를 모니터하면서 ② 라이브러리에서 선택하는 경우가 더 많습니다.

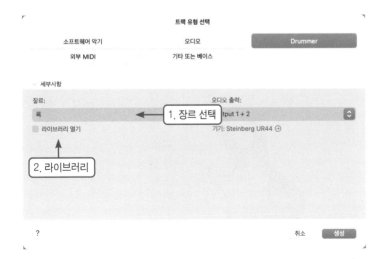

02 드러머 트랙을 만들면 8마디 패턴의 연주가 기록되어 있는 ① 오디오 리전이 생성됩니다. 트랙을 만들 때 라이브러리 열기 옵션을 체크했거나 Y키를 누르면 왼쪽에 드러머를 선택할 수 있는 라이브러리 창이 열리고, 아래쪽에는 세부 설정이 가능한 ③ 에디터 창이 열립니다.

03 기본적으로 생성된 리전을 선택하고 Commad+U 키를 눌러 반복 연주되게 합니다. 그리고 라이브러리에서 마음에 드는 연주자를 찾아봅니다. 연주자마다 마우스를 가져가면 스타일을 설명하는 팝업 창이 열리지만, 직접 모니터를 하면서 선택하는 것이 좋습니다.

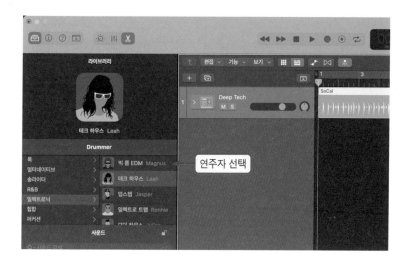

04 드러머 리전은 파트마다 연주가 달라져야 할 것이므로, 루프 시키는 것 보다는 트랙 빈 공간에 마우스를 가져가면 보이는 + 버튼을 클릭하는 방법으로 필요한 길이만큼 추가합니다. 그리고 이것을 바탕으로 베이스, 기타, 피아노 등의 트랙을 하나씩 쌓아가면서 음악을 만들 수 있습니다.

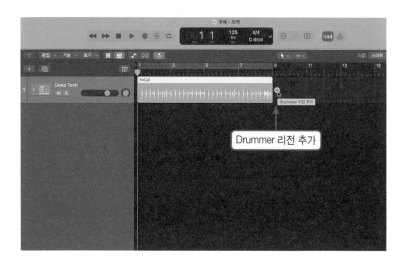

05 곡의 구성을 미리 만들어 놓고 작업을 진행하고 싶다면 드러머 트랙의 리전을 백 스페이스 키로 삭제하고, 트랙 리스트 상단의 글로벌 트랙 보기 버튼을 클릭하여 엽니다.

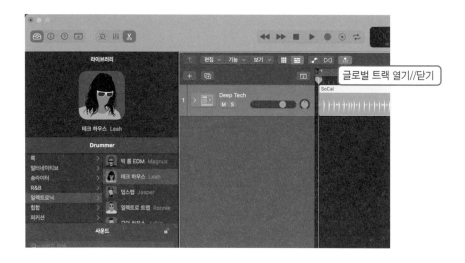

06 편곡, 마커, 조표, 템포 등으로 구성된 글로벌 트랙이 열립니다. 편곡 트랙 오른쪽의 + 기호의 버튼을 클릭하면 인트로, 벌스, 코러스 순서로 마커가 생성됩니다.

07 마커의 길이는 시작 및 끝 지점을 드래그하여 조정할 수 있으며, 이름 항목을 클릭하면 패턴을 변경할 수 있는 메뉴가 열립니다. 이 과정을 반복하여 인트로, 벌스, 코러스 등, 곡의 구성을 미리 스케치할 수 있습니다. 물론, 길이와 패턴은 언제든 수정 가능합니다.

08 비어 있는 드러머 트랙에서 마우스 오른쪽 버튼을 클릭하여 단축 메뉴를 열고, Drummer 리전으로 채움을 선택하면 편곡 트랙에서 구성한 패턴에 맞추어 리전이 만들어집니다. 벌스에서는 심플하게, 코러스에서는 화려하게 연주되는 패턴이 자동으로 만들어지는 것입니다.

09 작업 노중에 편곡 트랙의 마커 길이를 변경한다면 드러머 리전의 ① 시작과 끝 부분을 드래그하여 수정하고, 패턴을 바꾼 경우라면 리전을 삭제하고 ② Drummer 리전 추가 버튼을 클릭하여 다시 만듭니다.

| 드럼 키트

01 드럼 연주는 마음에 드는데 사운드가 마음에 들지 않는다면 사운드 라이브러리에서 선택하여 변경할 수 있습니다.

02 선택한 사운드의 드럼 키드는 라이브러리 창 상단에 표시되어 있는 ① 드럼 그림을 클릭하거나 채널 스트립의 악기 항목에 로딩되어 있는 ② Drum Kit을 클릭하여 열 수 있습니다.

03 드럼 키트 그림에 보이는 킥과 스네어를 선택하면 왼쪽에 악기 모델을 변경할 수 있는 목록이 열리며, 선택하여 변경할 수 있습니다.

04 오른쪽 Edit에는 선택한 악기의 음정을 조정하는 Tune, 오버 톤을 잡아주는 Dampen, 볼륨을 조정하는 Gain 값을 설정할 수 있는 노브를 제공합니다.

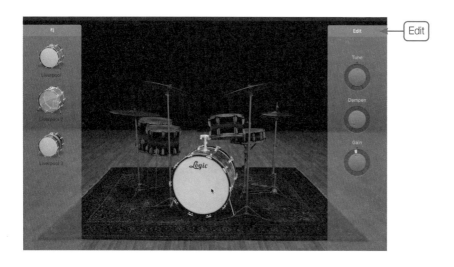

05 반대로 사운드는 마음에 드는데 연주가 마음에 들지 않는다면 사운드 라이브러리에 자물쇠 모양으로 표시되어 있는 아이콘을 클릭합니다. 그러면 드러머를 변경해도 드럼 키드가 유지되는 것을 확인할 수 있습니다.

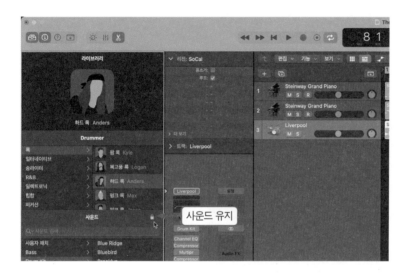

06 에디터 창의 비트 프리셋 오른쪽에 3개의 점으로 표시되어 있는 메뉴 버튼을 클릭하여 드러 머 변경 시 드럼 키트 유지를 선택해도 됩니다. 사운드 라이브러리 창의 자물쇠 아이콘을 On/Off 하는 것과 같은 역할의 메뉴입니다. 드러머를 Option 키를 누른 상태로 선택하는 방법도 있습니다.

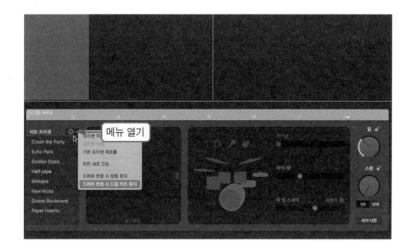

알아 두면 좋아요! 👍 드럼 머신 디자이너

록, 얼터네이티브, 송라이터, R&B 장르는 드럼 키트로 연주되지만, 일렉트로닉과 힙합 장르의 드러머들은 드럼 머신 디자이너(Drum Machine Designer)로 연주하고, 퍼커션 연주자들은 샘플러(Sampler)로 연주합니다. Drum Machine Designer와 Sampler의 자세한 사용법은 〈로직 프로 레벨업〉 서적을 참고하시기 바랍니다.

▲ Drum Machine Designer

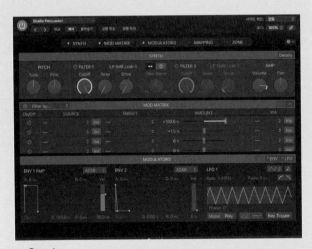

▲ Sampler

| 에디터

01 드러머 에디트 창에 표시되는 눈금자에는 리전을 솔로로 모니터할 수 있는 ① 솔로 버튼과 재생헤드 위치의 리전이 자동으로 선택되게 하는 ② 오토 버튼이 있습니다. 재생헤드 위치의 리전이 자동으로 선택되게 하는 오토 버튼을 On으로 하면 매번 리전을 선택하여 에디터를 열 필요가 없어 편리합니다.

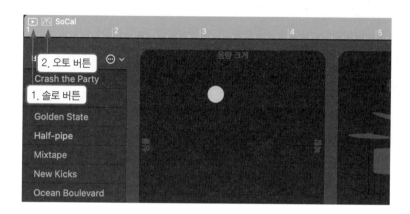

02 에디트 창 왼쪽에는 선택한 드러머의 연주 패턴을 선택할 수 있는 비트 프리셋을 제공합니다. 또한 같은 프리셋이라도 메뉴에서 리전 새로 고침을 선택하면 다른 스타일로 연주되게 할 수 있습니다.

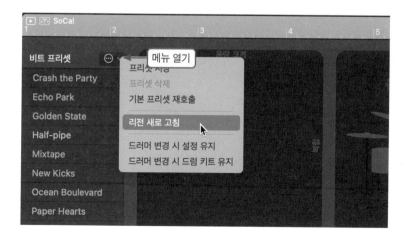

03 드럼 연주자에게 "조금 심플하게 연주해주세요", "조금 부드럽게 연주해주세요" 등을 요구하는 경우가 있습니다. 에디트 창의 X/Y 패드가 이러한 역할을 하는 것으로 노란색 포인트를 드래그하여 설정합니다. 패드에 표기된 대로 위로 드래그하면 크게 연주되며, 오른쪽으로 드래그하면 복합적으로 화려하게 연주됩니다.

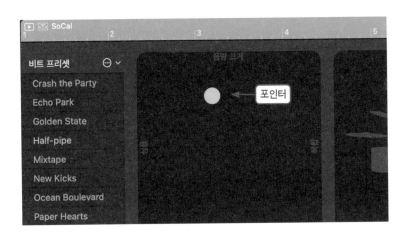

04 드럼 그림이 있는 창은 악기를 선택하고 슬라이더를 드래그하여 연주 타입을 조정할 수 있습니다. ① 첫 번째 슬라이더는 템버린, 셰이커, 핸드클랩 중에서 원하는 퍼커션을 선택하여 조정하고, ② 두 번째 슬라이더는 심벌, 탐, 하이-햇 중에서 선택하여 조정하며, ③ 세 번째 슬라이더는 킥 및 스네어를 조정합니다. 킥 및 스네어의 경우 7단계는 하프 타임, 8단계는 더블 타임으로 연주되게 합니다.

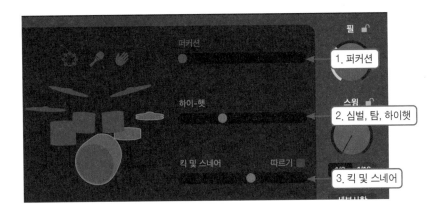

05 에디트 창 오른쪽에는 필 연주의 양을 조정하는 ① 필 노브, ② 8비트(1/8) 또는 16비트 (1/16)를 기준으로 업 박을 얼만큼 뒤로 밀어 스윙 리듬을 만들 것인지를 결정하는 ③ 스윙 노브를 제공합니다. ④ 자물쇠 모양의 버튼을 On 하면, 프리셋을 바꿔도 세팅 값을 유지합니다.

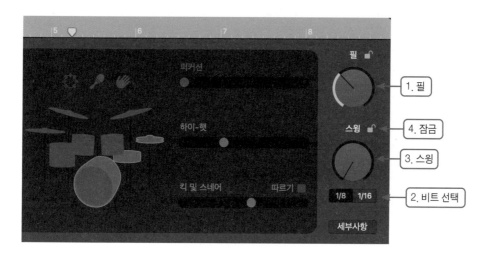

06 드럼 필은 리전의 마지막 8마디 위치에서 연주됩니다. 만일, 그 이하의 마디에서 연주되게 하고 싶다면 T 키를 눌러 도구 메뉴를 열고, 가위 도구을 선택합니다.

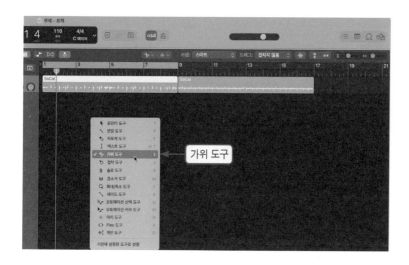

07 리전을 클릭하여 4마디 또는 2마디 단위로 자르면, 필이 4마디 또는 2마디 단위로 연주됩니다. 물론, 각각의 리전마다 서로 다른 에디트 세팅도 가능합니다.

08 에디트 창 오른쪽 하단의 세부사항을 선택하면 느낌, 고스트 노트, 하이-햇 비율을 조정할 수 있는 창이 열립니다. 느낌은 리듬을 당기거나 밀어주는 것이고, 고스트 노트는 드러머가 스틱을 움직여 리듬을 타는 작은 소리를 말하는 것으로 노브를 이용하여 그 양을 결정할 수 있습니다. 그리고 하이-햇은 닫힘(Close) 및 열기(Open) 연주의 양을 결정합니다. 자동 옵션을 체크하면 기본 프리셋으로 연주됩니다.

09 에디트 창에서 제공하는 옵션들을 변경하여 사용자만의 프리셋을 만들었다면 메뉴에서 프리셋 저장을 선택하여 목록에 등록할 수 있습니다. 프리셋 삭제는 선택한 프리셋을 삭제하며, 기본 프리셋 재호출은 설정을 초기화 하는 메뉴입니다. 참고로 드러머를 변경할 때 사용자 설정이 변경되지 않게 하려면 드러머 변경 시 설정 유지 메뉴를 선택합니다.

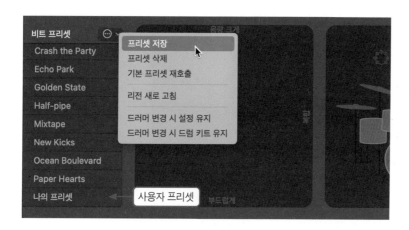

10 기타 또는 피아노 리듬을 먼저 녹음하고 드러머 트랙을 추가하는 경우도 있습니다. 이때 리듬이 어긋나는 경우가 있는데, 킥 및 스네어 슬라이더에 있는 ① 따르기 옵션을 체크하고, ② 목록에서 사용자가 녹음한 기타 또는 피아노 트랙을 선택하면 자동으로 맞춰줍니다.

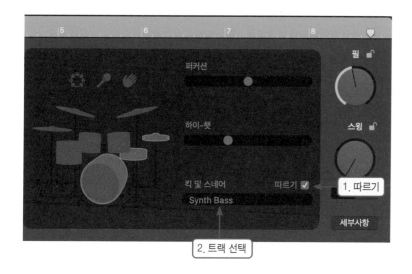

| 일렉트로닉 에디터

01 일렉트로닉, 힙합, 퍼커션 장르의 드러머를 선택하면 에디트 창의 구성이 살짝 바뀌지만, 퍼커션, 심벌즈, 셰이커 및 하이-햇, 킥, 스네어 및 박수 등의 악기를 개별적으로 컨트롤할 수 있다는 차이만 있을 뿐 사용법은 동일합니다.

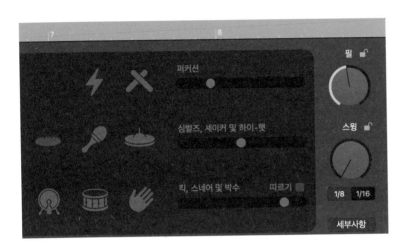

02 세부사항 역시 악기별 복잡성의 범위를 설정하거나 하프 타임으로 연주되게 하는 자동 하프 타임 옵션, 인간적인 연주를 표현하는 휴머나이즈와 연주를 변형하는 프레이즈 변주 노브 등 조금 다른 옵션을 제공하지만 사용법은 동일합니다.

03 에디트 창의 연주 옵션은 선택한 리전에만 적용되는 것이므로, 리전을 세부적으로 잘라서 편집하면 좀 더 디테일한 연주 트랙을 만들 수 있습니다.

에디트 설정은 리전마다 적용됨

04 송라이터 장르의 루트 브러시나 팝 브러시 연주자를 선택하면 브러시 탭 및 스윕 연주를 추가할 수 있는 옵션이 있습니다. 발라드 및 재즈 음악에서 빼놓을 수 없는 사운드입니다.

브러시 탭

미디 에디터

01 드러머 에디터의 기능만으로도 다양한 변주가 가능하지만, 좀 더 세부적인 편집이 필요한 경우가 있습니다. 이때는 드러머 리전을 마우스 오른쪽 버튼으로 클릭하여 단축 메뉴를 열고, MIDI 리전으로 변환을 선택합니다.

02 드러머 리전을 미디 리전으로 바꾸면 피아노 롤에서 다양한 편집이 가능합니다. 미디를 편집하고 다시 드러머 리전으로 바꾸고 싶다면 마우스 오른쪽 버튼을 클릭하여 단축 메뉴를 열고, Drummer 리전으로 변환을 선택합니다. 드러머 에디터를 이용한 추가 편집이 가능해집니다.

03 드러머 리전을 미디 트랙으로 드래그하여 이동시키거나 Option 키를 누른 상태로 드래그하여 복사하는 방법도 있습니다. 서드 파티 제품을 사용하고자 할 때 이용하는 방법입니다. 서드 파트 드럼에 관한 자세한 사용법은 〈VST 드럼〉 서적을 참고하기 바랍니다.

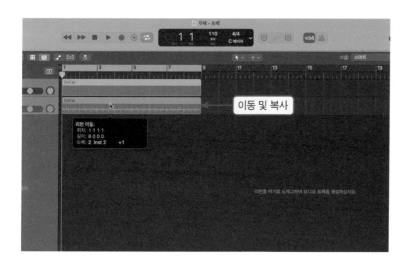

04 드러머 리전을 Option+Shift 키를 누른 상태로 복사하면 두 리전이 연결되어 드러머 에디터의 설정을 복사한 미디 리전에도 그대로 적용할 수 있습니다. 미디와 드러머 리전 사운드를 합성할 때 많이 사용하는 방법입니다.

05 실제로 드럼을 스테레오로 작업하는 경우는 없습니다. 보통은 악기별로 믹싱을 할 수 있는 멀티 트랙으로 작업을 합니다. 사운드 라이브러리 하단에 있는 Producer Kits에서 +가 붙어있는 패치를 선택하면 드러머 트랙을 멀티 아웃으로 설정할 수 있습니다.

06 Producer Kits을 선택하면 드럼 키트는 좀 더 많은 옵션을 제공합니다. 심벌이나 탐도 악기를 변경할 수 있고, Edit 패널에는 Leak, Overheads, Room 마이크 사운드를 추가할 수 있는 옵션도 있습니다. Room은 A 스튜디오와 B 스튜디오 중에서 선택합니다.

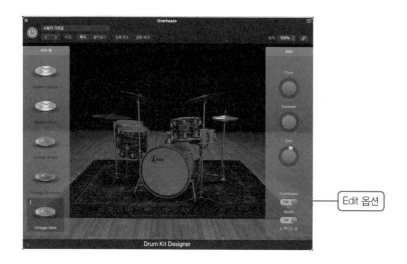

Lesson 03

애플 루프

요즘에 댄스 및 힙합 곡들은 보컬을 제외한 거의 모든 트랙을 오디오 샘플로 완성하는 경우가 있고, 슬로우 곡에서도 많이 사용되고 있습니다. 앞에서 살펴본 드러머 트랙도 오디오 샘플입니다. 이처럼 오디오 샘플은 음악을 만드는데 반드시 필요한 요소가 되었으며, 미디와 오디오 편집 기술을 익히듯 자신이 만드는 음악에 자연스럽게 믹싱하는 기술은 반드시 필요합니다.

| 루프 유형

01 로직은 자신의 음악에 자유롭게 사용할 수 있는 오디오 및 미디 샘플을 무료로 제공합니다. 이것을 Apple Loops라고 부르며, 로직을 설치하고 처음 실행할 때 다운을 완료하지 못했다면 Logic Pro 메뉴의 사운드 라이브러리에서 사운드 라이브러리 관리자 열기를 선택합니다.

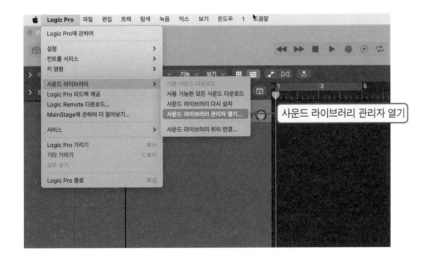

02 Apple Loops 외에도 악기와 이펙트 라이브러리 다운로드를 완료하지 못한 것들은 ① 완료되지 않음으로 표시되며 ② 설치되지 않은 모든 항목 선택 버튼을 클릭하고 ③ 설치 버튼을 클릭하면 모든 사운드 라이브러리를 다운 받을 수 있습니다.

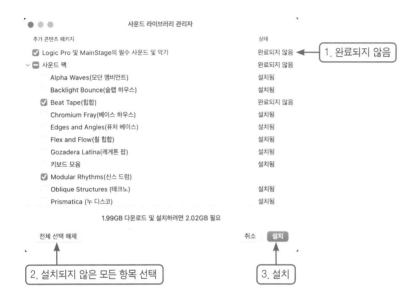

03 Apple Loops는 루프 브라우저 창에서 관리되며, 컨트롤 막대의 루프 브라우저 버튼을 클릭하거나 O 키를 눌러 열거나 닫을 수 있습니다.

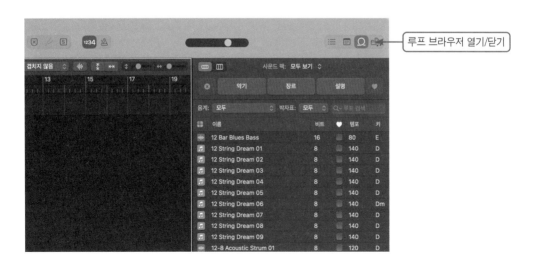

04 Apple Loops는 마우스로 ① 선택하여 모니터하거나 정지시킬 수 있으며, 미디 및 오디오 트랙으로 ② 드래그하여 사용할 수 있습니다. 빈 공간으로 드래그하면 유형에 따라 미디 및 오디오 트랙이 자동으로 생성됩니다.

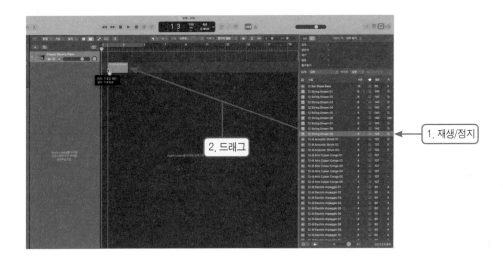

05 Apple Loops는 오디오와 미디(소프트웨어 악기) 외에도 로직에서만 사용되는 패턴과 Drummer를 포함하여 4가지 유형을 제공하고 있으며, 루프 유형 버튼을 클릭하면 사용자가 원하는 유형의 루프만 표시 할 수 있는 체크 옵션 창이 열립니다.

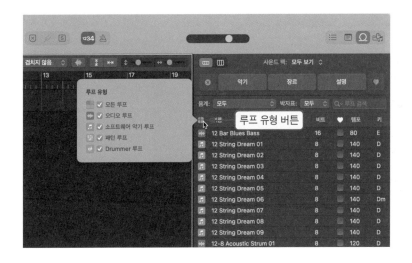

| 루프 브라우저

01 로직은 기본적으로 수 만개의 애플 루프를 제공합니다. 각 루프를 모니터하면서 자신의 음악에 어울리는 사운드를 찾는 것은 거의 불가능하다는 의미입니다. 루프 브라우저 상단에는 악기, 장르, 설명, 즐겨찾기 ① 카테고리 별로 ② 태그를 선택하여 표시 범위를 줄일 수 있는 검색 기능을 제공합니다. ③ 재설정 버튼은 사용자가 선택을 초기화 하며, ④ 즐겨찾기 버튼은 목록에서 즐겨찾기 옵션을 체크한 것이 있을 경우에만 활성화됩니다.

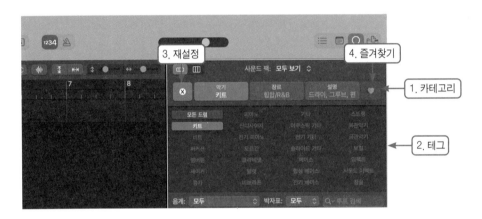

02 검색된 루프는 이름순으로 나열되며, ① 칼럼을 클릭하여 비트, 즐겨찾기, 템포, 키 순으로 나열되게 할 수 있습니다. 각각의 루프를 마우스로 선택하면 재생되고, 다시 선택하면 정지됩니다. 키보드를 이용할 때는 방향키로 선택하고, Option+Space Bar 키로 재생/정지할 수 있습니다.

03 루프 브라우저는 ① 목록 또는 계층 구조로 표시할 수 있는 보기 버튼과 루프가 저장되어 있는 폴더를 선택할 수 있는 ② 사운드 팩 메뉴를 제공합니다. 기본적으로 설치된 폴더는 큰 의미가 없지만, 사용자가 관리하는 폴더가 있을 때 유용합니다.

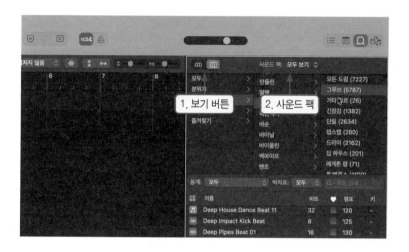

04 카테고리 선택 아래쪽에는 루프를 메이저 및 마이너를 구분하는 음계와 박자를 제한하는 박자표, 그리고 직접 이름을 입력하여 찾을 수 있는 검색 필드를 제공합니다. 물론, 모니터를 해보기 전까지는 알 수가 없기 때문에 입문자에게는 의미 없지만, 자신만의 샘플을 추가해서 사용할 때쯤 되면 이름을 입력하여 검색하는 기능은 자주 사용하게 될 것입니다.

05 애플 루프는 어떤 키로 제작된 것인지에 대한 정보를 표시하지만, 프로젝트 키로 재생됩니다. 만일, 원래 키로 모니터 하고 싶다면 메뉴 버튼을 클릭하여 열고, 원래의 키로 재생을 선택합니다. C부터 B까지 원하는 키로 재생하는 것도 가능합니다.

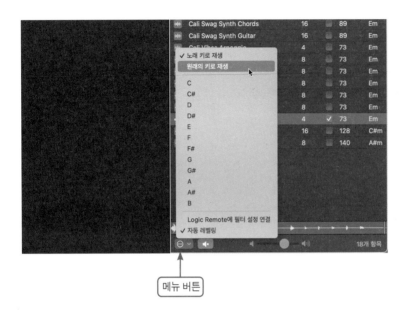

메뉴 버튼

06 애플 루프의 오디오 샘플은 항상 0.1dB로 사용됩니다. 만일 원래 레벨로 사용하고 싶다면 메뉴에서 자동 레벨링을 선택하여 옵션을 해제합니다.

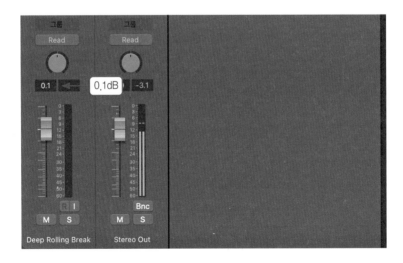

07 메뉴 버튼 오른쪽에는 애플 루프를 재생/정지할 수 있는 ① 모니터 버튼과 ② 모니터 레벨을 조정하는 슬라이드, 그리고 검색된 루프 수를 표시하는 항목으로 구성되어 있습니다.

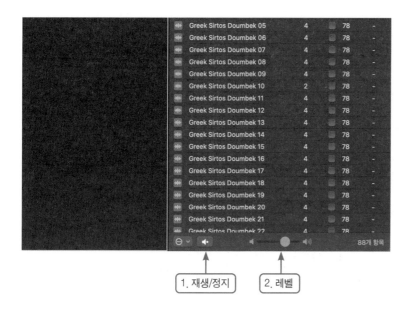

08 검색한 루프는 작업 공간으로 드래그하여 자신의 음악 작업에 사용할 수 있습니다. 프로젝트 창에 생성된 리전은 드래그하여 원하는 위치로 이동하거나 Option 키를 누른 상태로 드래그하여 필요한 만큼 복사하여 사용합니다.

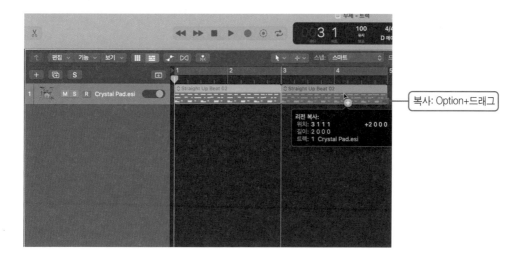

09 리전 오른쪽 상단을 드래그하면 사용자가 원하는 길이만큼 반복시킬 수 있습니다. Option 키로 복사한 것은 서로 다른 편집이 가능하지만, Loop 기능으로 반복시킨 것은 항상 원본관 동일하게 편집된다는 차이가 있습니다.

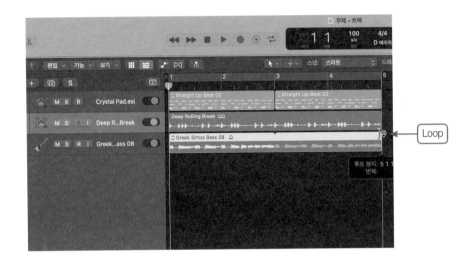

10 리전의 시작과 끝 부분을 드래그하면 길이를 조정할 수 있습니다. 애플 부프에서 필요한 부분만 사용할 수 있는 것입니다.

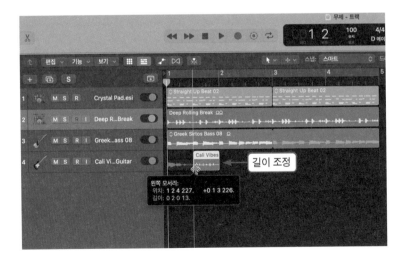

┃ 나의 루프

01 애플 루프를 편집하여 새롭게 만든 리듬이나 사용자 연주 등의 오디오 및 미디 리전을 루프 브라우저로 드래그하여 등록할 수 있습니다. 별도로 관리하는 오디오 샘플은 Finder에서 직접 드 래그하는 것도 가능합니다.

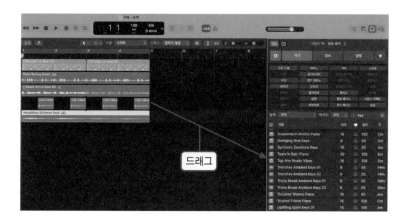

02 테그 정보를 입력할 수 있는 창이 열립니다. 필요한 정보를 모두 입력하고, 생성 버튼을 클릭 합니다.

03 사운드 팩 메뉴에 나의 루프 폴더가 추가되며, 사용자만의 애플 루프를 관리할 수 있습니다.

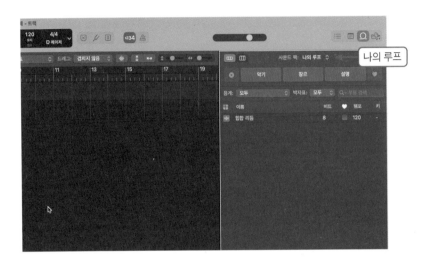

04 Finder에서 추가되는 파일은 태그 없는 루프에 추가되며, 루프 브라우저에 태그 없는 루프 탭이 생성됩니다.

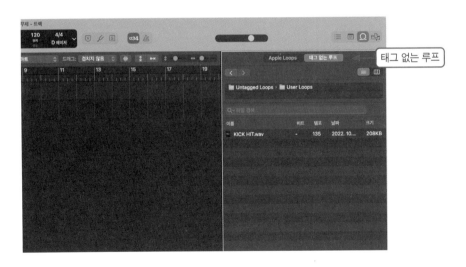

05 태그 없는 루프는 마우스 오른쪽 버튼으로 클릭하여 단축 메뉴를 열고, Finder에서 보기를 선택하면 해당 파일이 저장된 User Loops 폴더를 열 수 있으며, 나의 루프는 Finder에서 라이브러리〉Audio〉Apple Loops〉User Loops〉SingleFiles 폴더로 이동하여 찾을 수 있습니다.

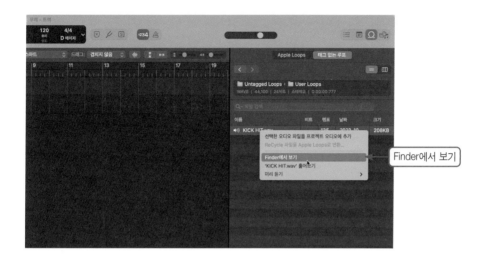

06 User Loops 및 SingleFiles 폴더에 저장한 사용자 라이브러리 파일을 삭제한 경우에는 사운드 팩 메뉴 가장 아래쪽에 있는 모든 루프 다시 인덱스를 선택하여 목록을 정리할 수 있습니다.

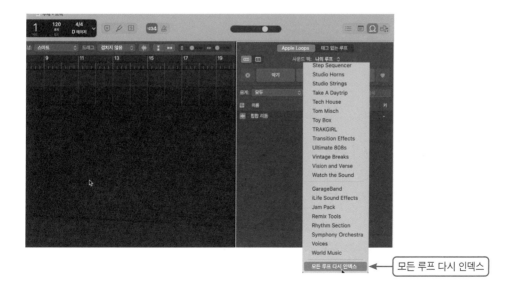

SECTION 04

인스펙터

트랙에 기록된 리전의 연주 속성은 모두 인스펙터 파라미터에서 결정합니다. 인스펙터 파라미터에는 선택한 리전에만 영향을 주는 리전 인스펙트와 트랙에 존재하는 모든 리전에 영향을 주는 트랙 인스펙터 그리고 입/출력 신호를 컨트롤하는 채널 스트립으로 구성되어 있습니다.

리전 인스펙터

인스펙터는 선택한 리전에 영향을 주는 리전 인스펙터, 선택한 트랙에 존재하는 모든 리전에 영향을 주는 트랙 인스펙터, 그리고 출력 신호를 컨트롤하는 채널 스트립으로 구성되어 있습니다. 창은 컨트롤 막대의 인스펙터 버튼을 클릭하거나 I 키를 눌러 열거나 닫을 수 있습니다.

| 툴 사용하기

소프트웨어 악기 및 오디오의 연주 정보를 담고 있는 리전을 편집하기 위한 도구는 마우스 왼쪽과 Commad 키를 누른 상태에서 적용할 수 있는 두 가지를 제공하며, 각각 작업 공간 상단에 있는 도구 메뉴에서 선택합니다. 실제로 많이 사용하는 마우스 왼쪽 도구는 T 키를 누르면 마우스 위치에서 열리는 메뉴에서 선택하거나 단축키를 이용하기도 합니다.

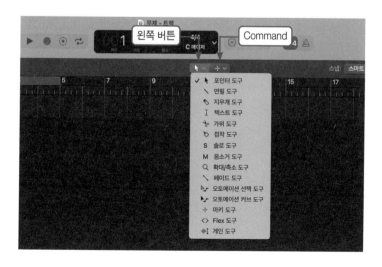

● 포인터 도구

리전의 선택, 이동(드래그), 복사(Option+드래그) 등의 편집 작업을 수행합니다. 리전의 왼쪽 또는 오른쪽 하단을 드래그하여 ① 길이를 변경하거나 오른쪽 상단을 드래그하여 ② 반복시키는 작업도 포인터 도구로 진행합니다. 단, 오디오 리전은 녹음된 이벤트 이상으로 길이를 늘릴 수 없으며, Option 키를 누른 상태로 드래그하면 재생 속도를 조정할 수 있습니다.

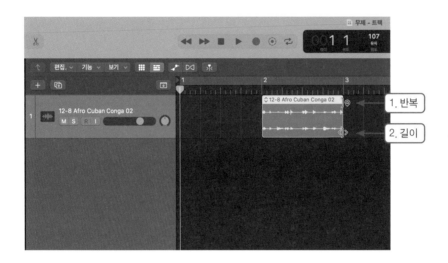

리전을 마우스 드래그로 이동하거나 복사하는 작업은 가까운 거리일 때 유용하지만, 먼 거리는 단축키를 이용하는 것이 편리합니다.

▶ 이동을 할 때는

① 리전을 선택하고 Command+X 키를 눌러 잘라냅니다.
② 원하는 위치에 재생 헤드를 가져다 놓습니다.
③ Command+V 키를 눌러 붙여 넣습니다.

▶ 복사를 할 때는

① 리전을 선택하고 Command+C 키를 눌러 복사합니다.
② 원하는 위치에 재생 헤드를 가져다 놓습니다.
③ Command+V 키를 눌러 붙여 넣습니다.

● 연필 도구

포인터 도구의 모든 기능을 수행할 수 있고, 연주 정보가 담겨있는 않은 빈 리전을 만들거나 오토메이션 라인을 수동으로 그려넣을 수 있습니다. 오토메이션 라인은 메뉴 바의 오토메이션 보기 버튼을 클릭하거나 A 키를 눌러 열거나 닫을 수 있습니다.

● 지우개 도구

리전을 삭제합니다. 리전은 포인터 및 연필 도구로 선택하고 백 스페이스 키로 삭제할 수 있기 때문에 실제로 많이 사용하는 도구는 아닙니다.

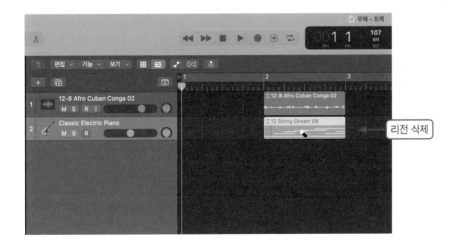

● 텍스트 도구

리전의 이름을 변경합니다. 실제로 리전의 이름을 변경할 때는 인스펙터 창에서 진행하기 때문에 트랙 창에서는 별로 사용할 일이 없지만, 악보를 만들 때는 다양한 텍스트 입력이 필요하기 때문에 아주 많이 사용되는 도구입니다. 악보 창에 관한 학습은 〈로직 프로 레벨 업〉 서적을 참고하기 바랍니다.

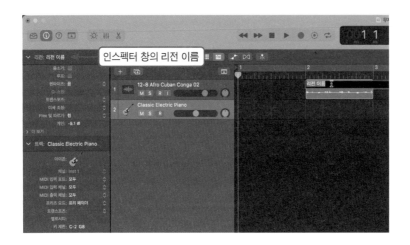

● 가위 도구

리전을 자르는 도구입니다. Command+T 키를 누르면 재생헤드 위치의 리전을 자를 수 있지만, 재생헤드 위치와 상관없는 위치에서 편집할 때도 많기 때문에 자주 사용되는 도구입니다.

● 접착 도구

선택한 두 리전을 하나로 붙입니다. 새로운 파일이 생성되며 확인을 요구하는 창이 열립니다.

● 솔로 도구

리전을 누르고 있으면 솔로로 모니터되며, 드래그하면 드래그하는 속도와 방향대로 모니터할 수 있습니다.

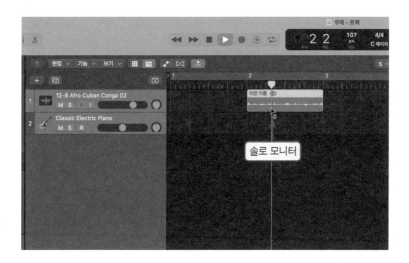

● 음소거 도구

선택한 리전을 뮤트하거나 해제합니다. 단축키는 Control+M 키입니다.

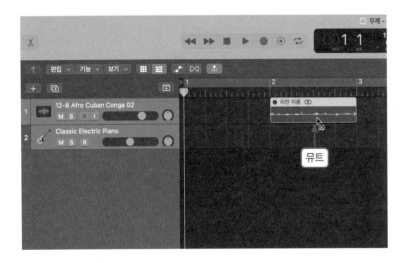

● 확대/축소 도구

마우스 드래그로 특정 영역을 확대하며, 클릭으로 축소합니다. Control+Option 키를 누른 상태에서 클릭하면 확대/축소 전으로 복구됩니다. 선택된 도구에 상관없이 Control+Option 키를 누르면 확대/축소 도구를 사용할 수 있습니다.

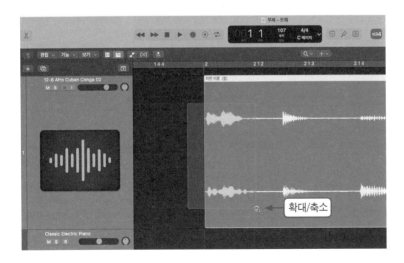

● 페이드 도구

오디오 리전의 시작과 끝 부분을 드래그하여 소리가 점점 커지는 페이드 인과 점점 작아지는 페이드 아웃을 만듭니다. 페이드 인/아웃 라인을 드래그하여 곡선 형태를 변경할 수 있습니다.

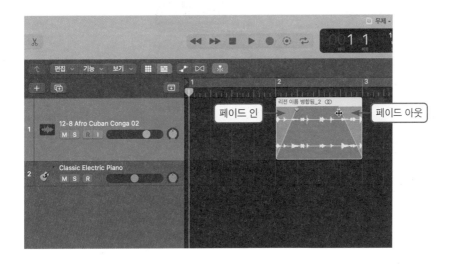

● 오토메이션 선택 도구

채널 스트립, 이펙트, 악기 등의 파라미터가 자동으로 움직이게 하는 오토메이션 라인을 선택하고 편집하는 도구입니다.

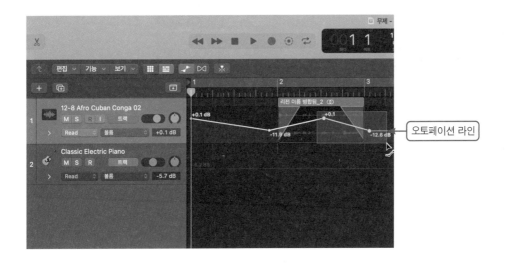

● 오토메이션 커브 도구

오토메이션 라인을 곡선 타입으로 편집합니다.

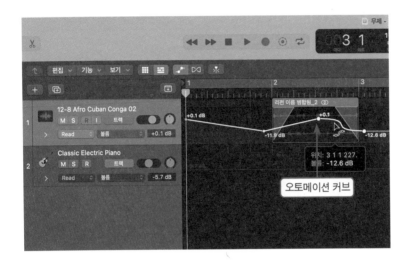

● 마키 도구

리전의 일부분을 선택하고 편집합니다. 포인터 도구와 함께 가장 많이 사용되는 도구로 Command 키를 눌렀을 때 적용되는 도구에 기본적으로 선택되어 있습니다.

● Flex 도구

Flex 기능을 활성화 하지 않아도 오디오 타임을 편집할 수 있습니다.

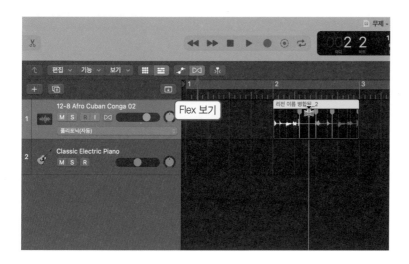

● 게인 도구

오디오 리전의 볼륨을 조정합니다. Option 키를 누르면 일부분을 선택할 수 있으며, 선택한 부분의 볼륨을 조정하면 리전이 잘립니다.

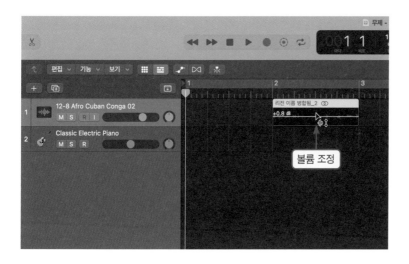

오디오 리전

리전 인스펙터 파라미터의 구성은 오디오 리전을 선택했을 때와
미디 리전을 선택했을 때 차이가 있습니다.

● 음소거

옵션을 체크하여 뮤트합니다. 뮤트 도구를 이용하거나 Control+M 키를 이용할 수 있습니다.

● 루프

프로젝트 끝 또는 다음 리전까지 반복시킵니다. 프로젝트의 길이는 눈금자에 삼각형 모양의 마커
로 표시되어 있으며, 마커 시작 또는 끝 부분을 드래그하여 조정할 수 있습니다.

일반적으로 리전 오른쪽 상단 모서리를 드래그하여 반복시키는 방법을 많이 사용하기 때문에 실
제로 인스펙터에서 컨트롤하는 경우는 거의 없습니다.

프로젝트 시작 마커   프로젝트 끝 마커

● 퀀타이즈

어긋난 비트를 맞춥니다. 퀀타이즈 항목을 클릭하면 비트 값을 선택할 수 있는 메뉴가 열립니다.

● Q-스윙

퀀타이즈를 적용했을 때 업 비트를 퍼센트 단위로 밀어 스윙 리듬을 만듭니다. 퀀타이즈에서 스윙 A에서 F까지 제공하고 있기 때문에 굳이 Q-스윙 값을 조정할 이유는 없을 것입니다.

● 트랜스포즈

음정을 조정합니다. 1의 값이 반음입니다.

● 미세 조정

음정을 100분의 1 단위로 미세하게 조정합니다.

● Flex 및 따르기

Flex 기능을 활성화 하며, 프로젝트 템포를 따르게 합니다. 또한 스마트 템포의 비트 마커를 마디(켬+마디 정렬) 또는 비트(켬+마디 및 비트 정렬)에 일치 시킬것인지의 여부를 선택합니다. Flex 기능을 끄면 프로젝트 템포와 키를 따르게 하는 템포 & 피치 따르기 옵션으로 사용됩니다.

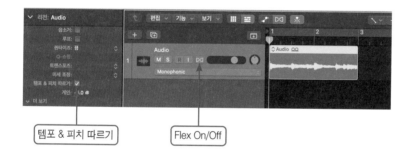

● 게인

리전의 볼륨을 증/감합니다. 게인 도구와 동일한 역할입니다.

● 지연

틱 단위로 재생 타임을 늦추거나 당깁니다.

● 페이드 인

소리가 점점 커지는 페이드 인 타임을 조정합니다.

페이드 인 이름을 누르고 있으면 속도 높이기로 변경
할 수 있으며, 재생 속도가 점점 빨라지는 효과를 만
들 수 있습니다.

● 커브

페이드 인 또는 속도 높이기 곡선을 조정합니다.

● 페이드 아웃

소리가 점점 작아지는 페이드 아웃 타임을 조정합니다. 페이드 인과 마찬가지로 재생 속도를 점점
느리기 만들 수 있는 속도 낮추기로 사용할 수 있습니다.

● 유형

리전이 페이드 아웃되면서 다음 리전이 페이드 인되는 크로스 페이드를 적용할 수 있습니다.
X는 볼륨 변화가 동일하게, EqP 빠르게, XS는 느리게 적용됩니다.
속도 늦추기로 사용힐 경우에는 속도가 점섬 느려졌다가 빨라지는 효과로 적용됩니다.

● 커브

페이드 아웃 및 속도 낮추기 곡선을 조정합니다.

● 리버스

리전이 거꾸로 재생되게 합니다.

● 속도

재생 속도를 조정합니다.

● Q-범위

퀀타이즈 범위를 결정합니다. 기본적으로 모든 노트가 퀀타이즈 되며, 양의 값은 설정한 범위 밖
의 노트, 음의 값은 설정한 범위 내의 노트만 퀀타이즈 되게 합니다.

● Q-강도

퀀타이즈 정도를 퍼센트 단위로 조정합니다. 기본값은 100%이며, 값을 낮춰 조금 느슨하게 퀀타이즈를 적용할 수 있습니다.

| 미디 리전

미디 리전을 선택했을 때 달라지는 파라미터만 살펴봅니다. 나머지는 적용 개체가 미디 노트라는 것만 다르고 동일합니다.

● 퀀타이즈

어긋난 노트를 정렬합니다. 미디 리전은 퀀타이즈 항목을 누르고 있으면 스마트 퀀타이즈로 변경할 수 있으며, Q-범위에서 설정한 노트 주변의 미디 이벤트가 함께 정렬되도록 합니다.

● 벨로시티

연주 노트의 세기를 의미하는 벨로시티 값을 증/감합니다.

● 다이나믹스

벨로시티가 큰 노트와 작은 노트의 차이를 퍼센트 단위로 조정합니다. 고정을 선택하면 모든 노트의 벨로시티 64로 연주됩니다.

● 게이트 시간

노트의 길이를 조정합니다. 고정을 선택하면 아주 짧은 스타카토로 연주됩니다.

● 클립 길이

마지막 노트의 연주가 리전 길이를 넘지 않게 합니다.

● 악보

악보에 표시할 것인지의 여부를 선택합니다.

● Q-벨로시티

그루브 템플릿 퀀타이즈를 사용하는 경우에 벨로시티 값이 적용되는 양을 설정합니다. 글루브 템플릿은 사용자 연주를 기준으로 퀀타이즈하는 것을 말하며, 퀀타이즈 파라미터에서 그루브 템플릿 만들기를 선택하여 생성할 수 있습니다.

● Q-길이

그루브 템플릿 퀀타이즈를 사용하는 경우에 노트 길이가 적용되는 양을 설정합니다.

● Q-플램

동일한 타임에 연주되는 코드를 상향 또는 하행 아르페지오로 만듭니다.

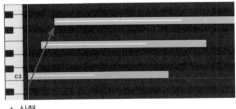

▲ 상행

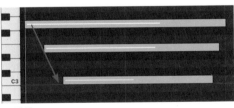

▲ 하행

Lesson 02

트랙 인스펙터

트랙 인스펙터의 파라미터는 해당 트랙에 존재하는 모든 리전 연주에 영향을 줍니다. 오디오 트랙과 미디 트랙의 구성이 다르며, 입문자에게는 다소 어려운 용어가 사용되고 있지만, 본서를 끝까지 학습하고 나면 작업에 필요한 파라미터를 컨트롤 할 수 있게 될 것입니다. 그전까지 대충 이런 것들이 있구나 정도만 이해하고 기본값으로 사용해도 문제없습니다.

| 오디오 트랙 인스펙터

오디오 트랙을 선택했을 때의 인스펙터 파라미터 구성입니다.

● 아이콘

트랙을 구분하기 쉬운 아이콘으로 표시합니다. ① 인스펙터의 아이콘을 클릭하거나 ② 트랙 아이콘을 마우스 오른쪽 버튼으로 클릭하면 그림을 변경할 수 있는 창이 열립니다. ③ 사용자 설정의 ④ + 기호를 클릭하면 사진을 추가할 수 있는 Finder가 열립니다.

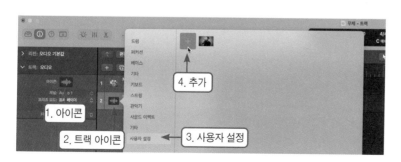

● 채널

트랙 유형 및 번호를 표시합니다.

● 프리즈 모드

많은 트랙과 플러그인을 사용하면 지체 현상이 나타날 수 있습니다. 이때 트랙의 프리즈 버튼을 On 하고, 재생 버튼을 클릭하면 오디오로 랜더링하여 문제를 해결할 수 있습니다. 파라미터에는 트랙 신호만 프리즈(원본만)할 것인지, 플러그인을 포함(프리 페이더)할 것인지를 선택합니다.

트랙에 프리즈 버튼을 표시하려면 마우스 오른쪽 버튼을 클릭하여 단축 메뉴를 열고, 트랙 헤더 구성 요소에서 프리즈를 선택합니다. 트랙 헤더 구성을 선택하여 표시하는 방법도 있습니다.

● Q-참조

트랙의 리전을 퀀타이즈할 때 트랜지언트를 기준으로 정렬되게 합니다.

● Flex 모드

오디오 타임과 피치를 조정하는 Flex 모드를 선택합니다. 자세한 내용은 오디오 편집 편에서 살펴 보겠습니다.

미디 트랙 인스펙터

소프트웨어 악기 트랙을 선택했을 때의 인스펙터 파라미터 구성입니다. 아이콘, 채널, 프리즈 모드의 역할은 동일합니다.

● **MIDI 입력 포트**

컴퓨터에 연결되어 있는 마스터 건반 및 신디사이저 등의 장치를 선택합니다. 친구들과 멀티 작업을 하는 경우가 아니라면 기본값 모두 상태로 사용하면 됩니다.

● **MIDI 입력 채널**

입력 채널을 선택합니다. 기본값 모두 상태로 사용하면 됩니다.

● **MIDI 출력 채널**

출력 채널을 선택합니다. 소프트웨어 악기에서는 기본값 모두 상태로 사용하면 됩니다.

● **트랜스포즈**

음정을 조정합니다. 트랙에 존재하는 모든 리전의 음정이 조정됩니다.

● **벨로시티**

벨로시티를 증/감합니다.

● **키 제한**

연주 범위를 제한합니다. 건반을 나누어 사용할 때 필요할 수 있습니다.

● 벨로시티 제한

벨로시티 범위를 제한합니다. 음색을 레이어로 나누어 사용할 때 필요할 수 있습니다.

● 지연

재생 타임을 틱 또는 밀리초 단위로 지연시킵니다.

● 트랜스포트 없음

음정이 조정되지 않게 합니다. 드럼 트랙의 음정이 실수로 조정되는 것을 방지합니다.

● 재설정 없음

악기로 재설정 메시지를 전송하지 않습니다.

● 보표 스타일

악보 스타일을 선택합니다.

● 아티큘레이션 세트

악기 주법을 표현하는 아티큘레이션 세트을 신규로 만들거나 편집할 수 있습니다. 악기마다 다르며 스위치 패널의 MIDI 리모트를 켜야 동작합니다. 기본적으로 제공하는 Studio Horns 또는 Strings을 선택하여 아티큘레이션을 확인하고 연주해보면 쉽게 이해할 수 있습니다.

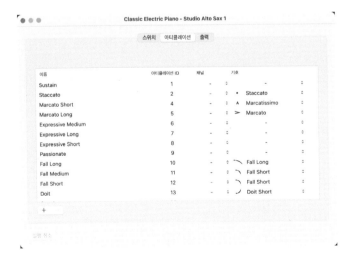

Lesson 03

채널 스트립

인스펙터 창에서 가장 중요한 파라미터가 입/출력 신호를 컨트롤하는 채널 스트립입니다. 인스펙터 창에는 두 개의 채널 스트립을 보여주고 있는데, 왼쪽에 보이는 것이 선택한 트랙의 볼륨, 팬, 이펙트 등을 컨트롤할 수 있는 트랙 채널 스트립이고, 오른쪽에 보이는 것은 Stereo Out 또는 Aux 출력 채널 스트립입니다. 실무 작업은 믹싱 편에서 진행하기로 하고 여기서는 채널 스트립을 구성하고 있는 파라미터의 역할만 살펴보겠습니다.

오디오 채널 스트립에는 모노 및 스테레오를 결정하는 ① 포맷 버튼과 마이크 입력 포트를 선택하는 ② 입력 슬롯이 있고, 미디 채널 스트립은 같은 위치에 악기를 선택할 수 있는 ③ 악기 슬롯과 ④ 미디 이펙트(MIDI FX) 슬롯이 있다는 차이점이 있습니다.

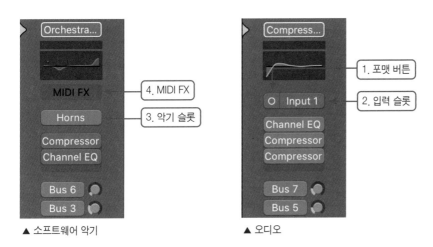

▲ 소프트웨어 악기   ▲ 오디오

● 설정

라이브러리에서 패치를 선택하면 채널 스트립에는 이펙트와 센드 채널 등이 자동으로 세팅 됩니
다. 별다른 지식이 없어도 최적의 사운드로 작업을 할 수 있기 때문에 입문자들에게 이보다 좋은
기능은 없습니다. 하지만, 어느 정도 자기 색깔을 추구하며 직접 디자인할 정도의 실력을 갖추게
되면 오히려 방해가 되는 요소입니다. 그래서 실무자들은 기본 세팅을 제거하고 자신만의 세팅을
만들어 사용합니다. 이것은 설정 버튼을 클릭하면 열리는 메뉴에서 진행합니다.

● 다음/이전 채널 스트립 설정

Legacy에서 제공되는 채널 스트립 중에서 이전 또는 다음 설정을 선택합니다.

● 채널 스트립 설정 복사

현재 채널 스트립 설정을 복사합니다.

● 채널 스트립 설정 붙여넣기

복사한 채널 스트립 설정을 선택한 트랙의 채널 스트립에 붙여넣습니다.

● 플러그인만 붙여넣기

복사한 채널 스트립의 플러그인만 붙여넣습니다.

● 센드만 붙여넣기

복사한 채널 스트립의 센드 채널만 붙여넣습니다.

● 모든 이펙트 플러그인 바이패스

모든 이펙트 플러그인을 Off합니다.

● 바이패스된 플러그인 제거

Off된 플러그인을 제거합니다.

● 비어 있는 인서트 슬롯 제거

비어 있는 인서트 슬롯을 제거합니다.

● 모든 플러그인 제거

모든 플러그인을 제거합니다.

● 모든 센드 제거

모든 센드 채널을 제거합니다.

● 채널 스트립 재설정

모든게 비어있는 채널 스트립 상태를 만듭니다.

● 채널 스트립 설정을 다음으로 저장

사용자가 설정한 채널 스트립을 저장합니다.

● 퍼포머스로 저장

미디 프로그램 정보가 포함된 채널 스트립을 저장합니다.

● 채널 스트립 삭제

사용자 채널 스트립 설정을 삭제합니다.

● Audio FX

오디오 신호는 Audio FX 슬롯을 가장 먼저 통과하며, 여기서 로직에서 제공하는 60여가지의 이펙트 플러그인을 장착할 수 있습니다. 이펙트는 슬롯을 클릭하면 열리는 목록에서 선택합니다.

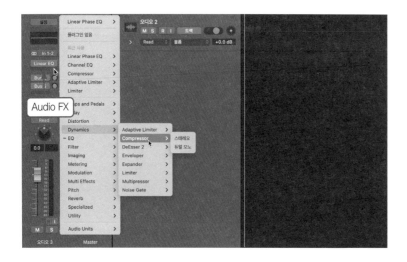

● 게인 감소

설정 항목 아래쪽에 가늘게 표시되어 있는 항목은 ① 게인 감소 슬롯이며, 클릭하면 Aduio FX 슬롯에 ② 컴프레서(Compreesor)가 장착됩니다.

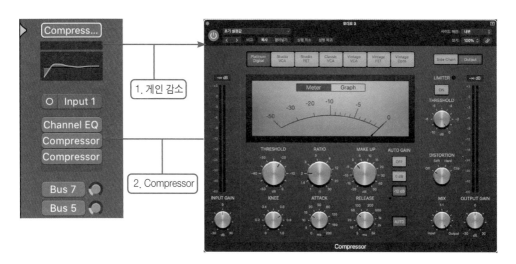

● EQ

게인 감소 항목 아래쪽의 ① EQ 디스플레이를 클릭하면 Audio FX 슬롯에 ② Channel EQ가 장
착됩니다. Shift 키를 누른 상태에서 클릭하면 Linear Phase EQ를 장착할 수 있으며, Option 키를
누른 상태로 클릭하면 Audio FX 첫 번째 슬롯에 장착할 수 있습니다.

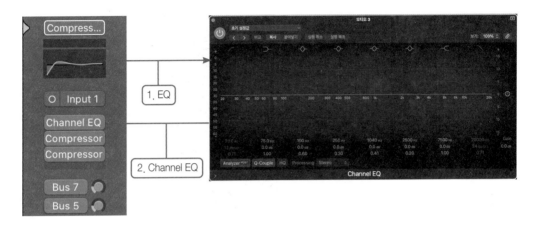

● MIDI FX

미디 신호는 Audio FX 슬롯 전에 MIDI FX 슬롯을 먼저 통과합니다. MIDI FX 슬롯을 클릭하면
사용자 연주를 아르페지오(Arpeggiator)로 만들거나 단음을 코드(Chord Trigger)로 만드는 등의
효과를 연출할 수 있는 장치를 선택할 수 있습니다.

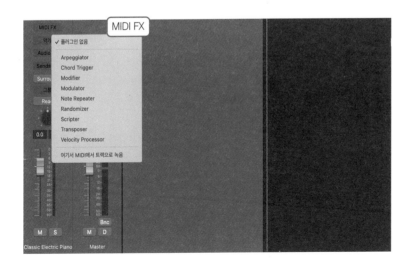

● 악기

로직은 20가지 이상의 악기를 제공하며, 악기 슬롯에서 선택합니다. 일반적으로 악기를 슬롯에서 직접 선택하기 보다는 라이브러리에서 음색으로 선택하는 경우가 많지만, 사용자가 추가한 서드파티 제품들은 슬롯 메뉴 아래쪽에 표시되는 AU 악기 카테고리에서 선택합니다.

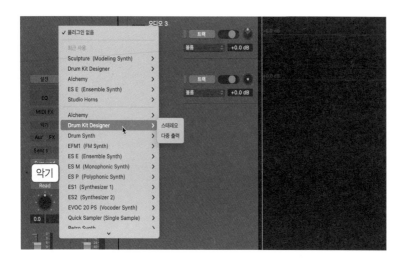

● 입력

오디오 채널에서는 미디 채널 악기 슬롯 자리에 입력 슬롯이 있습니다. 채널 포맷 버튼과 입력 슬롯으로 구성되어 있으며, 채널 포맷 버튼을 클릭하여 ① 모노, ② 스테레오, ③ 서라운드로 변경할 수 있고, ④ 슬롯을 클릭하여 오디오 인터페이스의 입력 포트를 선택할 수 있습니다.

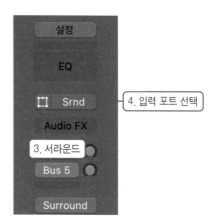

● 센드

채널 스트립의 출력 신호를 Aux 채널로 전송합니다. 슬롯을 클릭하면 몇 번 버스(Bus)를 태워서 보낼 것인지를 선택할 수 있으며, Bus를 선택하면 Aux 채널이 자동으로 생성됩니다.

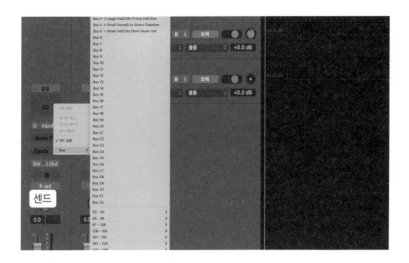

생성된 Aux 채널은 오른쪽에 표시되며 채널 스트립 아래쪽에 표시되는 ① 이름 항목을 더블 클릭하여 구분하기 쉬운 것으로 변경할 수 있습니다. Aux 채널로 전송되는 신호의 양은 센드 항목 오른쪽의 ② 레벨 노브를 이용하여 조정합니다.

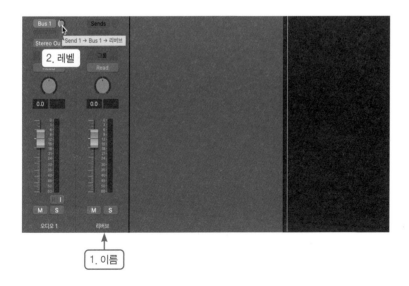

● 출력

출력 포트를 선택합니다. 로직의 최종 출력은 Master이며, 각 채널이 전송되는 실제 하드웨어 출력을 말합니다. 사용하고 있는 오디오 인터페이스에 따라 출력 포트 수는 달라집니다.

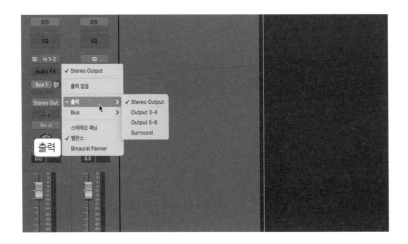

● 그룹

사용자가 원하는 채널을 그룹으로 묶어 동시에 컨트롤할 수 있도록 합니다. 그룹 항목을 클릭하여 메뉴를 열고, ① 신규를 선택합니다. 그룹 인스펙터의 ② 이름 항목에서 구분하기 쉬운 이름을 입력합니다. 그리고 다른 채널의 그룹 항목에서 해당 이름을 선택하면 볼륨을 비롯한 채널 스트립의 컨트롤이 함께 동작됩니다.

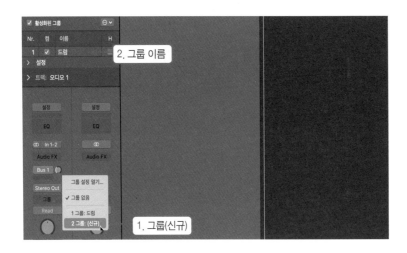

● 오토메이션

오토메이션은 채널 스트립을 포함한 MIDI 및 Audio FX 플러그인 파라미터를 자동으로 움직이게 하는 기능입니다. 오토메이션 기능 ① On/Off 버튼과 ② 모드를 선택 메뉴가 있습니다. 모드는 기록되어 있는 오토메이션대로 파라미터를 움직이는 Read와 오토메이션을 기록하거나 수정하는 Touch, Latch, Write, 그리고 다듬기와 상대값 옵션을 제공합니다.

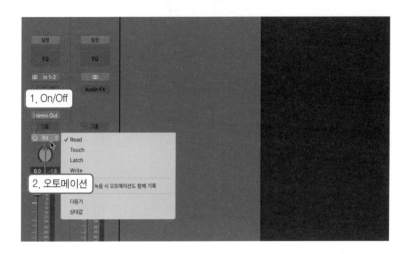

● **Read** : 기록되어 있는 오토메이션 정보대로 해당 파라미터가 자동으로 움직이게 합니다.
● **Touch** : 파라미터의 움직임을 기록하고, 마우스를 놓으면 기존 값으로 복구됩니다.
● **Latch** : 파라미터의 움직임을 기록하고, 마우스를 놓았을 때의 값이 유지됩니다.
● **Write** : 파라미터의 움직임을 기록하지만, 움직임이 없을 때도 기존 오토메이션을 삭제합니다.

● **MIDI/오디오 리전 녹음 시 오토메이션도 함께 기록** : Read 모드에서 녹음을 할 때 리전 오토메이션을 기록할 수 있게 합니다. 단, Read 모드에서 파라미터를 선택할 때 오토메이션이 자동으로 선택되는 기능은 비활성화됩니다.

● **다듬기** : Touch 및 Latch 모드에서 파라미터의 움직임 만큼 기존 오토메이션 값을 조정합니다.

● **상대값** : Touch, Latch, Wrtie 모드에서 보조 오토메이션을 추가하며, 원하는 것을 선택하여 동작되게 할 수 있습니다. 단, 볼륨, 패닝, 센드 레벨 파라미터에서 사용할 수 있습니다.

● 패닝

소리가 출력되는 좌/우 밸런스를 조정합니다. 노브를 오른쪽 버튼으로 클릭하면 패닝 모드를 선택할 수 있는 메뉴가 열립니다. 단, 채널 유형에 따라 패닝, 스테레오 패닝, 밸런스, Binaral Panner 또는 3D Object Panner 등으로 선택 모드가 달라집니다.

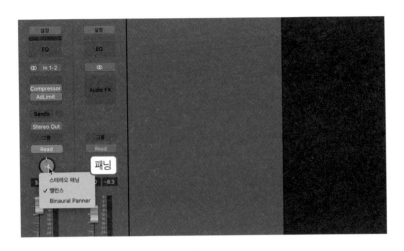

● **패닝** : 모노 채널의 기본 모드입니다. 노브를 드래그하여 좌/우 방향을 조정하며, Option 키를 누른 상태로 클릭하면 중앙으로 복구할 수 있습니다.

● **밸런스** : 스테레오 채널의 기본 모드입니다. 노브를 드래그하여 좌/우 방향을 조정하며, Shift 키를 누른 상태로 드래그하면 미세한 조정이 가능합니다.

● **스테레오 패닝** : 노브 테두리에 녹색링이 표시되며, 드래그하여 넓이를 조정하거나 끝 부분의 흰색 핸들을 드래그하여 좌/우 채널을 개별적으로 조정할 수 있습니다. Command 키를 누른 상태에서 클릭하면 좌/우 채널이 바뀌고 테두리는 주황색으로 표시됩니다.

● Binaral Panner : 각도, 높이, 거리 등 공간 정보의 전체 범위를 시뮬레이션하는 방식으로 헤드폰 재생에 최적화된 모드입니다. 더블 클릭하면 시각적 컨트롤이 가능한 플러그인 패널이 열립니다.

● 볼륨 : 채널의 볼륨을 제어합니다.

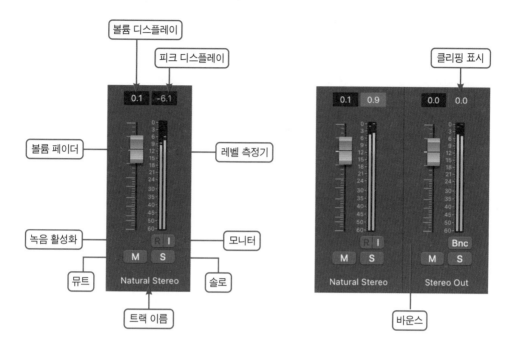

● **피크 디스플레이** : 출력 레벨 중에서 가장 큰 피크 레벨 값을 표시합니다.

　0dB이 넘으면 사운드가 클리핑 된다는 의미로 주황색 및 빨간색 경고 표시를 합니다.

● **볼륨 디스플레이** : 볼륨 페이더 값을 표시합니다.

● **볼륨 페이더** : 채널의 볼륨을 조절합니다.

● **레벨 측정기** : 재생 레벨을 실시간으로 표시합니다.

● **녹음 활성화 버튼** : 녹음을 할 수 있게 합니다.

● **모니터 버튼** : 입력 신호를 모니터할 수 있게 합니다.

● **뮤트 버튼** : 소리가 들리지 않게 합니다.

● **솔로 버튼** : 해당 채널만 들을 수 있게 합니다.

● **바운스 버튼** : Stereo Out 트랙에서 제공되는 버튼으로 오디오 파일을 만듭니다.

● **트랙 이름** : 트랙 이름을 표시하며, 더블 클릭하여 변경할 수 있습니다.

　믹서에서 채널을 선택하는 영역으로 사용되기도 합니다.

오디오 레코딩과 편집

SECTION 01

오디오 레코딩 준비

작곡과 편곡이 완성된 상태에서 음악 제작 과정은 녹음, 믹싱, 마스터링으로 구분할 수 있습니다. 여기서 가장 중요한 것은 녹음입니다. 아무리 믹싱과 마스터링 기술이 뛰어나다고 해도 녹음이 엉망이면 방법이 없습니다. 로직의 녹음 기능을 익히기 전에 좋은 품질의 레코딩을 위한 기본 지식을 살펴보겠습니다.

Lesson 01

마이크의 선택

보컬 및 어쿠스틱 악기 등의 아날로그 소스는 마이크와 오디오 인터페이스를 거쳐서 로직에 기록됩니다. 즉, 오디오 품질을 결정하는 첫 단계는 마이크와 오디오 인터페이스입니다. 레코딩 스튜디오의 경우에는 좀 더 좋은 소리를 기록하기 위해서 마이크 프리앰프, EQ, 컴프레서와 같은 장치를 추가하기도 하지만, 대부분의 개인 사용자는 마이크와 오디오 인터페이스만으로 구성을 하기 때문에 이 두 장치의 선택이 매우 중요합니다.

| 마이크 타입

● **다이내믹 마이크** : 마이크는 크게 다이내믹과 콘덴서 타입으로 구분합니다. 다이내믹 마이크는 내구성이 강하기 때문에 라이브 공연 현장에서 널리 사용되고 있습니다. 세부적으로는 무빙코일형과 리본형으로 구분하는데, 일반적으로 다이내믹 마이크라고 하면 무빙코일형을 의미합니다. 무빙코일형 다이내믹 마이크는 그래프를 보면 알 수 있듯이 100Hz 이하의 저음역과 10KHz 이상의 고음역이 감소되고, 2-3KHz 대역의 중음역이 3-6dB 정도 증가되는 주파수 응답 특성을 가지고 있습니다. 그래서 저음역과 고음역의 주변 간섭이 적고, 음성 명료도가 부각되기 때문에 나래이션 녹음 및 방송을 할 때 많이 사용하는 타입입니다.

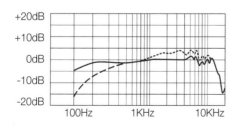

▲ SHURE SM7B

리본형 다이내믹 마이크는 무빙코일형의 진동판과 보이스코일 대신에 매우 가볍고 얇은 알루미늄 호일 스트립이 대신합니다. 그래서 14KHz 이상의 고음역까지 수음할 수 있고, 40Hz의 저음역이 증가되어 전체적으로 평탄한 주파수 응답을 가지고 있습니다. 다만, 어택이 강한 악기에서는 사운드 왜곡 현상이 발생할 수 있고, 알루미늄 리본이 쉽게 손상될 수 있기 때문에 관리가 어렵다는 이유로 잘 사용하지 않았던 타입입니다. 하지만, 요즘에는 부드러운 주파수 응답과 선형적인 위상 특성으로 디지털 시스템에 가장 어울리는 마이크로 인정을 받으면서 좀 더 튼튼하고 관리하기 편하게 개선된 리본 마이크들이 새롭게 출시되고 있는 추세입니다.

◀ Royer R-122   ◀ Beyerdynamic M-160   ◀ AEA R-44C

● **콘덴서 마이크** : 실제로 스튜디오 표준으로 불릴 만큼 레코딩을 할 때 가장 많이 사용하는 마이크는 콘덴서 타입입니다. 세부적으로는 내부 앰프가 진공관으로 설계된 Tube 방식과 저렴한 비용으로 진공관 사운드를 시뮬레이션 하는 필드-이펙트 트랜지스터(Field-Effect Transistor)로 설계된 FET 방식이 있지만, 진공관에 비해 가성비가 워낙 뛰어나기 때문에 빠르게 보급되었고, 대부분의 콘덴서 마이크에서 이를 채택하고 있기 때문에 흔히 콘덴서 마이크라고 하면 FET 방식을 지칭하며, Tube 방식은 진공관 마이크라고 구분해서 부르는 것이 일반적입니다.

▲ 진공관(Tube)   ▲ 트랜지스터(FET)

콘덴서 마이크는 진동판이 얇고 트랜션트 응답이 우수하여 섬세한 레벨 변화에 신속하게 대응하고 주파수 응답 범위가 넓습니다. 다만, 다이내믹에 비해 큰 레벨에 쉽게 과부하가 걸려서 사운드가 왜곡되거나 거칠어지는 현상이 발생할 수 있기 때문에 마이크 세팅에 주의가 필요합니다. 또한 콘덴서 마이크는 내장 앰프를 동작시키기 위한 별도의 전원이 필요한데, 이것을 팬텀 파워(DC 48V)라고 하며, 일반적으로 오디오 인터페이스나 믹스콘솔에서 제공되고 있기 때문에 추가로 준비할 필요는 없습니다. 진공관의 경우에는 별도의 파워 서플라이를 사용하며, 이것 역시 마이크를 구입할 때 포함되어 있습니다.

▲ Neumann U87　　　　　▲ AKG C414　　　　　▲ 진공관 마이크

● USB 마이크 : 그 밖에 마이크는 무선으로 연결되는 무선 마이크, 옷깃에 장착할 수 있는 핀 마이크 등이 있으며, 개인 방송이 활발한 요즘에는 별도의 오디오 인터페이스 없이 컴퓨터에 바로 연결하여 레코딩할 수 있는 USB 마이크도 많이 사용되고 있습니다.

마이크로 수음되는 소리를 컴퓨터에 레코딩하기 위해서는 아날로그 신호를 디지털로 바꿔주는 오디오 인터페이스라는 장치가 필요한데, USB 마이크는 이러한 오디오 인터페이스 기능을 내장하고 있기 때문에 별도의 추가비용이 들지 않고, 사용하기 편리하다는 장점이 있습니다.

▲ USB 마이크

┃ 마이크 지향성

마이크의 지향성은 수음 방향을 의미합니다. 크게 무지향성, 양지향성, 단일지향성의 3가지 타입으로 구분하는데, 무지향성은 모든 방향의 소리를 동일하게 수음하는 것이고, 양지향성은 두 방향의 소리를 동일하게 수음하는 것입니다. 그리고 일반적으로 많이 사용하는 단일지향성은 한 방향의 소리만을 수음합니다.

● **무지향성 마이크** : 소리의 방향에 관계없이 동일한 음을 수음합니다. 물론, 모든 주파수에 적용되는 것은 아니며, 배면과 측면에서 고음역의 감도는 다소 떨어집니다. 정면 음원에 대해 매우 평탄하고 부드러운 주파수 음압을 유지하며, 마이크를 음원 가까이 배치해도 근접 효과로 인한 저음 증가가 매우 적은 편입니다. 합창 녹음을 할 때 많이 사용하는 패턴이지만, 스튜디오의 공간음을 함께 수음할 수 있기 때문에 자연스러운 라이브 연주를 연출하고자 하는 솔로 악기 녹음에서도 많이 사용합니다.

● **양지향성 마이크** : 전면과 배면으로 입력되는 소리를 수음합니다. 단, 주의해야 할 사항은 전면 로브와 배면 로브가 전기적으로 역상 관계가 되기 때문에 같은 성별 또는 같은 악기의 연주자가 서로 마주보고 녹음을 하는 경우에는 역상 관계로 인해서 음색이 변하게 된다는 것입니다. 이와 같은 문제를 해결하기 위해 두 개의 진동판으로 설계된 더블 콘덴서 마이크도 있지만, 가격대가 싱글 콘덴서 두 대를 사용하는 것 보다 높기 때문에 효율적인 선택은 아닙니다. 대부분의 스튜디오에서 두 명의 보컬이나 악기 연주를 녹음할 때는 그냥 싱글 콘덴서 마이크 두 대를 사용합니다.

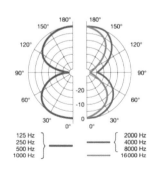

● **단일지향성 마이크** : 전면으로 들어오는 소리만 수음하는 마이크로 지향 특성에 따라 카디오이드(Cardioid), 슈퍼카디오이드(Super-Cardioid), 하이퍼카디오이드(Hyper-Cardioid)로 분류됩니다. 일반적으로 스튜디오에서는 카디오이드 마이크를 많이 사용하며, 측면이나 배면으로 들어오는 소리를 좀 더 차단할 필요가 있는 야외에서는 하이퍼카디오이드 마이크를 많이 사용합니다. 어떤 마이크를 사용하든 마이크를 음원 가까이 배치하면 저음이 증가되는 현상이 발생하고, 멀어지면 음장은 거의 평면파에 가까워집니다. 즉, 킥 드럼이나 첼로 또는 얇은 보이스처럼 커다란 저음이 필요한 음원은 마이크를 가까이 배치하고, 마이크의 로우 컷 또는 믹스콘솔의 하이패스 필터를 동작시키는 방법으로 개성 있는 사운드를 수음할 수 있게 하는 것이 요령이며, 기타나 플룻 또는 굵은 보이스처럼 근접 효과가 필요 없는 음원은 마이크를 조금 떨어뜨려서 깔끔한 사운드를 수음할 수 있게 합니다.

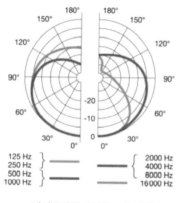

▲ 카디오이드 마이크 지향 패턴

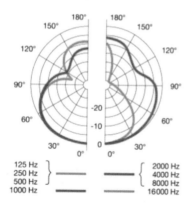

▲ 하이퍼카디오이드 마이크 지향 패턴

● **가변지향성 마이크** : 흔히 멀티 패턴 마이크로 불리는 가변지향성 마이크는 고정극을 중심으로 2개의 동일한 특성을 지닌 진동판을 장착하여 각각의 전압과 전기 극성을 음의로 조정함으로써 지향성을 변경할 수 있도록 제작된 마이크입니다. 대부분의 콘덴서 마이크가 이러한 멀티 패턴으로 출시되며, 스위치를 이용하여 선택할 수 있도록 하고 있습니다.

지향성 선택 스위치

| 마이크 설치

인간의 목소리는 제2의 지문이라고 할 만큼 모두 다릅니다. 그래서 A에게 어울리는 마이크가 B에게 어울린다는 보장은 없습니다. 또한 같은 마이크라도 거리와 방향에 따라 톤이 달라집니다. 그래서 자신에게 적합한 마이크의 선택과 설치 방법을 찾는 것은 몇 차례 시행 착오를 겪을 수밖에 없습니다. 물론, 수음 상태를 결정하는 주요 요소는 공간이지만, 여기서는 이부분을 배제하고, 마이크를 어떻게 배치해야 그나마 좋은 소리를 레코딩할 수 있는지에 대한 기본 원칙을 제시하겠습니다. 이를 바탕으로 조금씩 다양한 변화를 시도를 해본다면 자신에게 가장 적합한 위치를 찾을 수 있을 것입니다.

● 기본 톤

일반적으로 마이크는 20-30Cm 거리의 눈높이에 두고, 입술 방향을 향하도록 놓는 것이 기본입니다. 이는 음성의 미들 음역(2-3KHz)이 입술의 약 30도 위에서 방사되기 때문입니다. 특히, 이 지점은 보컬의 호흡 소리와 'ㅊ'이나 'ㅅ' 발음에서 발생하는 치찰음을 피할 수 있고, 풍성한 미들 톤을 수음할 수 있습니다. 그리고 'ㅂ'이나 'ㅍ' 발음에서 발생하기 쉬운 파열음을 피하기 위해 마이크 앞에 팝 필터를 장착하는 것이 전형적인 마이크 실지 방법입니다.

● 강한 톤

음색이 강하고 굵은 경우라면 민감하게 반응하는 콘덴서 보다 다이내믹 마이크를 사용하는 것이 효과적일 수 있습니다. 다만, 다이내믹 마이크는 특성상 정면에 가깝게 설치하는 것이 가장 좋기 때문에 파열음이 발생하기 쉽다는 문제가 있습니다. 그래서 대부분은 톤이 얇아지지 않는 한도로 10-20cm 정도 거리를 두거나 입술 아래쪽에서 입술 방향으로 설치하는 방법을 많이 사용합니다. 마이크를 입술 아래쪽에 설치하면 파열음을 피하면서 가깝게 설치할 수 있기 때문에 다이내믹 마이크 특유의 두꺼운 저음역을 얻을 수 있습니다.

● 부드러운 톤

음색이 부드럽고 얇은 경우라면 저음역이 좀 더 크게 수음 될 수 있게 마이크를 바로 세워 입술 아래쪽에서 입술 방향으로 설치합니다. 마이크를 입술 아래쪽에 배치하면 좀 더 가까이 배치할 수 있고, 두꺼운 저음역을 얻을 수 있기 때문에 ASMR과 같이 속삭이는 음성에 효과적이고, 톤이 얇은 음성에도 적합합니다. 다만, 불필요한 잡음이 유입될 수 있기 때문에 주의가 필요합니다.

이렇게 마이크는 위, 정면, 아래의 3가지 방향으로 설치할 수 있는데, 어떤 방법이 자신에게 가장 적합한지는 직접 테스트를 해봐야 할 것입니다. 간혹, 마이크를 고정시켜 놓고, 사람이 바뀌어도 같은 위치에서 그대로 레코딩을 하는 경우가 있는데, 매우 잘못된 습관입니다. 조금 귀찮더라도 레코딩을 할 때마다 거리와 방향을 바꿔보면서 가장 좋은 톤을 얻을 수 있는 위치를 찾아보는 것이 좋습니다. 이것은 마이크를 바꾸거나 사람이 바뀔 때마다 체크해야 합니다.

이렇게 마이크는 위, 정면, 아래의 3가지 방향으로 설치할 수 있는데, 어떤 방법이 자신에게 가장 적합한지는 직접 테스트를 해봐야 한 것입니다. 간혹, 마이크를 고정시켜 놓고, 사람이 바뀌어도 같은 위치에서 그대로 레코딩을 하는 경우가 있는데, 매우 잘못된 습관입니다. 조금 귀찮더라도 레코딩을 할 때마다 거리와 방향을 바꿔보면서 가장 좋은 톤을 얻을 수 있는 위치를 찾아보는 것이 좋습니다. 이것은 마이크를 바꾸거나 사람이 바뀔 때마다 체크해야 합니다.

홈 스튜디오라도 여러 사람이 녹음을 하는 경우라면 가급적 다양한 제품의 마이크를 구비해 놓아야 합니다. 최소한 콘덴서, 진공관, 다이내믹 등으로 특성이 다른 마이크는 하나씩 갖추는 것이 좋습니다. 자신의 집에서 처음 녹음을 하는 사람이라면 가지고 있는 마이크마다 위, 정면, 아래 방향으로 테스트를 해보면서 가장 적합한 제품을 선택할 수 있어야 합니다. 이때 직접 녹음을 해보고, 녹음된 소리를 들어보면서 체크하는 것이 올바른 방법입니다.

| 마이크의 연결

● 콘덴서 타입

스튜디오 마이크 하면 콘덴서를 떠올릴 만큼 가장 많이 사용하는 타입입니다. 관리가 어렵고, 비싸다는 단점이 있음에도 불구하고 수음력이 가장 좋기 때문입니다. 콘덴서 마이크는 내장 콘덴서가 전기장에 의해서 동작되기 때문에 전원이 필요한데, 오디오 인터페이스에서 이를 지원하기 때문에 사용자가 별도로 준비할 필요는 없습니다. 마이크는 오디오 인터페이스의 Input 단자에 연결하고, +48V라고 표기되어 있는 팬텀 전원을 켭니다.

오디오 인터페이스 Input에 연결

▲ 콘덴서 마이크   ▲ 앞면

▲ 뒷면

▲ 팬텀 전원(+48V) 스위치

● 다이내믹 타입

다이내믹 마이크는 콘덴서에 비해 수음력이 약하기 때문에 콘덴서를 사용하기 어려운 공연장이나 야외 촬영장에서만 사용하던 타입이었습니다. 하지만, 수음력이 약하다는 단점이 오히려 파워 있는 록 보컬에게는 장점이 되기 때문에 스튜디오에서도 사용하기 시작했고, 지금은 스튜디오 타입으로 디자인된 제품들도 많습니다. 다이내믹 마이크는 내장된 자석에 의한 자기장으로 동작하기 때문에 별도의 전원은 필요 없고, 오디오 인터페이스 인풋 단자에 연결만 하면 바로 사용할 수 있습니다.

오디오 인터페이스 Input에 연결

▲ 다이내믹 마이크

● 진공관 타입

진공관 마이크는 내장된 진공관을 거쳐 신호를 처리하는 타입으로 약간의 예열 시간이 필요하고, 반응 속도도 느리고, 가격도 비싸고, 관리도 어렵다는 수많은 단점이 있습니다. 그러나 발라드나 R&B와 같은 장르의 섬세한 노래를 부르는 보컬에게 잘 어울리기 때문에 많이 사용되고 있습니다. 진공관 마이크는 전용 전원 공급장치를 제공하고 있으므로, 오디오 인터페이스의 팬텀 파워는 필요는 없습니다. 이는 콘덴서 마이크와 같은 성능을 가지면서도 오디오 인터페이스 자체에서 발생할 수 있는 험 노이즈를 걱정하지 않아도 된다는 장점이 되기도 합니다.

전원 장치의 Mic In으로 연결

진공관

전원 장치의 Mic Out에서
오디오 인터페이스 Input에 연결

▲ 진공관 마이크

Lesson 02

오디오 인터페이스

마이크로 입력되는 아날로그 신호를 컴퓨터가 인식할 수 있는 디지털 신호로 바꾸어 하드 디스크에 기록할 수 있도록 하고, 반대로 하드 디스크에 저장되어 있는 디지털 신호를 사람이 들을 수 있는 아날로그 신호로 바꾸어 스피커로 전송하는 역할을 하는 장치가 오디오 인터페이스입니다. 물론, 컴퓨터에는 이러한 역할을 하는 장치(사운드 카드)가 기본적으로 내장되어 있지만, 음악 작업을 하려면 추가 구매가 필요가 있습니다.

| AD/DA 컨버터

오디오 인터페이스는 PCM(Pulse Code Modulation)이라는 변조 방식을 이용하여 아날로그 신호를 디지털 신호로 바꾸어 컴퓨터에 저장하는 ADC(Analog-Digital Conversion)와 컴퓨터에 저장된 디지털 신호를 아날로그 신호로 바꾸어 재생하는 DAC(Digital-Analog Coversion) 역할을 동시에 수행하는 장치입니다. 같은 제품 라인이라도 동시에 몇 대의 마이크와 스피커를 연결할 수 있는지를 나타내는 인/아웃 포트 수에 따라 가격대가 달라지며, in은 몇 대의 마이크를 연결할 수 있는지를 나타내고, out은 몇 대의 스피커를 연결할 수 있는지를 나타냅니다. 2in/2out 제품이라면 두 대의 마이크와 두 대의 스피커를 연결할 수 있다는 의미입니다. 여러 명이 출연하는 인터넷 방송을 목적으로 한다면 4대 혹은 8대의 마이크를 동시에 연결할 수 있는 4in 또는 8in 제품이 필요하겠지만, 혼자서 작업하는 경우라면 2in 제품이면 충분합니다. 입문자는 오디오 인터페이스와 마이크를 패키지로 묶어서 판매하는 제품을 구입하는 것도 비용을 줄일 수 있는 요령입니다.

▲ 레코딩 패키지 상품

| 디지털 사운드

디지털 사운드는 소리의 진동을 0과 1이라는 디지털 신호로 바꿔서 기록하거나 재생하며, 파형으로 표시되는 소리를 눈으로 보고, 편집할 수 있다는 장점을 가지고 있습니다. 파형은 베이스 라인을 기준으로 시간의 흐름에 따라 변하는 주파수와 진폭을 나타냅니다.

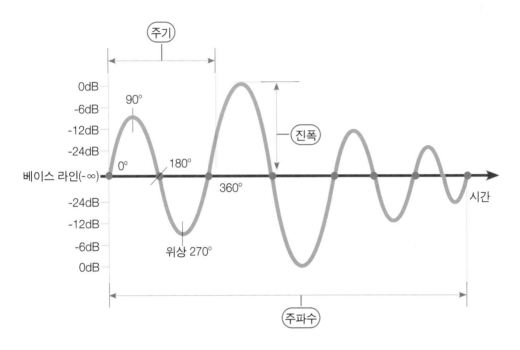

● **주파수(Frequency)** : 베이스 라인을 0°로 보고, 최대 진폭인 90°로 올라갔다가 360°로 한 바퀴 돌아서 베이스 라인에 도착하는 사이클을 주기하고 하며, 1초 동안에 발생하는 주기의 수를 주파수라고 합니다. 주파수는 소리의 높낮이를 결정하며, 단위는 헤르츠(Hz)를 사용합니다. Piano 또는 Guitar의 음정을 조율할 때 사용하는 장치를 보면, A=440Hz라고 표시되어 있는데, 이것은 1초 동안 440번의 주기가 발생하는 소리이며, A 음에 해당된다는 의미입니다.

● **진폭(Amplitude)** : 베이스 라인을 기준으로 파형의 위/아래 폭을 말하며, 사운드의 레벨을 의미합니다. 단위는 데시벨(dB)을 사용하며, 디지털의 최대 레벨은 0dB이고, 그 이하의 레벨은 마이너스 (-) 기호를 사용합니다. 베이스 라인에 해당하는 무음은 무한대 기호(-∞)로 표시합니다.

| 샘플 레이트

디지털은 0과 1의 2진수로 동작을 합니다. 즉, 연속적인 아날로그 신호가 그대로 기록되는 것이 아니라 1에서만 기록이 되기 때문에 그림과 같이 일정한 간격이 발생합니다. 이때 주파수를 1초에 몇 번 기록할 것인지를 결정하는 것이 샘플 레이트(Sample Rate)입니다. 이 값이 크면 클수록 간격이 촘촘하기 때문에 아날로그 사운드의 손실을 최소화할 수 있습니다. 하지만, 인간이 들을 수 있는 최대 주파수 대역이 20,000Hz(20KHz)이기 때문에 그 두배에 해당하는 44,100Hz(44.1KHz)로 기록을 하면 충분하다는 것이 학자들의 이론입니다. 그래서 디지털 미디어의 시초인 CD 포맷이 44.1KHz로 규정된 것입니다.

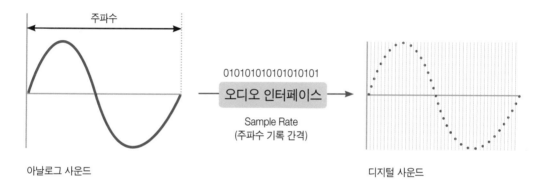

그러나 오디오 CD는 고정 팬이 확보되어 있는 탑 클래스의 가수가 아니라면 거의 제작을 하지 않는 유물이 되었고, 그 뒤로 LD, DVD, DAT 등, 48,000Hz(48KHz)를 기록할 수 있는 미디어 시대를 지나 192,000Hz(192KHz)가 일반화되고 있는 시대에 살고 있으며, 현재는 384,000Hz(384KHz)까지 지원하는 장치들이 출시되고 있는 시점입니다.

192KHz나 384KHz는 원음에 가까운 디지털 기록이 가능하기 때문에 믹싱과 마스터링 작업을 할 때 용의하지만, 용량이 크고 높은 시스템을 요구한다는 단점이 있어서 전문 스튜디오에서도 잘 사용하지 않는 샘플 레이트입니다. 일반적으로 96KHz나 48KHz를 많이 사용하는데, 개인 사용자라면 온라인에서 가장 많이 사용하는 48KHz면 충분합니다. 대부분의 오디오 인터페이스는 48KHz를 지원하기 때문에 특별히 구입을 할 때 체크할 필요는 없지만, 96KHz나 192KHz로 녹음이 필요한 경우라면 제품을 구입할 때 지원 여부를 확인할 필요가 있습니다.

│ 비트 뎁스

사운드는 가로 축의 주파수와 세로 축의 진폭으로 이루어져 있으며, 가로 축의 주파수를 디지털로 기록하는 단위를 샘플 레이트라고 하고, 세로 축의 진폭을 디지털로 기록하는 단위를 비트 레이트(Bit Rate) 또는 비트 뎁스(Bit Depth)라고 합니다.

그림을 보면 알 수 있듯이 샘플 레이트와 마찬가지로 비트 값이 클수록 기록 오차의 폭이 작게 발생합니다. 특히, 디지털 사운드는 오차를 아예 인식하지 못하거나 에러가 발생하는 경우가 있기 때문에 Bit Depth는 음질에 큰 영향을 줍니다. CD는 최대 96dB의 진폭을 기록할 수 있으며, 이것을 처리하는데 필요한 비트 값은 16Bit입니다. 그래서 오디오 CD의 표준 Bit Depth가 16Bit로 규격화된 것입니다.

16Bit는 2의 16제곱을 의미하는 것으로 65,536 간격으로 처리되며, 프로 스튜디오에서 많이 사용하는 24Bit는 16,777,216 간격으로 144dB의 진폭을 처리하고, 새롭게 선보이고 있는 32Bit는 192dB의 진폭을 처리할 수 있습니다. 물론, 32Bit를 지원하는 오디오 인터페이스는 가격이 비싸고, 아직은 보편화 되어 있지 않기 때문에 제품을 구입할 때 고려해야 할 사항은 아닙니다. 16Bit 및 24Bit를 지원하는 제품이면 충분하며, 로직은 24Bit로 레코딩을 지원합니다.

레코딩 스튜디오에서는 마이크와 오디오 인터페이스 사이에 마이크 프리 앰프, EQ, 컴프레서와 같은 장치를 추가해서 오디오를 레코딩 합니다. 목적은 좀 더 좋은 소리를 기록하기 위해서 입니다. 특히, 어느 정도 실력이 쌓이면 가장 먼저 관심을 갖는 장치가 마이크 프리앰프입니다. 다만, 입문자들이 오해하는 것이 마이크 프리앰프를 사용하면 사운드가 확연하게 좋아질 것이라는 기대를 한다는 것입니다. 절대 그런 일은 일어나지 않습니다.

마이크 프리앰프는 말 그대로 작은 임피던스의 마이크 레벨을 증폭시켜주는 장치이며, 이미 오디오 인터페이스에 내장되어 있습니다. 실제로 오디오 인터페이스의 DA/AD 컨버팅 기술은 저가와 고가 사이에 큰 차이가 없으며, 가격을 결정하는 주요 요소는 내장된 마이크 프리앰프의 성능입니다. 즉, 이미 좋은 마이크 프리앰프를 내장하고 있는 고가의 오디오 인터페이스를 사용하면서 마이크 프리앰프를 반드시 사용해야 한다는 잘못된 유튜브 정보로 큰 돈을 투자하여 사운드를 망치는 경우를 많이 봅니다.

물론, 저가의 오디오 인터페이스를 사용하는 사람들에게는 아주 좋은 선택입니다. 마이크 프리앰프의 성능이 좋지 않으면 입력 소스의 손실이 발생할 수밖에 없습니다. 여기서 손실은 사운드의 왜곡을 말하는 것이 아니기 때문에 녹음 결과를 듣고 판단하기 어렵습니다. 빨간색을 입력했는데, 약간 물 빠진 빨간색으로 녹음되었다고 해야 하나? 아무튼 이는 오디오 프로세싱 과정에서 들어 나기 때문에 어느 정도 작업 경험이 쌓여야 구분할 수 있습니다. 그러므로 이제 막 공부를 하고 있는 초보자라면 현재 가지고 있는 장비로 다양한 시도를 해보고 부족함을 느낄 수 있는 실력이 되었을 때 관심을 가져야 할 것입니다. 다만, 마이크 프리앰프를 구매하는 것과 고가의 오디오 인터페이스로 업그레이드하는 비용이 비슷할 때는 고민을 해도 좋습니다. 대부분 고가의 오디오 인터페이스는 내장된 마이크 프리앰프의 종류를 스펙에 공개하기 때문에 비교 선택이 가능합니다. 그리고 상위 수준의 제품들은 성능 보다 취향에 따라 결정되므로 체험이 가능한 매장을 찾는 것이 좋습니다.

▲ 마이크 프리앰프

Lesson 03
녹음 품질 설정하기

녹음 품질을 결정하는 샘플 레이트와 비트는 작업을 시작하기 전에 결정을 해야 합니다. 이미 레코딩을 한 오디오의 샘플 레이트와 비트는 작업 도중에 변경할 수 없기 때문입니다. 물론, 로직은 오디오 포맷을 변경할 수 있는 기능을 제공하고 있지만, 낮은 포맷의 오디오를 높은 포맷의 오디오로 변경하는 것은 파일 크기만 커질 뿐 음질이 좋아지는 것은 아니기 때문에 의미 없습니다.

| 샘플 레이트 설정

샘플 레이트는 파일 메뉴의 프로젝트 설정에서 ① 오디오를 선택하여 창을 열고, ② 샘플률 목록에서 결정합니다. 44.1KHz에서부터 192KHz까지 선택할 수 있지만, 일반적으로 48KHz를 많이 사용합니다.

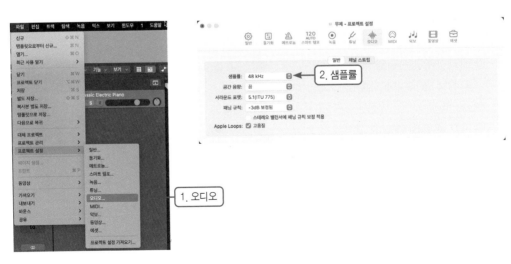

| 샘플 비트 설정

샘플 비트는 Logic Pro 메뉴의 환경설정에서 ① 녹음을 선택하여 창을 열고, ② 24-Bit 녹음 옵션의 체크 여부로 결정합니다. 체크를 하면 24Bit로 녹음되고, 해제하면 16Bit로 녹음됩니다. 일반적으로 옵션을 체크한 24Bit를 사용합니다.

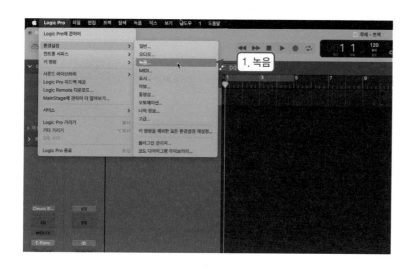

참고로 샘플 비트를 결정하는 환경설정 설정은 한 번만 해두면 됩니다. 그러나 샘플 레이트를 결정하는 프로젝트 설정은 프로젝트마다 확인할 필요가 있습니다. 다만, 기본값 48KHz를 변경할 이유가 없다면 매번 확인하는 번거로움은 피할 수 있습니다.

| 버퍼 크기 설정

01 오디오 신호가 입력되면 로직은 자체 프로세싱 과정을 거쳐서 프로젝트에 기록하고, 기록된 오디오는 또 다시 복잡한 프로세싱 과정을 거쳐서 출력합니다. 즉, 오디오 신호가 바로 입/출력되는 것이 아니라 컴퓨터가 이를 처리하는 시간이 걸린다는 것입니다. 이것을 레이턴시(Latency)라고 하는데, 이 시간이 길면 입력되는 소리와 출력되는 소리 간에 시간차가 발생하기 때문에 녹음을 할 때 매우 불편합니다. 이 시간차를 줄이려면 컴퓨터가 오디오를 처리하는데 필요한 시간을 짧게 설정해야 하며, 이 처리 시간을 결정하는 것이 버퍼 크기입니다. Logic Pro 메뉴의 환경설정에서 오디오를 선택하여 창을 엽니다.

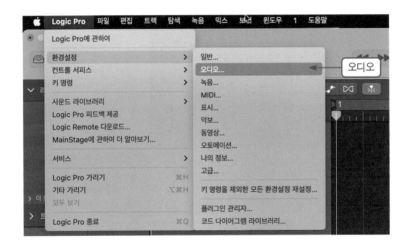

02 버퍼 크기는 ① I/O 버퍼 크기 목록에서 샘플 단위로 선택할 수 있으며, 입력되는 오디오 샘플의 양이 얼만큼 일 때 컴퓨터가 이를 처리하여 출력할 것인지를 결정합니다. 당연히 양이 적을수록 빠르게 처리하기 때문에 입력 사운드가 지연되어 출력되는 레이턴시 현상은 발생하지 않습니다. 다만, 양이 적으면 그 만큼 빠르게 처리할 수 있는 CPU 성능이 필요합니다. 만일, CPU가 감당할 수 있는 양보다 작게 설정하면 입력되는 사운드를 놓치거나 힘들어 포기하는 일이 발생합니다. 사운드에 잡음이 발생하거나 시스템이 정지되는 일이 생길 수 있다는 의미입니다. 일반적으로 ② 발생 레이턴시 값이 30ms 이하이면 입/출력 차이를 느낄 수 없습니다. 하지만 작업 트랙과 플러그인 수에 따라 CPU가 할 일이 더 많아 지기 때문에 같은 성능이라도 개인마다 달라질 수밖에

없습니다. 일단 ② 발생 레이턴시 값이 30ms 이하가 되게 ① I/O 버퍼 크기를 설정하고, 문제가 발생했을 때 변경하거나 업스레이드를 고려합니다. 간혹, 녹음을 할 때는 줄이고, 작업을 할 때는 출력 타임만 필요하기 때문에 버퍼 크기를 늘려서 사용하는 해결책을 찾는 경우도 있지만, 상당히 귀찮은 일입니다.

Tip

파일 유형

레코딩 되는 오디오 파일의 포맷은 Logic Pro 메뉴의 환경설정에서 녹음을 선택하면 열리는 창의 녹음 파일 유형 목록에서 결정할 수 있습니다. 맥의 기본 포맷인 Aif 또는 윈도우의 기본 포맷인 Wav 파일 중에서 선택할 수 있으며, 두 파일의 음질과 호환성은 동일하기 때문에 어떤 포맷을 선택해도 상관없습니다. 단, 애플 전용의 CAF 포맷은 호환성이 떨어지기 때문에 특별한 경우가 아니라면 사용하지 않습니다.

| 템플릿 만들기

01 샘플 비트는 기본 환경으로 설정되지만, 샘플 레이트는 프로젝트를 만들 때마다 설정을 해야 하기 때문에 매우 불편합니다. 그래서 사용자가 원하는 프로젝트 설정을 템플릿으로 만들어 사용할 수 있는 기능을 제공합니다. 파일 메뉴의 템플릿으로 저장을 선택합니다.

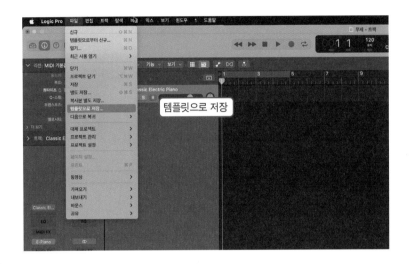

02 템플릿은 프로젝트 설정 외에도 트랙, 악기, 이펙트 등의 모든 설정을 기록할 수 있기 때문에 자신만의 작업 스타일이 결정되었을 때 매우 유용한 기능입니다. 별도 저장 항목에 프로젝트 설정을 쉽게 구분할 수 있는 이름을 입력하여 저장합니다.

03 로직을 종료하고 다시 실행하거나 파일 메뉴의 템플릿으로부터 신규를 선택합니다.

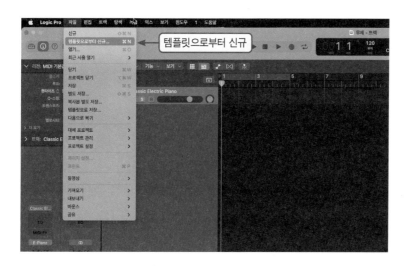

04 나의 템플릿 항목에서 저장했던 자신만의 템플릿을 선택할 수 있습니다. 프로젝트 템플릿 항목은 로직에서 기본적으로 제공하는 템플릿이며, 어떻게 만들어졌는지 확인을 해보면 자신만의 템플릿을 만들 때 도움이 될 것입니다.

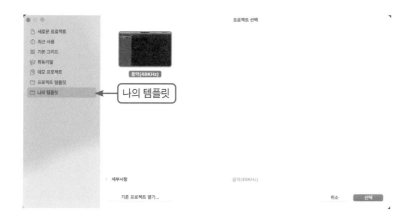

| 파일 관리

프로젝트를 백업하거나 여러 명과 공동 작업을 할 때 손실되는 오디오 파일이 없게 하려면 평소에 프로젝트를 관리하는 습관이 중요합니다. 오디오 파일은 프로젝트 폴더에 저장하거나 하나의 패키지 파일로 저장하는 방법이 있고, 네크워크 작업을 위한 폴더 지정 방법이 있습니다.

01 프로젝트는 녹음 작업을 시작하기 전에 저장하는 습관을 갖는 것이 좋습니다. 파일 메뉴의 ① 저장를 선택하여 창을 엽니다. ② 별도 저장 항목에 곡의 제목을 입력하고, 〈사용자의 프로젝트를 다음으로 구성〉에서 ③ 폴더 옵션을 선택합니다. 별도 저장 항목에 입력한 곡 제목으로 폴더를 만들고, 녹음되는 오디오 파일은 Aduio Files라는 서브 폴더에 저장되게 하는 것입니다.

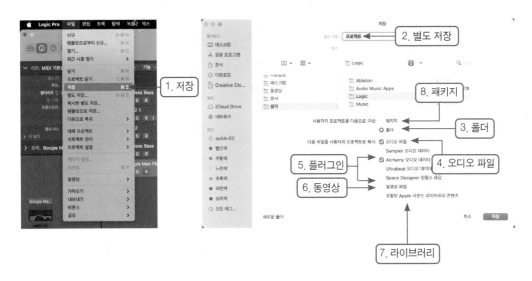

02 단, 다음 파일을 사용자의 프로젝트로 복사의 ④ 오디오 파일 옵션이 체크되어 있어야 합니다. 그 외, ⑤ Sampler, Alchemy, Ultrabeat, Space Designer 플러그인에 사용한 오디오 파일이나 ⑥ 동영상 파일 및 ⑦ Apple 사운드 라이브러리 콘텐츠를 포함시킬 수 있습니다. 작업을 할 때 로직에서 기본적으로 제공하는 샘플 이외의 오디오 파일을 사용한 플러그인이 있다면 반드시 체크하여 프로젝트 폴더에 복사되게 하는 것이 좋습니다.

03 사용자의 프로젝트를 다음으로 구성에서 ⑧ 패키지 옵션을 선택하면 하나의 패키지 파일로 저장할 수 있습니다. 패키지 파일은 마우스 오른쪽 버튼으로 클릭하여 단축 메뉴를 열고, ⑨ 패키지 내용 보기를 선택하면 볼 수 있습니다.

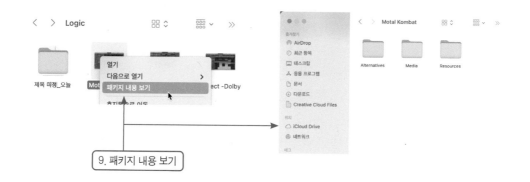

04 프로젝트의 오디오 파일을 네트워크 폴더에 저장되게 할 수 있습니다. 외부 작업이 많거나 온라인 공동 작업을 할 때 사용할 수 있는 기능입니다. 파일 메뉴의 프로젝트 설정에서 ① 녹음을 선택하여 창을 열고, 오디오 녹음 경로 항목의 ② 설정 버튼을 클릭하여 폴더를 지정하면 됩니다. 폴더 지정을 취소하려면 ③ 프로젝트 버튼을 클릭합니다.

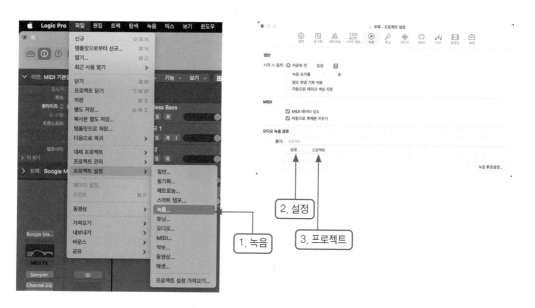

오디오 신호 경로

마이크로 입력되는 아날로그 신호는 오디오 인터페이스를 통해 디지털로 변환되어 로직 프로젝트의 오디오 리전으로 기록됩니다. 그리고 오디오 리전은 해당 트랙의 채널 스트립을 거쳐 마스터 트랙으로 전송되고, 마스터 트랙의 신호는 또 다시 오디오 인터페이스를 통해 아날로그로 변환되어 스피커로 출력되는 것이 오디오 신호의 입/출력 경로입니다. 다만, 대부분의 음악 프로그램은 채널 스트립의 신호가 위에서 아래 또는 왼쪽에서 오른쪽으로 진행하는데, 로직은 반대로 아래에서 위로 진행을 하기 때문에 로직 입문자들이 혼동하는 경우가 많습니다.

01 프로젝트 왼쪽에 표시되는 인스팩터 창에는 선택한 채널의 볼륨 및 팬 등을 컨트롤할 수 있는 채널 스트립과 모든 채널의 오디오 신호가 전송되는 Stereo Out 채널 스트립이 있습니다. 오디오 신호 경로는 아래서 위쪽 방향으로 ① M/S 버튼 ② 볼륨 페이더 ③ 팬 노브를 거쳐서 ④ Stereo Out 으로 출력됩니다.

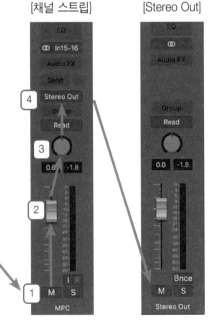

[채널 스트립]   [Stereo Out]

02 ① Audio FX 슬롯에 이펙트를 적용하면 오디오 신호는 이곳을 먼저 통과하며, 슬롯에 장착한 이펙트는 위에서 아래로 적용됩니다. 예를 들어 Audio FX 슬롯에 Channel EQ, Compressor, AdLimit를 차례로 장착하면 오디오 신호는 ② Channel EQ ③ Compressor ④ AdLimit가 순차적으로 적용된 후에 M/S로 진행합니다. 이것을 인서트 방식이라고 합니다.

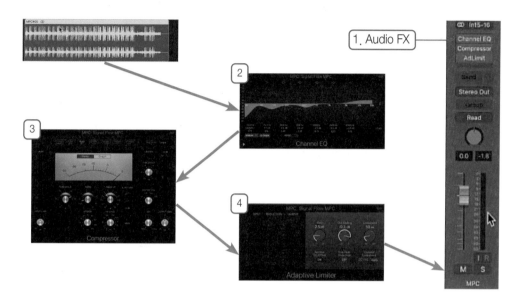

03 이펙트를 센드 방식으로 사용하는 경우도 있습니다. Audio FX 슬롯 아래쪽의 ① Sends 슬롯에서 버스(Bus#)를 선택하면 ② 억스(Aux#) 채널이 생성되며, 해당 채널은 억스 채널의 출력과 병합되어 ③ Stereo Out으로 전송됩니다. 억스 채널의 양은 ④ 센드 레벨로 결정합니다.

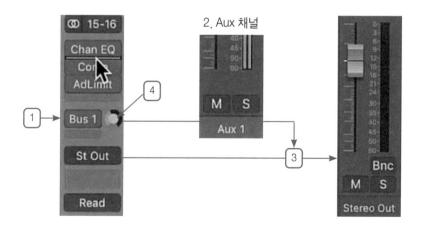

04 억스 채널로 전송되는 오디오 신호의 경로는 Sends 슬롯에서 포스트 패닝, 포스트 페이더, 프리 페이더로 변경할 수 있습니다.

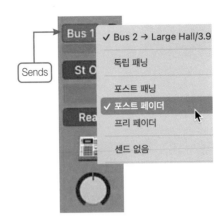

05 포스트 페이더는 볼륨 페이더 ① 이후의 신호를 전송하는 것이고, 프리 페이더는 ② 볼륨 페이더 이전 신호를 전송하는 것입니다. 즉, 해당 채널의 볼륨 값을 적용할 것인지의 여부를 결정합니다. 일반적으로 포스트 페이더를 사용하지만, 채널 볼륨에 상관없이 억스 채널의 이펙트를 컨트롤할 필요가 있을 때 프리 페이더를 사용하는 경우가 있습니다.

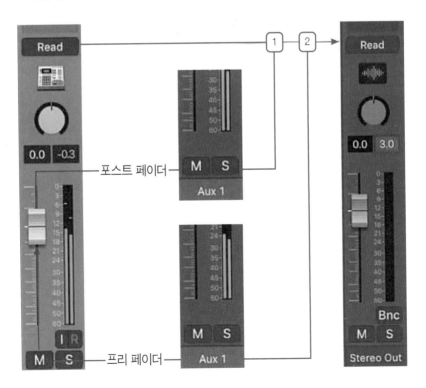

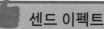

일반적으로 리버브와 딜레이와 같은 타임 장치들을 센드 방식으로 사용합니다. 그 이유가 시스템을 절약하기 위해서라는 오해가 있습니다. 그래서 요즘에는 "시스템 성능이 좋기 때문에 인서트 방식으로 사용해도 된다. 굳이 센드 방식으로 사용할 필요가 없다"라는 오해가 발생하기도 하며, 센드 방식을 과거 유물로 취급하는 경우도 있습니다.

물론, 타임 장치를 무조건 센드 방식으로 사용해야 한다는 규칙은 없습니다. 실제로 인서트 방식으로 사용해야 하는 경우도 많습니다. 다만, 인서트로 사용하는 타임 장치는 센드로 적용되는 트랙과 다른 효과가 필요하거나 별도의 공간 디자인이 필요한 경우입니다. 즉, 목적에 따라 사용해야 하는 것이지 시스템 절약을 위해 센드 방식으로 사용하는 것이 아닙니다.

센드 방식으로 사용하는 목적은 모든 트랙에 같은 공간감을 만들 수 있다는 것과 무엇보다 리버브와 딜레이 사운드만 디자인할 수 있기 때문입니다. 인서트로 사용하면 채널에 영향을 주지 않는 개별 디자인은 불가능합니다. 그래서 공간 연출을 위한 타임 장치들을 센드 방식으로 사용하는 것입니다. 그리고 특별한 경우가 아니라면 센드 방식으로 사용하는 타임 장치들은 효과 사운드만 병합할 수 있게 Dry를 0%, Wet를 100%로 설정하여 사용합니다.

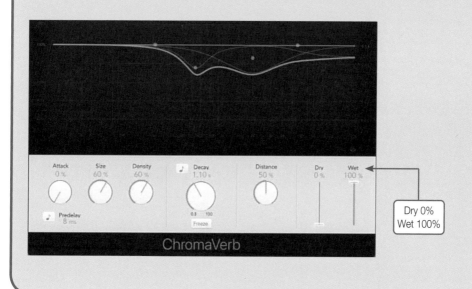

SECTION 02

오디오 레코딩

로직은 한 번에 하나의 트랙을 녹음하는 '싱글 트랙 레코딩', 한 번에 여러 트랙을 녹음하는 '멀티 트랙 레코딩', 여러 차례 반복 녹음하는 '테이크 레코딩', 녹음한 내용을 빠르게 수정할 수 있는 '펀치 인/아웃 레코딩', 그리고 여러 차례 반복 녹음한 데이크에서 가장 좋은 부분을 선별하여 하나의 테이크로 연결할 수 있는 '컴프' 등의 다양한 레코딩 옵션을 제공합니다.

Lesson 01

싱글 및 멀티 레코딩

오디오를 녹음할 때 얼만큼의 레벨로 받아야 좋은지를 묻는 학생이 많습니다. 정답은 가능한 크게 녹음하는 것입니다. 레벨을 100으로 받아 놓고, 믹싱을 할 때 70으로 감소시키는 것은 문제가 없지만, 레벨을 50으로 받아 놓고, 70으로 증가시키는 것은 잡음, 간섭음, 공진음 등 레코딩 할 때 듣지 못했던 잡음이 함께 커지는 문제가 발생할 수 있기 때문입니다.

┃ 싱글 트랙 레코딩

01 새로운 프로젝트를 만들고 ① 오디오 트랙을 선택합니다. 그리고 ② 세부사항의 ③ 오디오 입력 목록에서 녹음 소스가 연결되어 있는 오디오 인터페이스의 인풋 단자를 선택합니다.

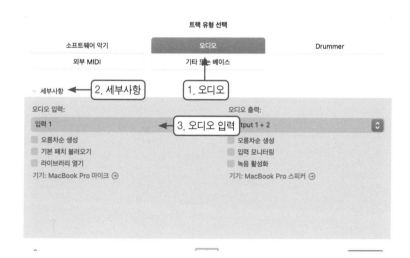

02 트랙을 이미 만든 경우에는 채널 스트립의 Input 항목에서 오디오 인터페이스의 인풋 단자를 선택할 수 있습니다.

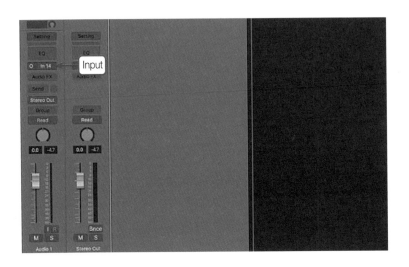

03 작업을 진행하기 전에 프로젝트는 저장을 하는 것이 좋습니다. 파일 메뉴의 ① 저장을 신택하여 프로젝트를 곡 제목으로 저장합니다. 이때 레코딩 되는 오디오가 프로젝트 하위 폴더(Audio Files)에 저장될 수 있도록 다음 파일을 사용자의 프로젝트로 복사 옵션에서 ② 오디오 파일이 체크되어 있는지 확인합니다.

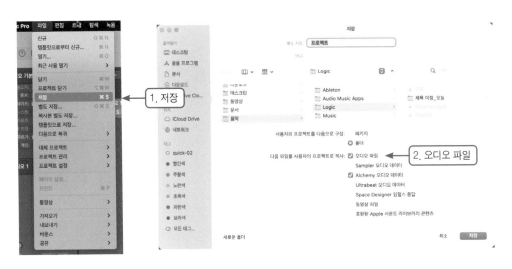

04 프로젝트/Audio Files 폴더에 저장되는 레코딩 파일은 트랙 이름으로 생성됩니다. 그러므로 녹음을 하기 전에 트랙 이름을 지정하는 것이 좋습니다. 트랙 이름 항목을 더블 클릭하여 녹음 소스를 쉽게 구분할 수 있는 이름을 입력합니다.

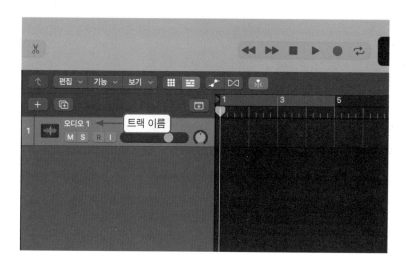

05 트랙 또는 채널 스트립의 ① 녹음 활성화 버튼을 On으로 하고, 노래 및 연주를 해보면서 레벨을 체크합니다. ② 피크 레벨 디스플레이를 보면서 가장 크게 노래하거나 연주하는 부분이 -6dB에서 -3dB를 넘지 않게 오디오 인터페이스의 ③ Input Gain을 조정합니다.

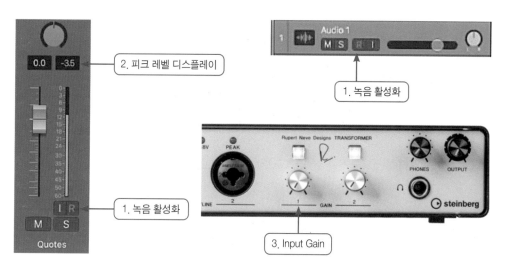

06 로직은 녹음을 한 후에 오디오 템포를 자유롭게 조정할 수 있지만, 녹음 소스의 품질을 유지하기는 어렵습니다. 그러므로 작업할 곡의 템포는 미리 결정하는 것이 좋습니다. 템포 항목을 더블 클릭하여 템포 값을 입력합니다.

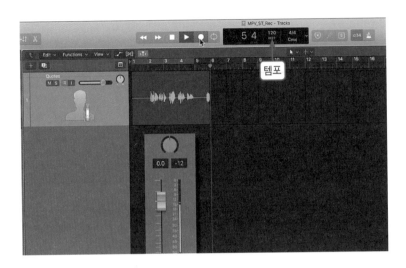

07 메트로놈이 필요하다면 ① 메트로놈 버튼을 On으로 하고, 카운트가 필요하다면 ② 카운트 버튼도 On으로 합니다. 그리고 ③ 녹음 버튼을 클릭하거나 R 키를 누르면 녹음이 시작됩니다. 녹음을 마칠 때는 스페이스 바 키를 눌러 정지합니다.

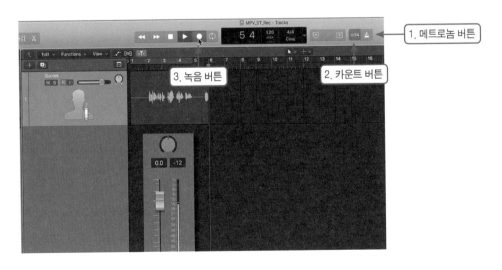

녹음 버튼은 기본적으로 클릭했을 때 녹음을 시작하며, 정지할 때는 정지 및 재생 버튼을 눌러야 합니다. 하지만, 필요에 따라 녹음 버튼을 이용해서 On/Off 하거나 취소되게 할 수 있습니다. 녹음 버튼을 누르고 있으면 모드를 변경할 수 있는 메뉴가 열리며 기본적으로 녹음으로 선택되어 있습니다.

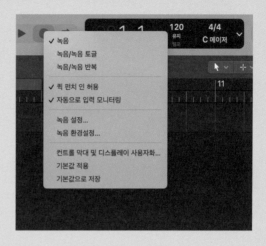

● 녹음

기본 모드입니다. 녹음을 시작하며 정지 및 시작 버튼을 클릭해야 Off 됩니다.

● 녹음/녹음 토글

녹음 버튼으로 On/Off 되게 합니다. 녹음을 진행하면서 노래 및 연주를 하고 있지 않을 때 R 키를 눌러 Off 했다가 다시 녹음이 필요한 위치에서 R 키를 눌러 On 할 수 있습니다.

레코딩 On   레코딩 Off   레코딩 On

● 녹음/녹음 반복

녹음을 취소하고 시작했던 위치로 돌아가 다시 녹음을 진행합니다. 마음에 드는 프레이즈가 녹음될 때까지 다양한 시도를 해보고 싶을 때 유용한 모드입니다.

| 멀티 트랙 레코딩

01 Guitar를 연주하며 노래하거나 친구들과 밴드 연주를 녹음할 때는 각각의 소스가 서로 다른 트랙으로 기록되게 하는 멀티 트랙 녹음 방법입니다. 트랙 유형 선택 창의 ① 생성할 트랙의 수 항목에서 원하는 트랙 수를 입력하고, ② 오디오 입력 항목의 오름차순으로 생성 옵션을 체크합니다. 트랙 1번에 Input 1, 트랙 2번에 Input 2 순서로 설정해주는 옵션입니다.

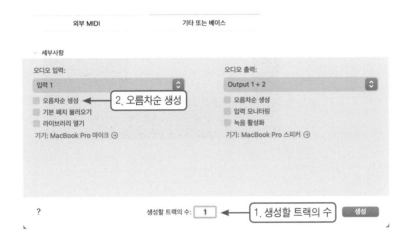

02 Input이 자동으로 설정된 트랙이 만들어집니다. 모노 및 스테레오 채널 타입을 변경할 필요가 있다면 ① 포맷 선택 버튼을 클릭하여 변경합니다. 트랙을 모노로 만들고, 채널을 스테레오로 변경한다면, 그 다음 트랙에서부터 ② 입력 포트를 다시 선택해야 합니다.

03 각 트랙에 녹음될 소스를 쉽게 구분할 수 있는 ① 이름을 입력하고, ② 녹음 활성화(R) 버튼을 On으로 합니다. 싱글 트랙 녹음을 할 때는 R 키를 눌러 녹음을 진행할 때, 선택된 트랙의 녹음 활성화 버튼이 자동으로 On 되지만, 멀티 녹음을 할 때는 수동으로 On 시켜야 합니다.

04 템포를 입력하고 녹음 버튼을 클릭하거나 R 키를 눌러 녹음을 진행합니다. 녹음 활성화 버튼(R)이 On으로 되어 있는 모든 트랙에 동시 녹음이 진행됩니다. 각 트랙의 인풋을 서로 다르게 선택한다는 것 외에는 싱글 녹음과 차이가 없습니다.

테이크 레코딩

테이크 녹음은 같은 프레이즈를 반복 녹음한 후에 잘 된 연주만 골라내는 기법입니다. 영화에서 같은 씬을 반복해서 촬영한 다음에 최종 편집을 할 때 가장 마음에 드는 씬을 골라 사용하는 기법을 테이크 촬영이라고 하는데, 이것과 같은 의미입니다. 특히, 보컬 녹음을 할 때는 수차례 반복하여 녹음하는 테이크 녹음 기법을 아주 많이 사용합니다.

┃ 테이크 폴더

01 녹음을 마치고 삭제할 정도는 아닌데 뭔가 아쉬워 다시 녹음하는 경우가 있습니다. 로직은 기존에 녹음되어 있는 오디오 리전 위에 새로운 녹음을 얼마든지 반복할 수 있습니다. 단, 가장 마지막에 녹음한 오디오가 재생됩니다.

리전이 있는 상태에서 녹음

02 오디오 리전 위에 새로운 녹음을 시도하면 각각의 리전은 테이크라는 이름의 폴더로 생성되며, 최근에 녹음한 것이 가장 위에 배치됩니다.

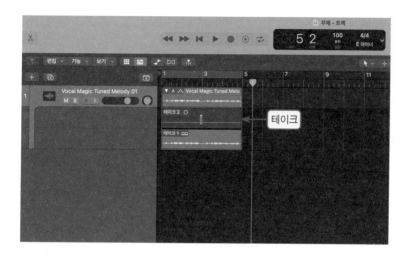

03 테이크 레코딩의 장점은 몇 차례 녹음을 한 후에 마음에 드는 것을 클릭하여 선택할 수 있으며, 각각의 테이크마다 마음에 드는 구간을 마우스 드래그로 지정할 수 있다는 것입니다. 가수가 "아름다운 우리 강산"이라는 노래를 3번 불렀는데, "아름다운"은 처음에 노래한 것이 마음에 들고, "우리"는 두 번째, "강산"은 3번째 노래한 것이 마음에 든다고 가정했을 때 각각의 테이크에서 골라낼 수 있다는 것입니다. 능숙해지면 한 글자씩 골라내는 것도 가능합니다.

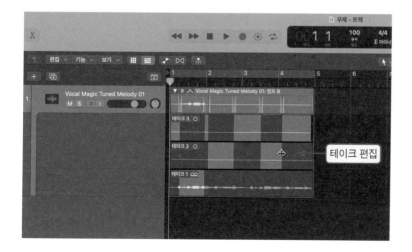

04 테이크에서 마음에 드는 구간을 골라내면 재생 구역은 리전 색상으로 표시되고, 해당 구간을 드래그하여 위치를 이동하거나 시작 및 끝 부분을 드래그하여 범위를 수정할 수 있습니다.

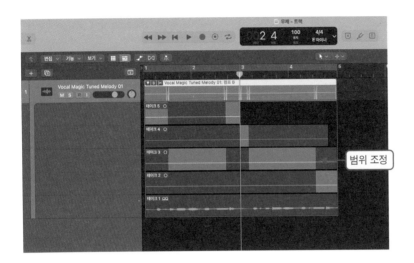

05 테이크 폴더 왼쪽 상단에 작은 삼각형 모양 버튼을 클릭하거나 테이크 폴더를 더블 클릭하여 테이크 폴더를 열거나 닫을 수 있습니다.

06 두 번째 A라고 표시되어 있는 버튼은 메뉴를 엽니다. 처음에 레코딩을 하면 테이크 숫자가 표시되며, 편집을 하면 A로 변경됩니다. 이것을 컴프(Comp)라고 하며 사용자가 원하는 만큼 컴프 B, 컴프 C… 순서로 만들 수 있고, 각각의 컴프마다 서로 다른 편집을 하고, 원하는 것을 선택할 수 있습니다.

● **컴프** : 편집을 하면 컴프 A가 생성되며, 이를 복제하여 B, C... 순서로 만들고 각 컴프마다 서로 다른 편집을 진행할 수 있습니다. 그리고 원하는 컴프를 선택하여 재생합니다.

● **테이크** : 반복 녹음한 수만큼 테이크가 만들어지며, 선택하여 재생합니다.

● **컴프 복제** : 컴프 테이크를 복사하여 컴프 B, C...만듭니다.

● **컴프 이름 변경** : 선택한 컴프의 이름을 구분하기 쉬운 것으로 변경할 수 있습니다.

● **컴프 삭제** : 선택한 컴프를 삭제합니다.

● **다른 모든 컴프 삭제** : 두 개 이상의 컴프를 만든 경우에만 볼 수 있는 메뉴입니다. 선택한 컴프 이외의 나머지 컴프를 모두 삭제합니다.

● **평탄화** : 편집한 테이크를 제외한 나머지를 제거합니다.

● **평탄화하고 병합** : 평탄화를 하고, 테이크를 하나의 리전으로 만듭니다.

● **활성 컴프를 새로운 트랙으로 내보내기** : 새로운 트랙을 만들어 평탄화합니다.

● **활성 컴프를 새로운 트랙으로 이동** : 새로운 트랙을 만들어 이동시킵니다.

● **독립된 트랙에 언패킹** : 각 테이크를 트랙으로 만듭니다.

● **독립된 트랙에 언패킹(음소거 비활성화)** : 각 테이크를 트랙으로 만들고 뮤트합니다.

● **동일한 채널이 있는 트랙에 언패킹** : 각 테이크를 동일한 채널 스트립 트랙으로 만듭니다.

● **대체 트랙에 언패킹** : 각 테이크를 대체 트랙으로 만듭니다. 대체 트랙은 두 개 이상의 트랙이 하나로 통합된 형태이며, 트랙 이름 오른쪽에 꺾쇠 모양의 버튼을 클릭하여 재생 테이크를 선택할 수 있습니다. 동일한 채널 스트립 환경에서 여러 연주를 비교해볼 때 유용한 트랙입니다.

● **퀵 스와이프 컴핑** : 테이크를 편집할 수 있는 스와프 컴핑 버튼을 On/Off 합니다. 테이크 폴더 메뉴 버튼 오른쪽에 있는 것이 퀵 스와이프 컴핑 버튼입니다. 클릭하면 퀵 스와이프 기능이 Off 되며, 가위 모양으로 표시됩니다. 테이크가 실수로 편집되는 것을 방지합니다.

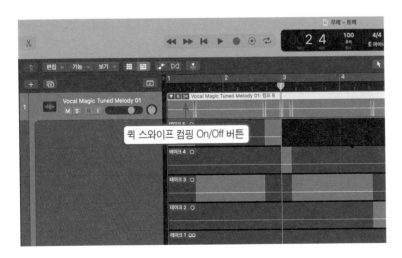

| 사이클 레코딩

01 아이디어를 얻기 위해 처음부터 몇 차례 반복해서 녹음을 해볼 경우에는 사이클 기능을 이용하여 테이크를 만들 수 있습니다. 사이클 구간은 눈금자를 드래그하여 설정합니다.

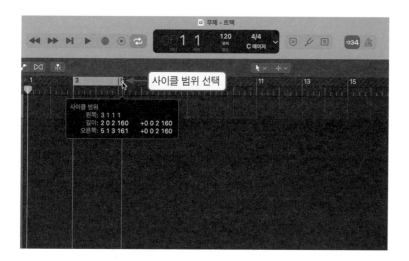

02 녹음을 진행하면 사이클 구간이 반복되면서 테이크를 만들기 시작합니다. 녹음이 끝나면 컴핑 작업을 통해 마음에 드는 연주 범위를 골라냅니다.

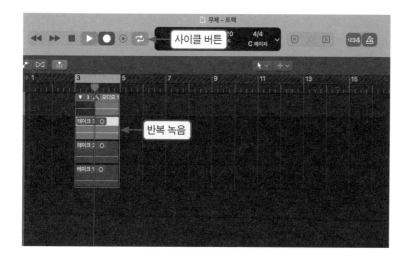

펀치 레코딩

작업을 하다 보면 언제나 다시 녹음을 해야 하는 경우가 발생합니다. 전체 트랙을 다시 해야 하는 경우에는 테이크로 덮어씌우거나 새로운 트랙을 만들어 진행하면 되지만, 일부분을 수정할 때는 자연스러운 연결이 필요합니다. 그래서 이전에 녹음한 트랙을 보컬이나 연주자에게 들려주면서 수정할 범위에서 티가 안 나게 레코딩을 진행해야 하는데, 이러한 기법을 펀치 레코딩이라고 합니다.

수동 펀치

01 녹음 버튼을 누르고 있으면 열리는 메뉴에서 녹음/녹음 토글을 선택하여 R 키로 녹음을 On/Off 할 수 있게 모드를 변경합니다.

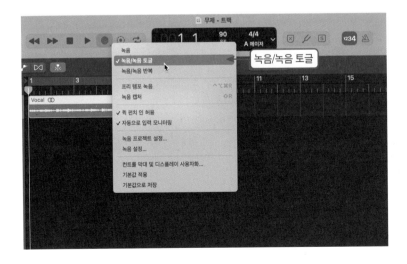

02 카운트 버튼이 Off 되어 있는지 확인합니다. 메트로놈도 필요 없다면 Off 합니다. 이제 곡을 재생하면서 필요한 순간에 R 키를 눌러 녹음을 On/Off 합니다.

03 이것이 아날로그 시절부터 사용하던 펀치 레코딩 기법입니다. 과거에는 이것으로 엔지니어의 실력이 평가받던 시절도 있었지만, 로직은 수정 전의 오디오가 남아있는 테이크로 진행이 되기 때문에 실수를 해도 큰 문제가 되지는 않습니다.

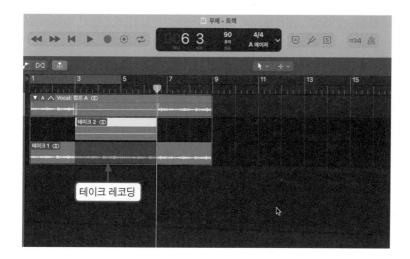

04 만일, 테이크로 생성되어 복잡해지는 것이 싫은 경우에는 컨트롤 막대의 대체 버튼을 On으로 하고 진행합니다. 그러면 이전 오디오를 지우면서 새로운 오디오로 수정할 수 있습니다.

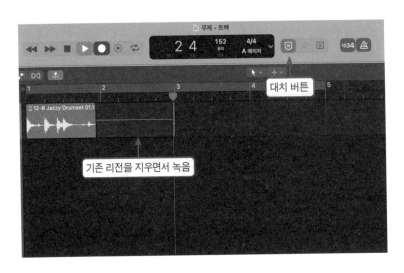

05 대체 모드로 녹음을 진행해도 오디오가 실제로 지워지는 것은 아니기 때문에 안심해도 됩니다. 언제든 기존의 리전 길이를 원래대로 변경하면 복구할 수 있습니다.

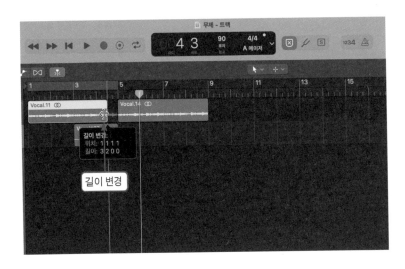

| 오토 펀치

01 사용자가 R 키를 수동으로 누르는 것이 아니라 원하는 범위에서 자동으로 레코딩이 진행되게 할 수 있습니다. 컨트롤 막대에서 마우스 오른쪽 버튼을 클릭하여 메뉴를 열고, 컨트롤 막대 및 디스플레이 사용자화를 선택합니다.

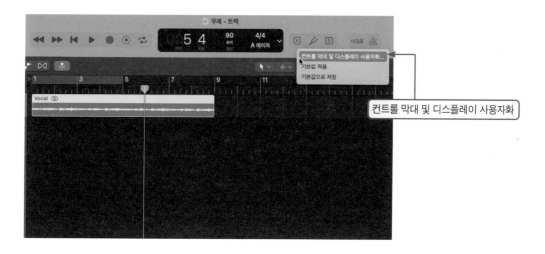

02 모드 및 기능 목록에서 오토펀치 옵션을 체크하면 컨트롤 막대에 오토펀치 버튼을 표시할 수 있습니다.

03 컨트롤 막대에 표시되는 오토펀치 버튼을 On으로 하면 눈금자에 빨간색 바가 표시됩니다. 바는 마우스 드래그로 위치를 이동하거나 시작 및 끝 부분을 드래그하여 범위를 조정할 수 있습니다. 수정하고자 하는 범위를 설정합니다.

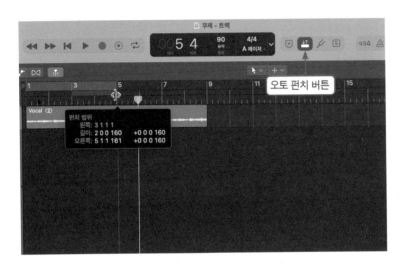

04 R 키를 눌러 녹음을 진행하면 빨간색 바의 오토펀치 범위 이전에서는 오디오가 재생되다가 오토펀치 범위에서 자동으로 녹음이 진행되어 수동으로 진행하는 것 보다 자연스러운 연결이 가능합니다.

05 오토펀치 기능은 마키 도구로도 진행할 수 있습니다. 오토펀치 버튼을 누르고 있으면 열리는 메뉴에서 기본적으로 체크되어 있는 오토펀치 녹음을 사용하는 마키의 선택 범위를 해제하고, 오토펀치 녹음을 사용하는 마키 라인을 선택합니다.

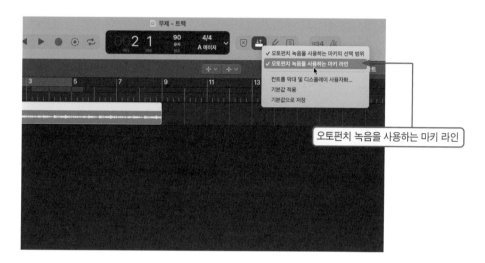

06 마키 도구를 이용하여 수정할 범위를 선택하고, R 키를 누르면 선택 범위에서 오토펀치 기능이 동작되는 것을 확인할 수 있습니다. 좀 더 정확한 범위를 선택할 수 있기 때문에 실제로 가장 많이 사용하는 방법입니다.

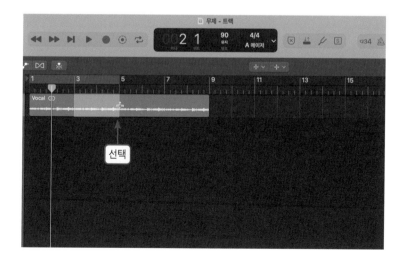

SECTION 03

오디오 편집

로직은 오디오 이벤트를 편집할 수 있는 에디터 창을 제공하며, 에디터 창은 리전을 편집하는 트랙 창과 오디오 파일을 편집할 수 있는 파일 창으로 구성되어 있습니다. 오디오의 타임과 피치를 보정하고, 작업 퀄리티를 높이기 위해서는 반드시 다룰 수 있어야 합니다.

Lesson 01 • 오디오 트랙 편집기
Lesson 02 • 오디오 파일 편집기

오디오 트랙 편집기

오디오 트랙 편집기는 단순히 트랙의 리전들을 확대해서 표시하는 창입니다. 리전의 길이를 다듬거나 이동 및 복사 등의 편집을 할 때 파형을 크게 확대해서 볼 수 있기 때문에 정밀한 편집이 가능합니다. 특히, 오디오의 피치와 비트를 맞추기 위한 Flex Time 및 Flex Pitch 마커를 편집할 때 유용합니다.

| 리전 편집

01 트랙 편집기는 오디오 리전을 더블 클릭하여 열 수 있습니다. 작업 공간은 Control+Option 키를 누른 상태에서 마우스 휠을 돌려 수평으로 확대/축소하거나 Control+Shift 키를 누른 상태로 마우스 휠을 돌려 위치를 이동시킬 수 있습니다.

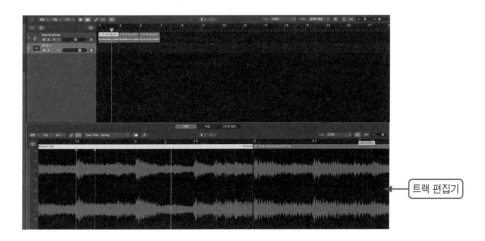

트랙 편집기

02 메뉴 바의 ① 파형 버튼을 클릭하면 창 크기에 맞춰 파형의 크기가 조정되며, 버튼을 누르고 있으면 크기를 조정할 수 있는 슬라이더가 열립니다. 오른쪽의 ② 수평 자동 확대/축소 버튼을 클릭하면 트랙 전체의 리전을 한 화면에 표시할 수 있습니다.

03 재생 헤드는 눈금자를 클릭하여 위치시킬 수 있으며, 더블 클릭을 하면 해당 위치에서 바로 재생되어 오디오를 모니터할 수 있습니다.

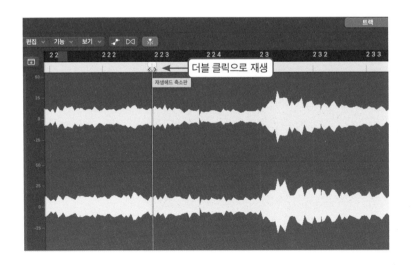

04 트랙 편집기는 파형을 보면서 리전의 일부분을 정밀하게 편집하기 위해서 사용합니다. 포인터 도구가 선택되어 있는 상태에서 파형 아래쪽에 마우스를 가져가면 마키 도구를 사용할 수 있으며, 파형의 일부분을 드래그하여 선택할 수 있습니다.

05 파형 상단으로 마우스를 가져가면 포인트 도구로 사용할 수 있으며, 선택한 구간을 드래그하여 이동하거나 Option 키를 누른 상태로 드래그하여 복사하거나 백 스페이스 키로 삭제하는 등 메인 윈도우에서 리전을 편집하는 것과 동일한 방식으로 편집 작업을 진행할 수 있습니다. 단지, 파형을 크게 보면서 리전의 일부분을 정밀하게 편집할 수 있다는 차이만 있습니다.

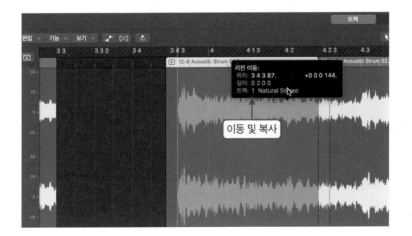

Flex 편집

01 트랙 편집기를 이용하는 가장 큰 이유는 플렉스 마커를 정밀하게 편집하기 위해서 입니다.
메뉴 바의 Flex 보기 버튼을 클릭합니다.

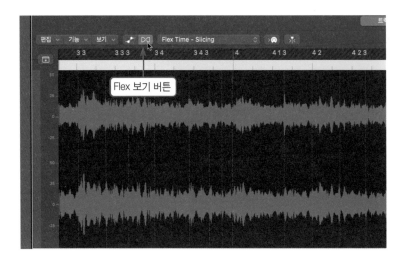

02 Flex 기본 모드는 파형을 잘라서 타임을 조정할 수 있는 ① Flex Time-Slicing 입니다. 파형
을 클릭하면 Flex ② 마커 라인이 추가되며 드래그하여 타임을 조정할 수 있습니다.

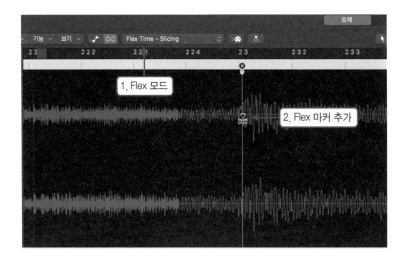

03 파형 아래쪽을 클릭하면 3개의 Flex 마커를 한 번에 추가할 수 있으며, 앞/뒤가 고정된 상태에서 필요한 비트의 타임만 조정할 수 있습니다. 오디오 피치와 타임을 편집할 수 있는 Flex 기능에 관한 자세한 학습은 〈로직 프로 레벨-업〉 서적을 참조하기 바랍니다.

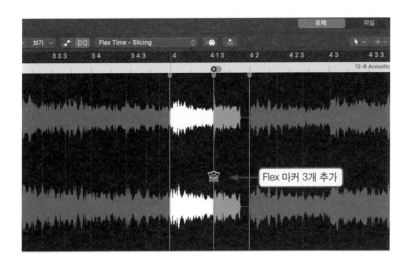

Flex 마커 3개 추가

04 참고로 Flex 모드에서는 리전 끝 부분의 상단을 드래그하여 전체 타임을 조정할 수 있습니다. 길이를 조정할 필요가 있을 때는 하단에서 드래그합니다.

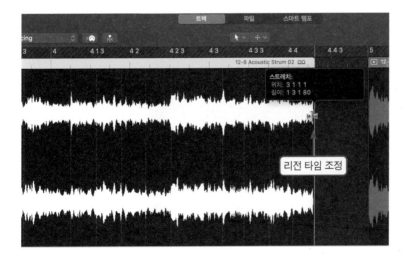

리전 타임 조정

오디오 파일 편집기

로직은 자체적으로 오디오 파일을 편집할 수 있는 기능을 제공합니다. 유튜버들이 많이 사용하는 Adobe Audition이나 포스트 프로덕션에서 많이 사용하는 iZotope RX와 같은 전문적인 편집 작업은 어렵지만, 간단한 프로세싱은 얼마든지 가능합니다. 단, 파일 편집기는 실제 오디오 파일에 적용되는 것이므로, 저장을 하면 되돌릴 수 없기 때문에 주의가 필요합니다.

새 파일 만들기

01 파일 편집기는 리전을 더블 클릭하면 열리는 트랙 편집기에서 메뉴 바 상단에 있는 파일 탭을 선택하여 접근할 수 있습니다.

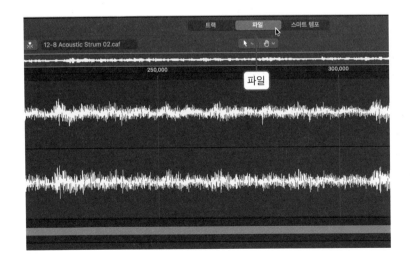

02 파일 편집기에서 진행하는 프로세싱은 오디오 파일의 원본에 적용되기 때문에 프로젝트를 저장하면 되돌릴 수 없습니다. 만일을 위해 새로운 파일을 만들어 원본을 보존하는 것이 좋습니다. 가장 많이 사용하는 것이 바운스입니다. 리전을 마우스 오른쪽 버튼으로 클릭하여 단축 메뉴를 열고, 바운스 후 대치를 선택하거나 Command+B 키를 누릅니다.

03 바운스는 플러그인을 오디오 파일에 적용하여 시스템을 확보하거나 미디 리전을 오디오로 전환할 때 사용하는 것이 목적이지만, 파일 편집 전의 원본 보존용으로 사용할 수도 있습니다.

트랙 전체를 바운스 할 때는 파일 메뉴의 바운스에서 트랙 바운스 후 대치를 선택하거나 Control+Command+B 키를 누릅니다.

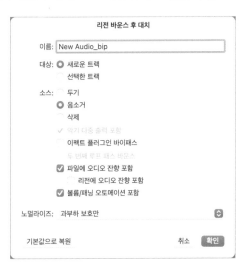

● **이름** : 새로 생성되는 리전 이름을 입력합니다. 기본적으로 원본 이름 끝에 _bip가 붙습니다.

● **대상** : 새로 생성되는 리전을 새로운 트랙으로 배치할 것인지, 선택된 트랙에 배치할 것인지를 선택합니다. 파일 편집이 목적이라면 선택된 트랙으로 원본 자리에 배치되게 합니다.

● **소스** : 원본 리전을 어떻게 처리할 것인지를 선택합니다. 그대로 두기, 뮤트시키기, 삭제하기 중에서 선택할 수 있으며, 선택된 트랙으로 배치할 때는 어떤 옵션을 선택해도 결과는 동일합니다. 삭제를 선택해도 프로젝트에는 보관이 되기 때문에 언제든 브라우저에서 프로젝트로 드래그하여 복구 할 수 있습니다. 브라우저 창은 컨트롤 막대의 브라우저 버튼으로 열 수 있습니다.

● **악기 다중 출력 포함** : Aux 채널 스트립의 플러그인이 적용된 파일을 만듭니다.

● **이펙트 플러그인 바이패스** : 채널의 플러그인을 모두 바이패스 시킵니다.

● **파일/리전에 이펙트 잔향 추가** : 잔향이 있는 신호를 끝까지 처리합니다.

● **볼륨/패닝 오토메이션 포함** : 볼륨 및 패닝 오토메이션을 적용합니다.

● **노멀라이즈** : 피크 볼륨을 0dB까지 올려 생성합니다. 기본값 과부하 보호만은 0dB을 초과하는 레벨만 0dB로 내리며, 초과 레벨이 없으면 변함없습니다.

04 파일 편집 창에서 작업 전에 백업 및 오디오 파일을 만드는 방법도 있습니다. 오디오 파일 메뉴의 백업 생성을 선택하면 편집 전의 파일을 보존할 수 있고, 언제든 백업으로 복귀를 선택하여 편집 전 파일로 되돌리 수 있습니다.

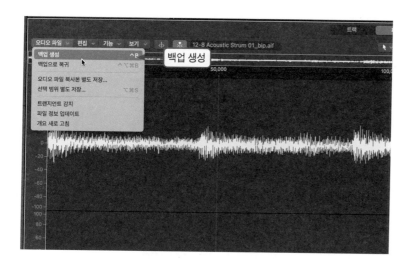

05 편집 창의 오디오 파일 메뉴에서 오디오 파일 복사본 별도 저장을 선택하여 원본을 보존하는 방법도 있습니다. 이때는 파일 이름과 경로를 지정할 수 있습니다.

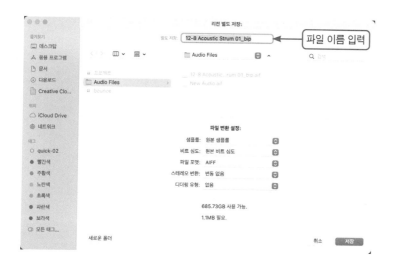

프로세싱

선택 범위를 자르거나 붙이는 등의 편집 작업은 리전과 다르지 않으므로 생략하고, 기능 메뉴를 선택하면 보이는 노멀라이즈, 게인 변경 등의 프로세싱 기능을 살펴보겠습니다. 기능은 선택 범위에 적용되므로 전체 파일에 적용할 때는 Command+A 키로 모두 선택합니다.

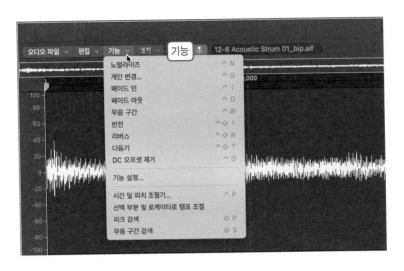

● 노멀라이즈

볼륨을 클리핑이 발생하지 않는 0dB까지 올려줍니다. 기본값 0dB을 변경하고 싶은 경우에는 기능 메뉴에서 기능 설정을 선택하여 창을 열고, 노멀라이즈의 피크 설정 항목에서 원하는 값을 % 또는 dB 단위로 설정할 수 있습니다.

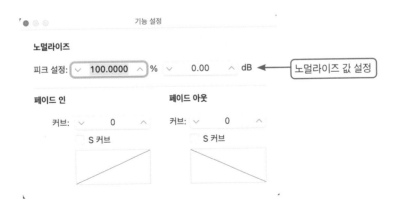

● 게인 변경

오디오 볼륨을 조정합니다. 메뉴를 선택하면 열리는 창에서 최대값 검색 버튼을 클릭하면 현재 오디오 파일의 피크 볼륨이 측정되며, 상대값 또는 절대값으로 변경할 수 있습니다.

상대값 변경 : 현재 오디오 파일의 볼륨에서 여기서 입력한 값 만큼 증/감합니다.

절대값의 결과 : 현재 오디오 파일의 볼륨을 여기서 입력한 값으로 변경합니다.

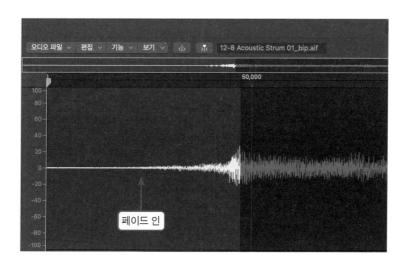

● 페이드 인 또는 아웃

소리가 점점 커지는 페이드 인 또는 소리가 점점 작아지는 페이드 아웃 효과를 적용합니다. 페이드 인/아웃 라인은 노멀라이즈 값을 설정했던 기능 설정 창에서 결정할 수 있습니다.

● 무음 구간

선택 범위를 무음으로 만듭니다. 녹음 중에 유입된 잡음을 제거할 때 사용할 수 있습니다.

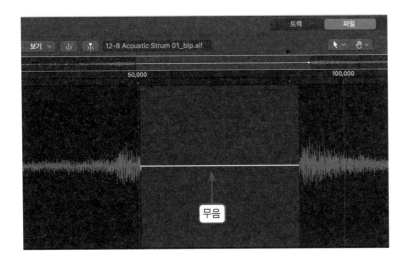

● 반전

위상을 반전시킵니다. 위상은 파형의 각도를 말하는 것으로 이론적으로 동일한 위상이 겹치면 레벨은 2배가 되고, 반대 위상이 겹치면 무음이 됩니다. 물론, 한 곡이 연주되는 동안 정확하게 위상이 반대로 겹치는 경우는 없기 때문에 무음 현상을 경험할 수는 없겠지만, 왠지 소리가 작아지고, 답답해지는 것을 느낄 수는 있습니다. 위상이 반대로 겹치는 현상은 연주자의 위치, 공연장의 구조 등 여러 가지 원인이 있을 수 있지만, 반전 기능을 적용하여 해결할 수 있습니다.

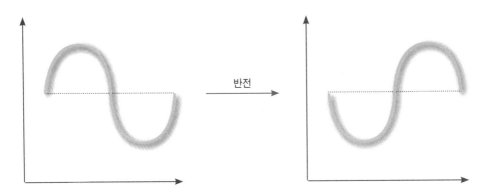

● 리버스

재생 방향을 거꾸로 바꿉니다. 리버스 심벌이나 라이징 사운드를 만들 때 사용할 수 있습니다.

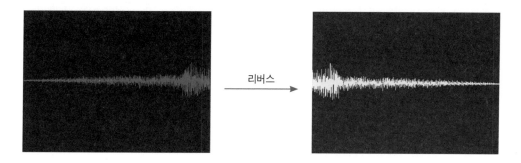

리버스 →

● 다듬기

선택 범위를 제외한 나머지를 삭제합니다. 파일을 복구할 수 없다는 경고 창이 열립니다.

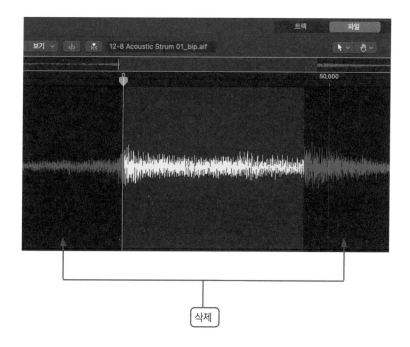

● DC 오프셋 제거

파형 주기의 중간을 베이스 라인이라고 하며, 녹음 중에 안정적인 전원 공급이 되지 않으면, 베이스 라인을 벗어나는 현상이 발생합니다. 이것을 DC 잡음이라고 하며, 이를 제거합니다. 사실 컴퓨터를 비롯한 모든 오디오 장비가 전기로 구동되기 때문에 어느 정도의 DC 잡음은 발생하기 때문에 크게 문제가 되는 경우는 없습니다.

● 시간 및 피치 조절기

오디오 템포와 피치를 조정할 수 있습니다.

모드 : 템포와 음정을 구분해서 조정하는 자유와 음정 변화에 따라 템포가 함께 조정되는 클래식의 두 가지를 제공합니다.

알고리즘 : 템포와 음정을 조정할 때 사용되는 알고리즘을 선택합니다. 베이스와 같은 모노 악기라면 Monophonic, 드럼과 같은 비트 악기라면 비트만 등 샘플 소스에 어울리는 알고리즘을 선택하여 음질 변화를 최소화하는 것입니다. 모든 소스에 적합한 것은 범용입니다.

템포 : 왼쪽이 원본이고, 오른쪽이 변경 값을 의미하는 대상입니다. 단위는 템포, 샘플 길이, SMPTE 길이, 마디 길이를 사용할 수 있습니다.

피치 : 단위는 100이 반 음에 해당하는 센트입니다. 피치만 변경하려면 템포 변경 항목을 0%로 설정합니다.

● **선택 부분 및 로케이터로 템포 조절**

마키 도구로 선택한 범위 또는 사이클 선택 범위에 맞추어 오디오 템포를 조정합니다. 외부 파일을 프로젝트 템포에 맞추거나 프로젝트를 외부 파일 템포에 맞출 때 사용합니다. 프로젝트의 눈금자를 드래그하여 사이클 범위를 선택합니다.

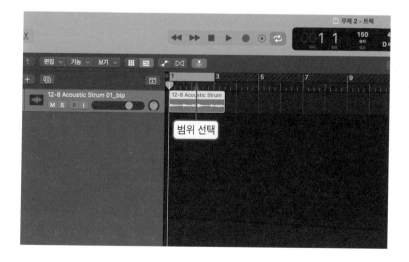

사이클 범위와 오디오 파일의 길이를 비교하여 템포가 설정됩니다. 생성 버튼을 클릭하면 사이클 범위 시작 위치에 분석된 템포가 삽입되며, 글로벌 적용 버튼을 클릭하면 프로젝트 템포가 변경됩니다.

● 피크/무음 구간 검색

피크 및 무음 구간을 찾아 줍니다. 클리핑 구간을 연필 도구로 다듬거나 무음 구간을 찾아 제거하는 등의 작업을 진행할 수 있습니다.

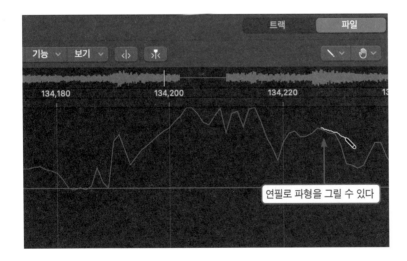

연필로 파형을 그릴 수 있다

로직에서 제공하는 파일 편집기는 전문적인 작업을 진행하기에는 다소 부족합니다. 하지만, 로직은 외부 프로그램을 연결하여 사용할 수 있는 기능을 제공합니다. Logic Pro 메뉴의 설정에서 오디오를 선택하여 창을 열고, 파일 편집기 탭의 외부 샘플 편집기 항목에서 선택을 클릭합니다. 그리고 응용 프로그램에서 사용하고자 하는 편집 프로그램을 선택합니다.

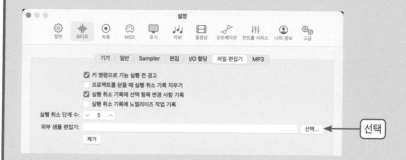

외부 편집기가 연결되면 메인 윈도우나 트랙 창 또는 트랙 편집기의 편집 메뉴에 등록되며 선택하여 실행할 수 있습니다. Adobe Audition과 잡음 제거 툴로 유명한 iZotope RX에 관한 학습이 필요한 사용자는 〈오디오 콘텐츠 집에서 만들기〉 서적을 참조하기 바랍니다.

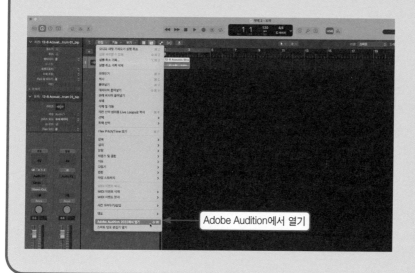

미디 레코딩과 편집

미디 레코딩
미디 편집

SECTION 01

미디 레코딩

소프트웨어 악기 또는 외부 MIDI 트랙을 만들고, 라이브러리에서 음색을 선택한 다음에 트랜스포트의 레코딩 버튼 또는 R 키를 눌러 녹음을 진행하는 과정은 오디오 레코딩과 크게 다르지 않습니다. 다만, 편집이 자유로운 미디 이벤트로 기록된다는 차이점만 있습니다.

뮤직 타이핑

미디 악기 연주를 위한 이벤트를 입력할 때 마우스와 키보드를 이용해도 상관없지만, 일반적으로 마스터 건반 또는 신디사이저와 같은 장치를 이용합니다. 하지만, 맥북 하나 달랑 들고 있는 야외에서는 어쩔 수 없이 키보드를 이용해야 하는데, 이때 좀 더 현실감 있는 연주를 할 수 있도록 제공되고 있는 것이 뮤직 타이핑입니다. 마치 건반을 이용해서 입력하는 것과 비슷한 효과를 얻을 수 있습니다.

01 로직은 소프트웨어 악기 연주를 위한 트랙과 하드 웨어 악기 연주를 위한 외부 MIDI 트랙을 제공합니다. 일반적으로 가장 많이 사용하는 소프트웨어 악기를 선택합니다.

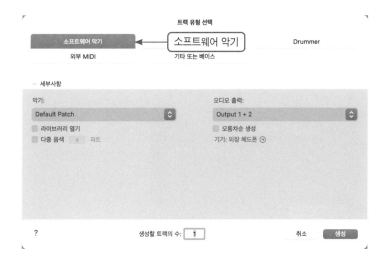

02 세부 사항에는 어떤 ① 악기를 로딩할 것인지 ② 라이브러리를 열 것인지를 선택할 수 있는 옵션이 있습니다. 악기는 트랙을 만든 후에 음색으로 선택하는 것이 일반적이므로 기본 옵션 그대로 트랙을 생성해도 좋습니다.

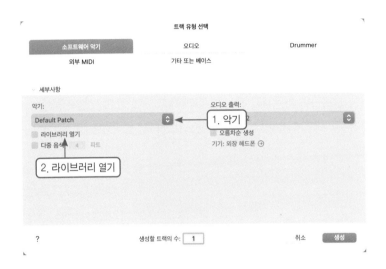

03 Default Patch는 ① Classic Electric Piano이지만, 컨트롤 막대의 ② 라이브러리 버튼을 클릭하거나 Y 키를 눌러 라이브러리 창을 열고 원하는 ③ 음색을 선택하여 변경할 수 있습니다.

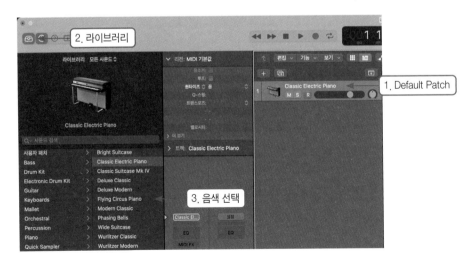

04 Default Patch는 사용자가 원하는 악기로 설정할 수 있습니다. 원하는 악기를 선택하고 메뉴 열기 버튼을 클릭하여 기본값으로 정의를 선택하면 됩니다. 필요하면 사용자 기본값 지우기를 선택하여 로직의 기본 악기로 복구할 수 있습니다.

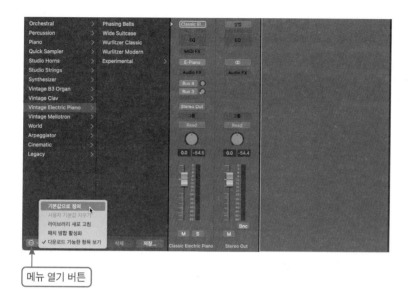

메뉴 열기 버튼

05 야외에서 키보드를 이용하여 악기를 연주할 수 있는 뮤지컬 타이핑은 윈도우 메뉴의 뮤직 타이핑 보기를 선택하거나 Command+K 키를 눌러 열 수 있습니다.

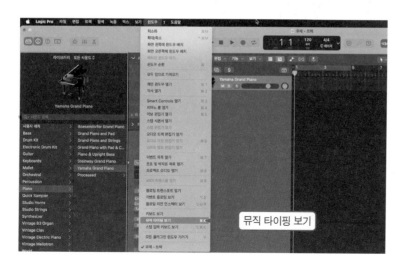

뮤직 타이핑 보기

06 뮤직 타이핑은 매우 직관적이기 때문에 손쉽게 사용할 수 있습니다. 먼저 ① Z(ㅋ) 또는 X(ㅌ) 키를 눌러 연주할 음역을 선택하고, ② A(ㅁ) 부터 콤마(') 키를 이용하여 연주 및 레코딩을 합니다. 익숙해지는데 다소 시간이 필요하겠지만, 야외에서 갑자기 떠오른 테마를 기록할 때 더 없이 좋은 선택입니다.

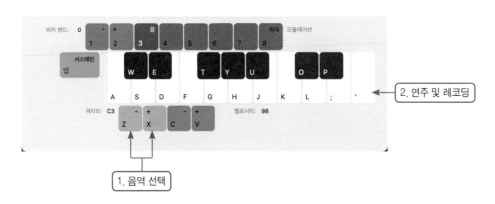

07 그 외, 별 의미는 없지만 벨로시티, 피치, 모듈레이션을 조정할 수 있는 키들도 제공합니다.

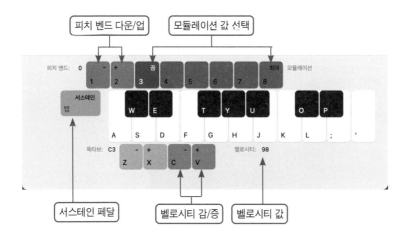

C(ㅊ)/V(ㅍ) 키 : 벨로시티 값을 감/증합니다. 선택 값은 오른쪽에 표시됩니다.

1/2 키 : 피치 벤드 다운/업 휠 역할을 합니다.

4-8키 : 모듈레이션 값을 선택합니다. 3번키는 모듈레이션을 끕니다.

Tab : 피아노 서스테인 페달 역할을 합니다.

08 왼쪽 상단의 키보드 버튼을 클릭하면 뮤직 타이핑을 키보드 타입으로 표시할 수 있습니다. 윈도우 메뉴의 키보드 보기를 선택하여 바로 열 수도 있습니다.

09 마우스를 이용하여 건반을 연주하거나 레코딩을 할 수 있지만, 실제로 그렇게 사용하지는 않고, 사용자 연주를 캡처할 때 응용할 수 있습니다. 키보드는 상단의 바를 드래그하여 표시 범위를 조정할 수 있고, 가장자리를 드래그하여 크기를 조정할 수 있습니다. 유튜브에서 피아노 강좌를 하는 유저에게 유용한 기능이 될 것입니다.

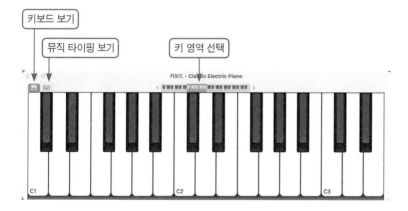

Lesson 02

미디 신호 경로

앞에서 미디 이벤트를 키보드로 입력할 수 있는 뮤직 타이핑에 관해서 살펴보았지만, 이는 어쩔 수 없는 상황에서의 선택이고, 실제로 가장 많이 사용하는 것은 마스터 건반 또는 신디사이저입니다. 이러한 미디 입력 장치들의 대부분은 USB로 연결되며, 별도의 드라이버를 설치하지 않아도 자동으로 인식하여 바로 사용할 수 있습니다.

01 대부분의 마스터 건반은 정사각형 형태에 한쪽 모서리가 경사진 모습을 하고 있는 ① USB Type-B 형태가 많으며, 컴퓨터에는 직사각형 형태의 납작한 모습을 하고 있는 ② USB Type-A 형태로 연결됩니다. 하지만, 맥의 경우에는 USB Type-C 또는 Thunderbolt 이기 때문에 별도의 ③ USB B to C 케이블이나 ④ 허브 또는 ⑤ 젠더 등의 보조 장치가 필요합니다.

① USB Type-B

② USB Type-A

③ USB B to C 케이블

④ USB Type-C 허브

⑤ USB A to C 젠더

02 USB 장치가 마스터 건반 한 대 뿐이라면 몇 천원짜리 USB B to C 케이블이나 USB A to C 젠더로 충분하지만, 대부분 여러대의 장치를 연결할 수 있는 허브를 이용합니다. 허브를 맥에 연결하고, 마스터 건반은 제품에 포함되어 있는 케이블로 허브의 USB A 포트에 연결합니다.

03 로직을 실행합니다. 이미 실행 중이라면 파일 메뉴의 템플릿으로부터 신규를 선택하여 템플릿 창을 엽니다.

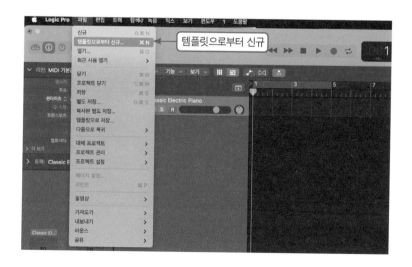

03 새로운 프로젝트의 비어 있는 프로젝트를 선택합니다. 그리고 세부사항을 클릭하여 열면 템포, 조표, 박자표 등을 설정할 수 있습니다. 물론 프로젝트를 만들고 작업을 하면서 필요한 경우에 설정하는 경우가 대부분이지만, 각 역할을 살펴보겠습니다.

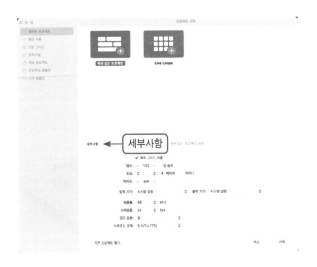

- **뮤직 그리드 사용** : 템포, 조표, 박자표를 설정할 수 있게 합니다.
- **템포** : 템포 값을 직접 입력하거나 탭 템포 버튼을 클릭하여 속도를 측정할 수 있습니다.
- **조표** : 키를 선택합니다.
- **박자표** : 더블 클릭하여 직접 입력하거나 위/아래 화살표 버튼을 클릭하여 설정할 수 있습니다.
- **입력/출력 기기** : 녹음 및 재생에 사용되는 오디오 인터페이스를 선택합니다.
- **샘플률** : 오디오 녹음 포맷을 선택합니다. 이는 오디오 녹음을 하기 전에 반드시 체크해야 하는 부분입니다.
- **프레임률** : 영상 타임을 의미하는 프레임률을 선택합니다. 방송은 29.97이고 영화는 24를 선택합니다. 영상 음악 작업을 하는 경우가 아니라면 무시해도 좋습니다.
- **공간 음향** : 돌비 애트모스(Dolby Atmos) 작업 여부를 선택합니다.
- **서라운드 포맷** : 서라운드 채널 수를 선택합니다.

04 소프트웨어 악기 트랙을 생성하고 프로젝트를 만들면 디스플레이 항목에서 템포, 박자, 조표를 확인할 수 있으며, 각 항목을 선택하여 변경할 수 있습니다. 즉, 뮤직 그리드는 프로젝트를 만들 때 설정할 수 있지만, 프로젝트를 만들고 난 후에 설정해도 상관없습니다.

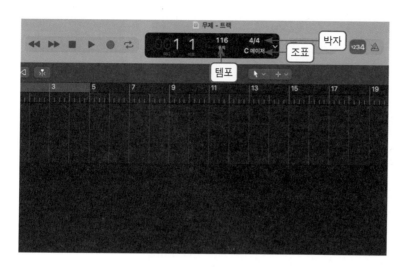

05 ① 라이브러리 버튼을 클릭하거나 Y 키를 눌러 창을 열고, 원하는 ② 악기 음색(패치)을 선택합니다. 그리고 마스터 건반을 눌러 정상적으로 연주되는지 확인합니다. 템포, 박자, 조표 항목에는 연주하는 ③ 코드 네임이 자동으로 분석되어 표시됩니다.

05 작업을 하다 보면 트랙 및 작업 공간을 확대/축소할 일이 많습니다. 툴 바의 ① 수직 확대/축소 또는 ② 수평 확대/축소 슬라이더를 드래그해도 좋지만, Option 키를 누른 상태에서 마우스 휠을 위/아래 또는 좌/우로 스크롤 하는 것이 편리합니다. 키보드를 이용할 때는 Command 키를 누른 상태에서 방향키를 이용합니다.

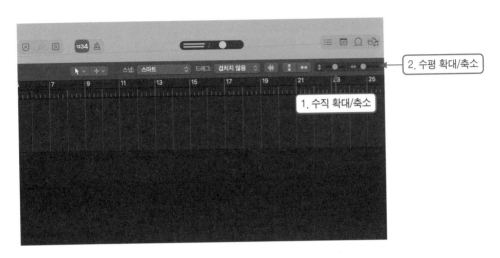

06 ① 카운트와 ② 메트로놈 버튼이 On으로 되어 있는지 확인하고, 트랜스포트 패널의 ③ 녹음 버튼을 클릭하거나 R 키를 누르면 4박자의 카운트 소리가 들리고, 메트로놈에 맞추어 사용자 연주를 녹음할 수 있습니다.

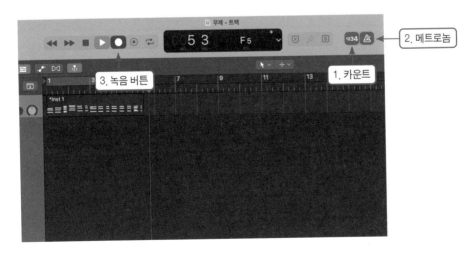

07 스페이스 바 키를 눌러 녹음을 마치고, 트랙 창에 생성된 리전을 더블 클릭하면 아래쪽에 피아노 롤이 열립니다. 여기서 서툰 연주를 프로 연주자처럼 바꾸거나 아예 사람이 연주할 수 없는 테크닉을 구사하는 등의 편집 작업을 진행할 수 있습니다.

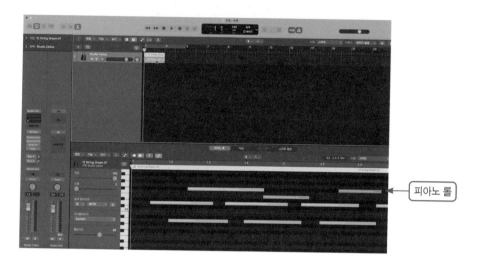

피아노 롤

08 미디는 편집이 완료된 이벤트가 트랙에 로딩된 악기를 연주하는 것이므로, 이미 연주가 끝난 오디오와 다르게 얼마든지 수정이 가능하다는 장점이 있습니다. 그래서 컴퓨터 음악을 하겠다면 반드시 학습해야 하는 분야입니다.

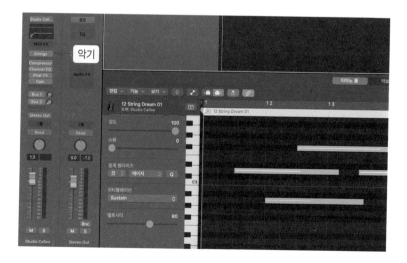

악기

07 미디 악기 전에 연주를 다양하게 변조할 수 있는 ① MIDI FX를 적용할 수 있으며, 이후부터는 오디오 경로와 동일하게 ② Audio FX, ③ 볼륨과 팬을 거쳐 ④ Stereo Out으로 출력됩니다.

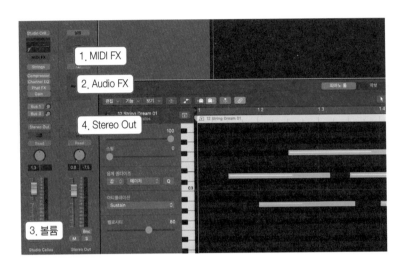

08 Aux 채널 역시 오디오와 동일하게 볼륨 전의 Pre Fader와 볼륨 이후의 Post Fader, 그리고 팬 이후의 Post Pan으로 설정할 수 있습니다. 즉, 소프트웨어 악기까지는 미디 신호지만, 이후부터는 오디오 신호로 믹싱 및 바운싱 작업을 바로 진행할 수 있습니다.

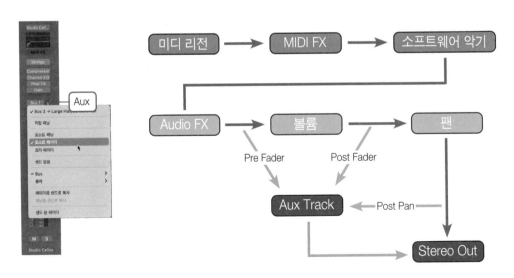

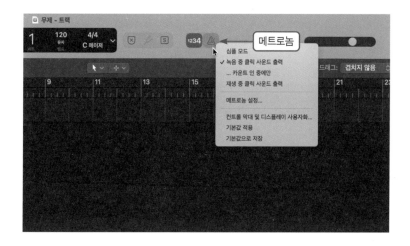

Lesson 03 레코딩 옵션

싱글, 멀티, 테이크, 사이클, 펀치 등, 앞에서 살펴보았던 오디오 레코딩과 미디 레코딩 방법의 차이는 없습니다. 다만, 기본적으로 오디오는 새로 녹음하는 연주가 테이크로 생성되지만, 미디는 기존 리전과 병합됩니다. 그래서 피아노의 왼손과 오른손 연주, 그리고 멜로디를 따로 녹음하여 하나로 병합하거나 드럼의 킥, 스네어, 하이-햇 연주를 따로 녹음하여 하나로 병합하는 등의 작업이 가능하지만, 상황에 따라 옵션을 변경할 필요가 있습니다.

| 메트로놈 설정

메트로놈 버튼을 누르고 있으면 녹음 중 클릭 사운드 출력 옵션이 선택되어 있는 메뉴가 열립니다. 녹음을 할 때 메트로놈이 동작되도록 되어 있는 것입니다. 출력 옵션 외에는 거의 필요 없는 메뉴이지만, 사용자 마다 다를 것이므로, 각 옵션의 역할을 정리합니다.

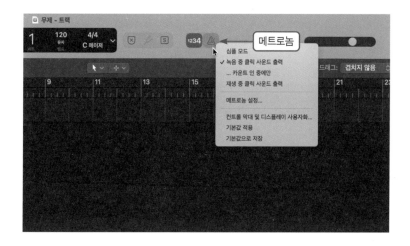

- **심플 모드** : 메트로놈 버튼을 수동으로 클릭하여 동작시킵니다. On/Off 단축키는 K 입니다.
- **녹음 중 클릭 사운드 출력** : 기본 옵션으로 녹음 중에 메트로놈이 동작됩니다.
- **카운트 인 중에만** : 녹음 시작 전 카운트가 진행될 때만 동작됩니다.
- **재생 중 클릭 사운드** : 재생 중에도 메트로놈이 동작됩니다.
- **메트로놈 설정** : 프로젝트 설정 창의 메트로놈 탭을 엽니다.

- **옵션** : 메트로놈 버튼의 메뉴와 동일합니다. 폴리포닉 클릭은 2개 이상의 노트를 출력할 수 있도록 합니다. 마디, 그룹, 비트, 디비전 마다 중복되는 노트가 사용될 수 있도록 하는 것입니다.
- **소스** : 메트로놈 사운드의 소스를 선택합니다. 오디오 클릭(Klopfgeist)과 MIDI 클릭이 있습니다. 오디오 클릭은 소프트 악기 Klopfgeist를 사용합니다. 만일, 음색을 변경하고 싶다면 X 키를 눌러 믹서 창을 열고, 모두 버튼을 선택합니다.

Click 채널의 ① 입력 항목을 보면 Klopfgeist가 로딩되어 있는 것을 확인할 수 있으며, 클릭하여 악기 패널을 열고, ② 프리셋에서 음색을 변경할 수 있습니다. 물론, 입력 항목의 Klopfgeist를 다른 악기로 변경하는 것도 가능합니다.

- **오디오 클릭** : 마디, 그룹, 비트, 디비전 마다 재생되는 노트와 벨로시티를 결정합니다.
  톤 : Klopfgeist의 Tonality 값을 조정하는 것으로 슬라이더를 오른쪽으로 이동시키면 클라베스와 유사한 퍼커션 사운드로 변경됩니다.
  볼륨 : 메트로놈 볼륨을 조정합니다.
  출력 : 메트로놈 사운드가 출력될 오디오 인터페이스 아웃 포트를 선택합니다. 연주자에게만 메트로놈 소리를 들려주고 싶은 경우에 해당 포트를 선택할 수 있습니다.

- **MIDI 클릭** : 포트에서 외부 미디 악기가 연결되어 있는 포트를 선택하고, 마디, 그룹, 비트, 디비전 마다 채널, 노트, 벨로시티 값을 설정할 수 있습니다.

| 카운터 설정

메트로놈 버튼 왼쪽에 1, 2, 3, 4로 표시되어 있는 카운트 버튼을 On으로 하면, 녹음을 할 때 4박
자의 클릭 소리를 듣고 시작할 수 있습니다. 카운트 버튼을 누르고 있으면 길이를 선택할 수 있는
메뉴가 열리며, 기본값 한 마디로 선택되어 있습니다.

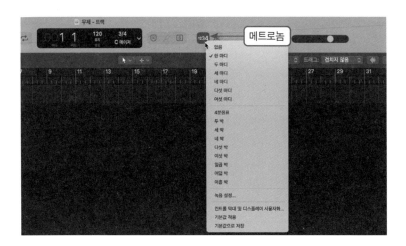

카운트 메뉴의 녹음 설정을 선택하면 카운트 대신에 프리롤 기능을 선택할 수 있는 프로젝트 설
정 창이 열립니다. 녹음을 진행할 때 재생 헤드가 프리롤에서 설정한 타임만큼 앞으로 이동하여
재생되는 기능입니다.

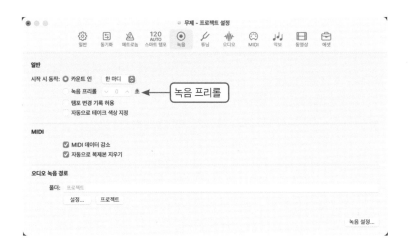

〈일반〉

● **카운트 인** : 카운트 길이를 설정합니다.

● **녹음 프리롤** : 녹음을 시작하는 지점의 몇 초 앞에서 재생되게 할 것인지를 설정합니다. 곡의 시작 위치가 아니라면 대부분 카운트보다 프리롤 기능을 더 선호합니다.

● **템포 변경 기록 허용** : 외부 장치 및 프로그램 또는 내부 Environment의 템포 페이더를 이용한 템포 변경 값을 기록합니다. 외부 장치를 사용하려면 ① 동기화 탭의 ② 동기화 모드에서 수동을 선택하고, ③ 외부 동기화 및 탭 템포 자동 활성화 옵션을 체크합니다.

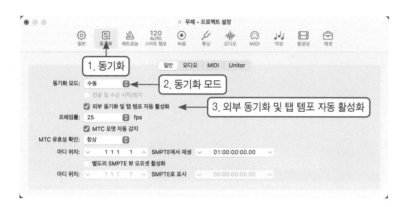

● **자동으로 테이크 색상 저장** : 테이크 레코딩을 진행할 때 새로 생성되는 테이크의 색상이 자동으로 변경되게 합니다.

〈MIDI〉

● **MIDI 데이터 감소** : 미디 컨트롤 정보가 너무 촘촘하게 기록되지 않게 합니다. 너무 촘촘한 기록은 미디 에러가 발생할 확률이 높기 때문에 좋지 않습니다.

● **자동으로 복제본 지우기** : 테이크 녹음 또는 병합 등으로 노트가 겹칠 때 기존 노트를 삭제합니다. 노트가 겹치면 사운드가 변조되기 때문에 좋지 않습니다.

〈오디오 녹음 경로〉

설정 버튼을 클릭하여 레코딩하는 오디오 파일이 저장될 위치를 지정할 수 있습니다. 하지만, 오디오 파일은 프로젝트마다 저장되게 하는 것이 좋으므로 기본 설정을 변경할 이유는 없습니다. 폴더를 지정한 경우에는 프로젝트 버튼을 클릭하여 기본값으로 복구할 수 있습니다.

┃ 겹쳐지는 트랙 녹음

01 미디는 기본적으로 리전 위에 새로운 연주를 녹음하면 기존의 리전과 새로 녹음되는 리전이 하나로 병합됩니다. 그래서 드럼 노트를 분리하여 녹음하거나 어려운 프레이즈를 나누어 녹음하는 등의 작업이 가능합니다.

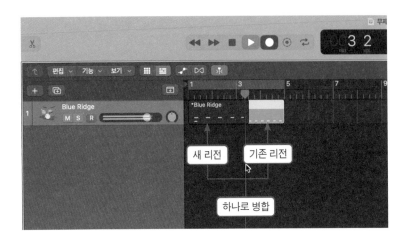

02 하지만, 몇 가지 프레이즈를 녹음하고 마음에 드는 연주를 선택하는 테이크 방식이 필요할 때도 있습니다. Logic Pro 메뉴의 설정에서 녹음을 선택합니다.

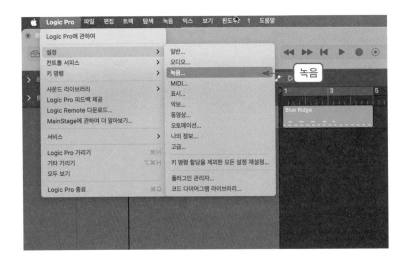

03 겹쳐지는 트랙 녹음 항목의 MIDI에서 병합으로 설정되어 있는 것을 테이크 폴더 생성으로 바꿉니다. 메뉴는 사이클 버튼이 Off 되었을 때 적용되는 사이클 끔과 On 되었을 때 적용되는 사이클 켬이 있습니다.

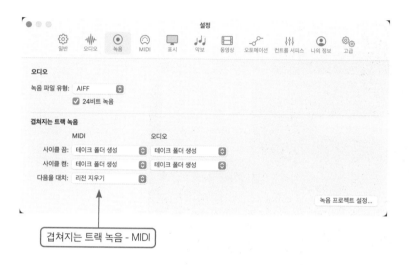

겹쳐지는 트랙 녹음 - MIDI

04 새로 녹음하는 리전이 테이크 폴더로 생성되는 것을 확인할 수 있습니다. 테이크 폴더의 편집과 선택 및 평탄화 등의 작업은 오디오와 동일합니다.

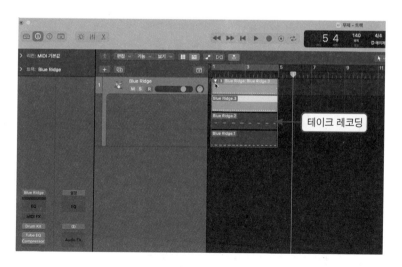

테이크 레코딩

│ 대치 레코딩

01 미디 레코딩에서는 이전 리전을 수정하는 대체 기능의 옵션을 변경할 수 있습니다. 대체 버튼을 누르고 있으면 리전 지우기가 선택되어 있는 메뉴가 열리는 것을 확인할 수 있습니다.

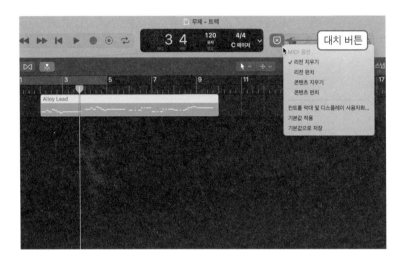

02 오토펀치 기능으로 일정 범위를 수정할 수 있게 하고, 대체 버튼을 On으로 하면 오토펀치 범위의 리전이 제거되는 것을 확인할 수 있습니다.

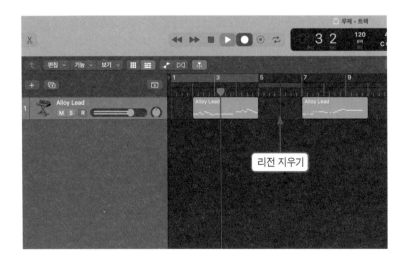

03 리전펀치로 옵션을 변경하고 레코딩을 진행하면 오토펀치 범위의 리전이 새로 녹음되는 리전으로 변경되는 것을 확인할 수 있습니다.

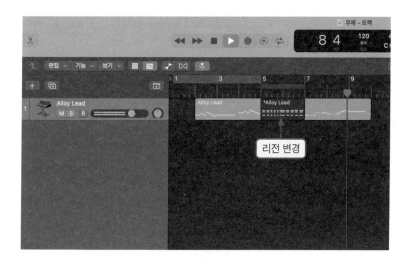

리전 변경

04 그 외, 콘텐츠 지우기와 콘텐츠 펀치가 있는데, 리전은 그대로 두고, 미디 이벤트만 지울것인지, 또는 대체할 것인지를 결정하는 것입니다.

이벤트만 지워짐

| 캡처 레코딩

01 로직은 20초 이상의 공백이 발생하기 전의 미디 연주를 기억하고 있습니다. 실제로 녹음을 하지 않아도 아이디어를 놓치지 않을 수 있다는 의미입니다. 컨트롤 막대에서 마우스 오른쪽 버튼을 클릭하여 단축 메뉴를 열고 컨트롤 막대 및 디스플레이 사용자화를 선택합니다.

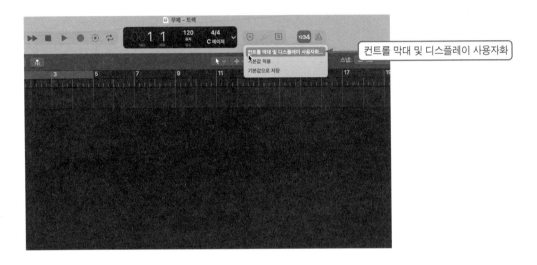

02 트랜스포트 항목에서 녹음 챕처 옵션을 체크합니다.

03 재생 및 정지 중에 이런 저런 연주를 해보고 마음에 들면 트랜스포트 패널의 캡처 버튼을 클릭하거나 Shift+R 키를 누릅니다. 사용자가 연주했던 이벤트가 기록되는 것을 확인할 수 있습니다. 실제 필요한 부분만 잘라서 사용하면 됩니다.

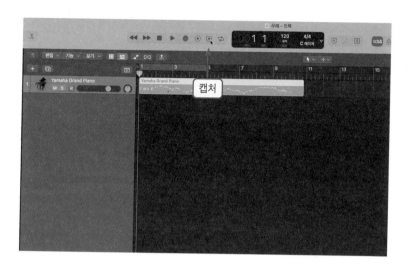

04 환경 설정의 녹음 탭에서 겹쳐지는 트랙 녹음 항목의 사이클 컴을 테이크 폴더 생성으로 선택해 놓았다면 사이클 구간을 반복하면서 다양하게 시도해본 사용자 연주를 테이크 폴더로 캡처할 수 있습니다. 반드시 필요한 날이 있을 것이므로 기억을 해두기 바랍니다.

SECTION 02

미디 편집

로직은 피아노 롤, 악보 편집기, 스텝 시퀀서, 스텝 편집기, 이벤트 목록 등 미디 이벤트를 편집할 수 있는 다양한 창을 제공합니다. 여기서 가장 많이 사용되는 것이 노트를 막대 모양으로 표시하고 있는 피아노 롤입니다.

Lesson 01

피아노 롤

피아노 롤은 노트를 수평 막대 모양으로 입력하거나 편집할 수 있고, 각종 컨트롤 정보를 그림 그리듯이 작업할 수 있는 미디 편집 창입니다. 주요 사용 목적은 사용자가 녹음한 이벤트를 편집하는 것이지만, 연주 자체가 안 되는 사람도 마우스를 이용하여 화려한 연주 테크닉을 구사할 수 있습니다. 하지만, 최소한 한 손으로 멜로디 정도는 연주할 수 있도록 피아노 연습을 함께 할 것을 권장합니다.

| 구성

01 피아노 롤은 미디 리전을 더블 클릭하거나 컨트롤 막대의 편집기 버튼을 클릭하여 메인 윈도우 아래쪽에 열 수 있습니다. 단축키는 E 입니다.

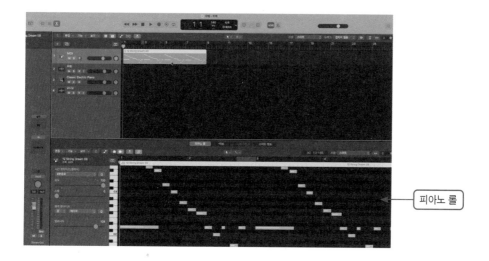

피아노 롤

02 피아노 롤의 작업 공간은 메인 윈도우와의 경계선을 드래그하여 수직으로 확대/축소 할 수 있습니다.

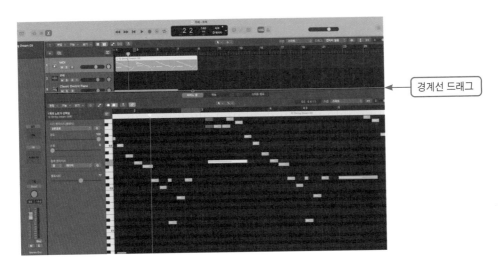

경계선 드래그

03 피아노 롤을 별도의 창으로 열고 싶은 경우에는 윈도우 메뉴의 ① 피아노 롤 열기를 선택하거나 Command+4 키를 누릅니다. 피아노 롤 ② 이름을 메인 윈도우로 드래그해도 됩니다.

1. 피아노 롤 열기

2. 피아노 롤 이름

04 피아노 롤은 ① 노트를 막대 모양으로 표시하며, 상단에는 위치를 나타내는 ② 눈금자가 있고, 왼쪽에는 피치를 나타내는 ③ 건반이 있습니다. 건반을 누르면 해당 피치의 노트를 모두 선택할 수 있습니다.

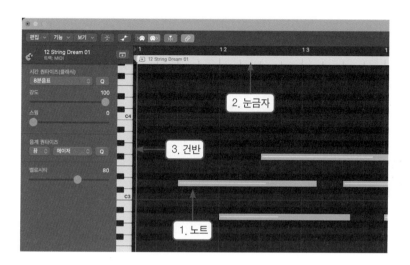

05 눈금자 위쪽에는 편집, 기능, 보기 등의 메뉴와 기능 버튼을 제공하고 있는 ① 메뉴 바가 있고, 피아노 왼쪽에는 퀀타이즈 및 벨로시티 값을 조정할 수 있는 ② 인스펙터 창이 있습니다.

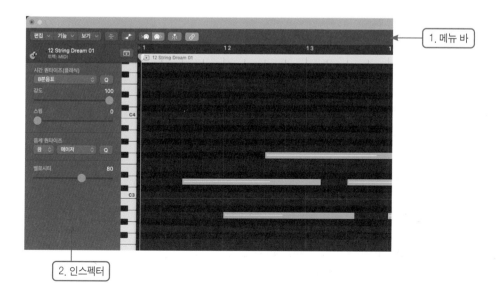

● 축소 모드

메뉴 바의 첫 번째 기능 버튼인 축소 모드 버튼은 건반 대신에 실제로 입력되어 있는 노트에 해당하는 피치만 표시합니다. 여러 노트를 편집하거나 드럼을 입력할 때 편리합니다.

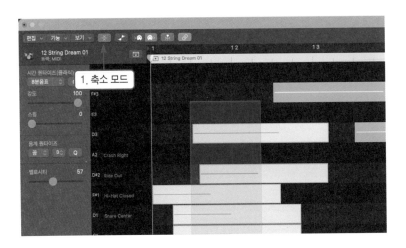

● 미디 인/아웃

① MIDI 인 버튼은 마스터 건반을 이용하여 재생헤드 위치에 노트를 입력할 수 있게 하며, 더블 클릭하면 선택한 노트의 피치와 벨로시티를 마스터 건반으로 수정할 수 있게 합니다. 그리고 ② MIDI 아웃 버튼은 노트를 선택하거나 편집할 때 소리가 들리도록 합니다.

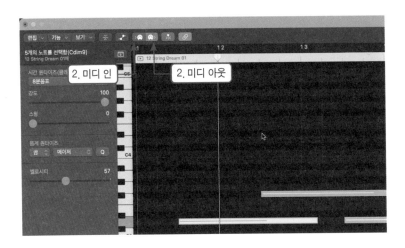

● 캐치 버튼

재생 헤드의 위치를 화면에 표시합니다. 재생 헤드와 상관 없이 화면을 고정시켜 놓고 편집할 필요가 있을 때 버튼을 Off 합니다.

● 링크 버튼

트랙 창에서 선택한 리전이 표시되게 합니다. 이것 역시 재생 위치에 상관없이 특정 리전을 열어놓고 편집할 필요가 있을 때 버튼을 Off 합니다.

● 도구 메뉴

도구는 메인 창에서 살펴본 역할과 동일합니다. 단지 편집 대상이 리전이 아니라 노트라는 차이만 있습니다. 도구의 역할은 이미 살펴보았으므로 생략합니다.

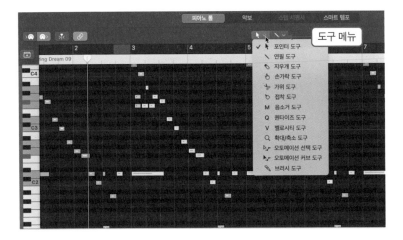

● 정보 디스플레이

마우스 위치의 피치와 타임 정보를 표시합니다. 피치와 타임 위치는 익숙해지면 피아노 건반과 눈 금자로 판단할 수 있기 때문에 연필 도구로 노트를 입력할 때 정보 디스플레이를 참조하는 경우 는 거의 없습니다. 특히, 노트를 선택하면 위치, 길이, 피치 정보가 팝업 창으로 표시되기 때문에 편집을 할 때도 거의 필요 없지만, 입문자에게는 유용한 정보일 수 있습니다.

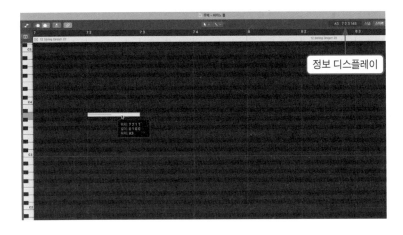

● 스냅

노트를 편집할 때 마디 및 비트, 또는 음표 단위로 맞출 수 있게 합니다. 단위는 버튼 오른쪽의 메뉴에서 선택하며, 기본적으로 선택되어 있는 스마트는 작업 공간 크기에 따라 자동으로 조정되는 그리드 라인에 맞춥니다. 미세한 편집이 필요한 경우에는 스냅 버튼을 Off 하거나 Control+Shift 키를 누른 상태로 드래그합니다.

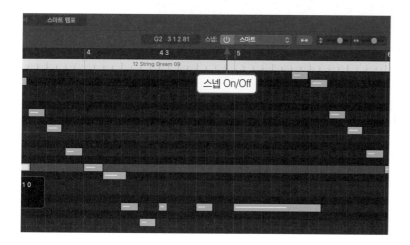

스냅 On/Off

스냅 기능은 기본적으로 상대값으로 설정되어 있습니다. 그리드 라인에 일치되어 있지 않은 노트를 편집할 때 공백을 그대로 유지하는 것입니다.

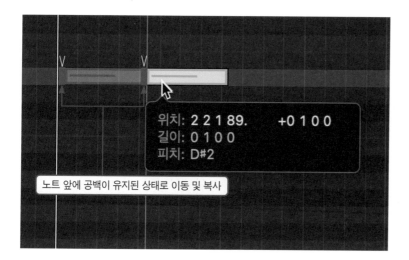

위치: 2 2 1 89.   +0 1 0 0
길이: 0 1 0 0
피치: D#2

노트 앞에 공백이 유지된 상태로 이동 및 복사

스냅 메뉴에서 노트를 절대값으로 스냅을 선택하면 공백이 무시되고 그리드 라인에 일치되게 편집됩니다. 상황에 따라 필요한 옵션이므로 기억해두기 바랍니다.

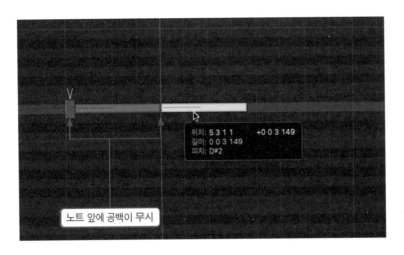

위치: 5 3 1 1   +0 0 3 149
길이: 0 0 3 149
피치: D#2

노트 앞에 공백이 무시

● 줌 슬라이더

편집을 하다 보면 작업 공간의 크기를 확대/축소할 일이 많습니다. 메뉴 바의 수직 및 수평 확대/축소 슬라이더를 이용하거나 마우스 휠을 이용합니다. Option키를 누른 상태에서는 수직, Option+shift 키를 누른 상태에서 수평 크기를 조정할 수 있습니다. 수평 자동 확대/축소 버튼을 클릭하면 리전 크기에 맞추며, Z 키로 선택 범위를 확대/축소할 수 있습니다.

수평 확대/축소

수직 확대/축소

수평 자동 확대/축소

| 스텝 입력

01 연주가 어려운 프레이즈는 연필 도구를 이용하여 노트를 입력할 수 있습니다. 노트의 길이는 좌/우로 드래그하여 조정할 수 있으며, 피치는 위/아래로 드래그합니다.

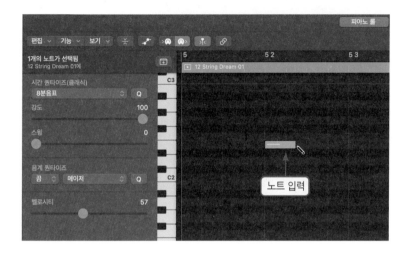

02 브러시 도구를 이용하면 마우스 드래그로 연속 적인 노트를 입력할 수 있습니다. 드래그하는 동안 Shift 키로 피치 이동 기능을 On/Off 할 수 있습니다. 입력한 노트는 브러시 도구로 삭제할 수 있습니다.

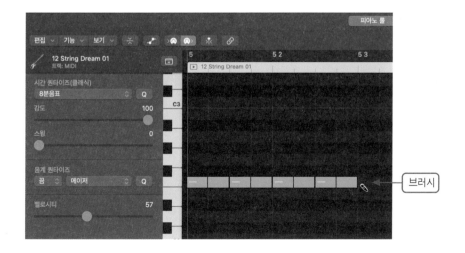

03 피아노 롤에서 노트를 입력할 때 마우스 외에 마스터 건반이나 뮤직 타이핑을 이용할 수 있습니다. 윈도우 메뉴의 스텝 입력 키보드 보기를 선택합니다.

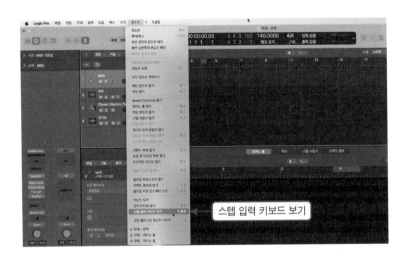

스텝 입력 키보드 보기

04 노트의 길이와 벨로시티를 결정하고, 노트 입력 건반을 갖춘 창이 열립니다.

코드 모드

노트 길이

서스테인

벨로시티

퀀타이즈

채널

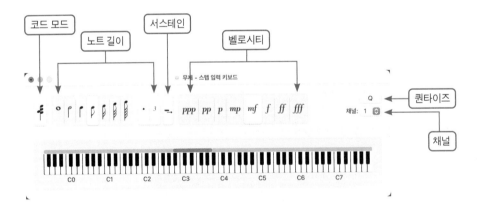

● **코드 모드**

코드 모드 버튼을 On으로 하면 재생 헤더가 이동하지 않고 고정됩니다. 건반을 하나씩 클릭하여 코드를 만들 수 있습니다.

● 노트 길이

입력할 노트의 길이를 선택합니다. 오른쪽에 점 음표 및 3 잇단음표는 선택된 노트를 기준으로 합니다.

● 서스테인

노트 길이를 연장합니다. 피아노 롤 작업 공간을 클릭하여 선택 노트를 해제한 경우에는 쉼표로 입력되며, 뮤직 타이핑 및 마스터 건반의 서스테인 페달로 동작시킬 수 있습니다.

● 벨로시티

입력 노트의 세기를 선택합니다. 벨로시티 16의 ppp부터 127의 fff까지 제공합니다.

● 퀀타이즈

점 음표 및 3 잇단음표 입력으로 재생 헤드가 마디 및 비트에서 벗어난 경우에 버튼을 클릭하여 맞출 수 있습니다.

● 채널

노트의 채널을 선택합니다. 악보에서 성부를 구분할 때 사용합니다.

05 뮤직 타이핑 및 마스터 건반을 이용할 때는 피아노 롤 메뉴 바의 미디 인 버튼을 On으로 합니다. 스텝 입력 키보드는 연주가 서툰 사람에게 매우 유용한 기능이 될 것입니다.

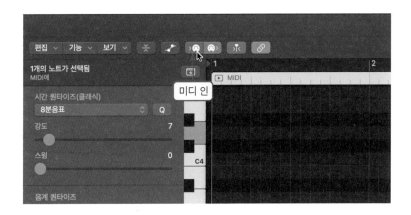

Lesson 02 퀀타이즈

퀀타이즈는 노트를 정렬하는 기능입니다. 피아노 롤 인스펙터에는 박자를 정렬할 수 있는 시간 퀀타이즈, 피치를 정렬할 수 있는 음계 퀀타이즈와 벨로시티를 조정할 수 있는 슬라이더를 제공합니다. 서툰 연주를 정확하게 보정할 수 있지만, 잘못 사용하면 기계적인 연주가 될 수 있기 때문에 적절히 활용할 수 있어야 합니다.

┃ 시간 퀀타이즈

01 퀀타이즈는 그리드 라인에서 벗어난 노트를 끌어당겨 맞춰주는 기능입니다. 여기서 주의해야 할 사항은 그리드 라인에서 가까운 노트를 맞춘다는 것입니다. 즉, 너무 늦게 연주된 노트는 뒤에 있는 라인에 정렬되어 원하지 않는 결과가 될 수 있습니다. 입문자들이 가장 많이 착각하는 부분입니다. 로직은 뛰어난 퀀타이즈 기능을 제공하지만, 어느 정도의 연주 실력은 필요합니다.

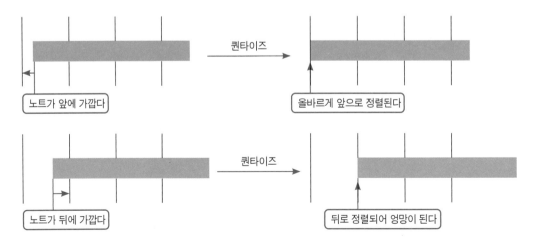

02 퀀타이즈의 정렬 기준은 시간 퀀타이즈 메뉴에서 선택하며 Q 버튼을 클릭하거나 Q 키를 눌러 선택한 노트를 정렬할 수 있습니다. 모든 노트를 퀀타이즈 하겠다면 Command+A 키를 눌러 모든 노트를 선택합니다.

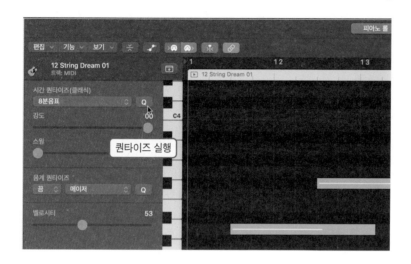

03 리전에 입력되어 있는 모든 노트를 퀀타이즈 할 때는 리전 인스펙터의 파라미터를 이용해도 됩니다. 2개 이상의 선택된 리전에 퀀타이즈를 적용할 수 있습니다.

04 기본적으로 퀀타이즈 강도는 100으로 설정되어 있습니다. 노트를 그리드 라인에 정확하게 맞추는 것입니다. 하지만, 너무 정확한 연주는 기계적으로 들리기 때문에 조금 느슨하게 설정하는 것이 좋습니다. 50으로 설정하면 반만 끌어 맞추기 때문에 자연스러움을 유지할 수 있습니다.

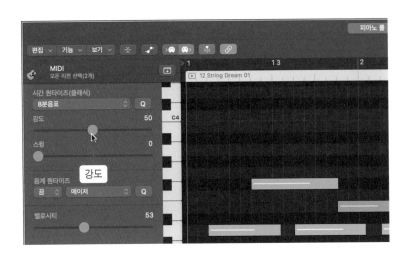

05 잇단음이나 스윙 리듬을 퀀타이즈 할 때는 퀀타이즈 메뉴에서 셋잇단음 또는 스윙을 선택합니다. 인스펙터의 스윙 슬라이더는 메뉴에서 제공하는 스윙 A-F 외의 값이 필요할 때 수동으로 설정할 수 있습니다. 잇단음과 정박이 혼합되어 있는 연주는 퀀타이즈 메뉴 아래쪽에 있는 16분 또는 8분음표 및 셋잇단음을 선택하거나 노트를 각각 선택하여 적용합니다.

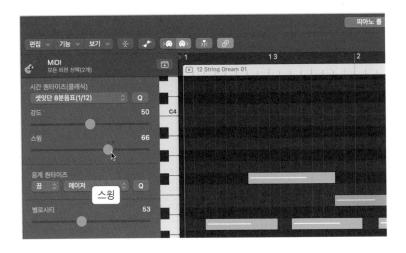

| 다듬기

노트의 시작 타임 외에 길이를 정렬해야 하는 경우도 있습니다. 편집 메뉴의 다듬기를 선택하면 겹쳐진 부분과 끝점을 정렬할 수 있는 메뉴를 볼 수 있습니다.

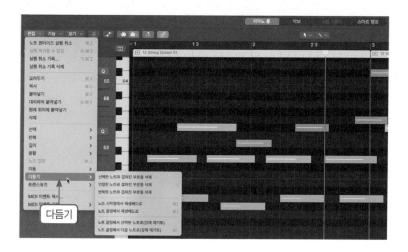

● 선택한 노트와 겹쳐진 부분을 삭제

겹쳐진 부분을 삭제합니다. 선택한 노트에만 적용됩니다.

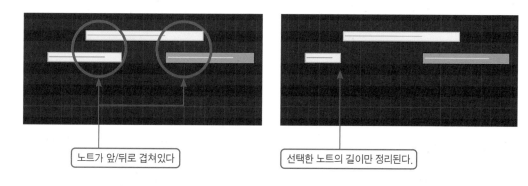

노트가 앞/뒤로 겹쳐있다   선택한 노트의 길이만 정리된다.

● 인접한 노트와 겹쳐진 부분을 삭제

겹쳐진 부분을 삭제합니다. 인접한 노트까지 적용됩니다.

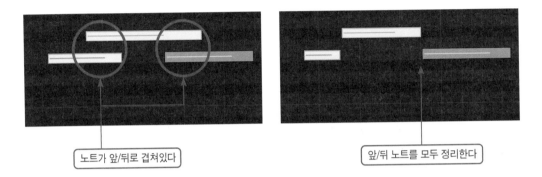

노트가 앞/뒤로 겹쳐있다

앞/뒤 노트를 모두 정리한다

● 반복된 노트와 겹쳐진 부분을 삭제

중복되어 있는 노트를 정리합니다. 정확한 타임으로 중복된 노트는 눈으로 확인하기 어렵지만, 사운드가 변조되는 현상이 발생하기 때문에 반드시 정리할 필요가 있습니다.

노트 중복

중복 부분 정리

● 노트 시작/끝점에서 재생헤드로

노트의 시작 또는 끝 지점을 재생헤드가 있는 위치까지 줄입니다.

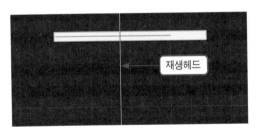

재생헤드

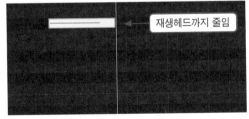

재생헤드까지 줄임

● **노트 끝점에서 선택된 노트로(강제 레가토)**

선택한 노트의 길이를 정리합니다.

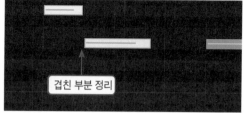

● **노트 끝점에서 다음 노트로(강제 레가토)**

선택한 노트의 길이를 다음 노트 시작점까지 늘리거나 줄입니다.

겹쳐있는 노트가 2음 이상인 경우에는 상위 노트를 어떻게 처리할 것인지를 묻는 창이 열립니다.

● **줄이기** : 모든 노트를 정리합니다.
● **삭제** : 상위 노트를 삭제합니다.
● **유지** : 상위 노트를 유지합니다.

그루브 템플릿

01 노트를 로직에서 제공하는 퀀타이즈 그리드에 맞추는 것이 아니라 선택한 리전 리듬에 맞출 수 있습니다. 예를 들어 드러머 리전에 사용자 연주를 맞추겠다면 드러머 리전을 미디로 변경하고, 퀀타이즈 파라미터에서 그루브 템플릿 만들기를 선택하여 등록합니다.

02 사용자가 연주한 리전을 선택하고, 퀀타이즈 목록에 등록된 그루브 템플릿을 선택하면 드러머 트랙에 맞춰지는 것을 확인할 수 있습니다. 그루브 템플릿은 리전 이름으로 생성되므로, 템플릿을 만들기 전에 리전 이름을 변경하는 좋습니다. 템플릿을 목록에서 제거할 때는 제거할 템플릿을 선택하고, 그루브 템플릿 제거를 선택합니다.

03 그루브 템플릿을 적용할 때의 범위는 더 보기 항목의 Q 파라미터를 이용하여 설정할 수 있습니다. Q 파라미터는 벨로시티, 길이, 플램, 범위, 강도 등이 있습니다.

● **Q-벨로시티 :** 벨로시티의 적용 범위를 퍼센트 단위로 설정합니다. 그루브 템플릿을 사용할 때 연주 노트의 벨로시티 값이 얼마나 적용되게 할 것인지를 결정하는 것입니다.

● **Q-길이 :** 길이 적용 범위를 퍼센트 단위로 설정합니다. 그루브 템플릿을 사용할 때 연주 노트의 길이가 얼마나 적용되게 할 것인지를 결정하는 것입니다.

● **Q-플램 :** 코드 연주를 상행 또는 하행으로 만듭니다. 블록 코드를 상행 또는 하행 아르페지오로 연주되게 하거나 기타 스트로크 연주를 만들 수 있습니다.

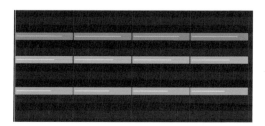

▲ 블록 코드 연주

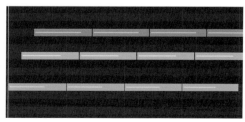

▲ Q-플램으로 상행 아르페지오 연출

● **Q-범위** : 퀀타이즈 적용 범위를 설정합니다. 여기서 설정한 범위 밖의 노트만 퀀타이즈를 하기 때문에 그리드에 가까운 노트를 그대로 유지할 수 있습니다.

● **Q-강도** : 퀀타이즈의 적용 강도를 설정합니다. 여기서 설정한 퍼센트만큼만 퀀타이즈 하는 것입니다. Q-범위와 함께 자연스러운 퀀타이즈를 적용하는 핵심 파라미터입니다.

| 스마트 퀀타이즈

퀀타이즈의 기본 유형은 클래식이며, 퀀타이즈 파라미터 이름 오른쪽의 삼각형 부분을 누르고 있으면 스마트 유형으로 변경할 수 있는 메뉴가 열립니다. 유형을 스마트로 변경하면 Q-벨로시티, 길이, 플램 대신에 Q-안티플램 파라미터가 제공됩니다.

스마트 유형은 노트 주변의 미디 정보를 분석하여 상대적 위치가 유지될 수 있도록 합니다. 서스테인 페달과 같은 컨트롤 정보가 포함된 연주나 드럼의 롤 및 플램과 같이 비트에 맞춰 재생되지 않는 노트를 그대로 유지하여 자연스러운 퀀타이즈를 적용할 수 있습니다. Q-안티플램은 주변 이벤트의 처리 범위를 설정하는 것으로 값을 높이면 퀀타이즈되는 범위가 넓어집니다.

예를 들어 노트 타이밍이 일치하지 않는 피아노 연주가 있다고 가정합니다. 실제로 연주를 하면 당연한 현상입니다.

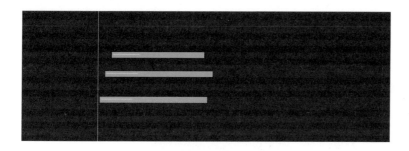

클래식 유형의 퀀타이즈를 적용하면 모든 노트가 그리드에 정렬됩니다. 이론적으로 완벽하지만 기계적인 연주가 되기 때문에 좋지 않습니다.

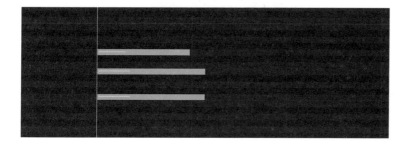

하지만, 퀀타이즈를 스마트 유형으로 적용하면 중심 노트를 기준으로 주변 노트의 간격이 유지된 상태로 정렬되기 때문에 자연스럽습니다. 여기서 좀 더 타이트하게 정렬하고 싶다면 Q-안티플램 값을 증가시켜 간격을 줄입니다.

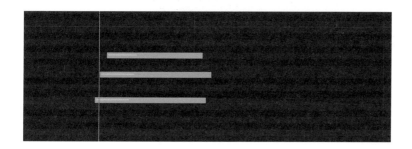

음계 퀀타이즈

피아노 롤 인스펙터에는 스케일을 정렬할 수 있는 음계 퀀타이즈를 제공합니다. 메이저 곡을 마이너로 바꿔보거나 키를 바꿔보는 등의 다양한 실험이 가능하며, 메인 트랙을 복사하여 하모니를 만들 때 많이 사용합니다.

벨로시티

벨로시티 슬라이더는 선택한 노트의 벨로시티를 증가시킵니다. 벨로시티는 연주 세기를 말하는 것으로 0에서 127까지의 범위를 갖고, 127을 넘지는 않습니다.

Lesson 03

컨트롤 정보

미디는 노트 외에 서스테인 페달, 모듈레이션, 피치 벤드 등의 컨트롤 정보가 함께 기록되며, 서툴게 입력된 노트를 편집하듯이 컨트롤 정보 또한 자유롭게 편집할 수 있습니다. 노트가 입력되어 있는 리전은 가로 흰색 라인으로 표시가 되듯이 컨트롤 정보가 입력되어 있으면 회색 세로줄로 표시가 되며, 노트와 마찬가지로 피아노 롤에서 편집할 수 있습니다.

ㅣ 오토메이션 도구

01 피아노 롤 메뉴 바의 오토메이션 보기 버튼을 클릭하면 작업 공간 아래쪽에 건반을 연주하면서 밟은 서스테인 페달을 비롯하여 모듈레이션 및 피치 벤드 휠의 움직임을 기록한 모든 컨트롤 정보를 볼 수 있는 오토메이션/MIDI 창이 열립니다.

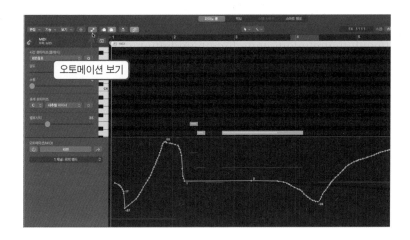

02 오토메이션/MIDI 창은 ① On/Off 버튼, 리전 및 트랙 오토메이션을 선택하는 ② 전환 버튼, 기록되어 있는 오토메이션을 순차적으로 선택할 수 있는 ③ 순환 버튼, 그리고 오토메이션을 선택할 수 있는 ④ 메뉴로 구성되어 있으며, 오른쪽에는 선택한 ⑤ 컨트롤 정보를 표시합니다.

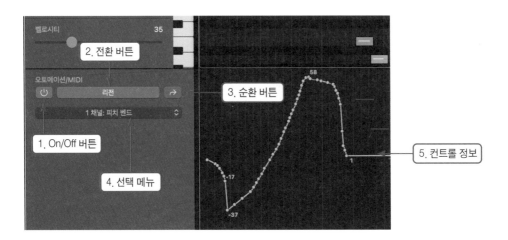

03 메뉴를 클릭하면 아래쪽에서 ① 사용됨 목록을 볼 수 있습니다. 리전에 기록되어 있는 컨트롤 정보 목록이며 ② 순환 버튼을 클릭할 때 마다 이 목록을 순서대로 선택합니다. 그러므로 많은 정보가 기록되어 있는 경우라면 목록에서 직접 선택하는 것이 빠릅니다.

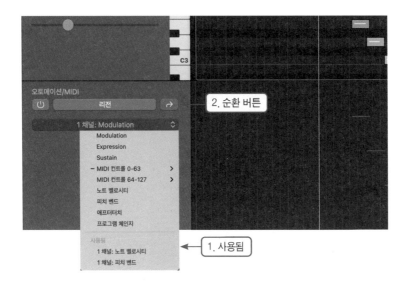

04 미디 컨트롤 정보는 포인트를 드래그하여 값을 수정하거나 라인을 클릭하여 포인트를 추가하는 등의 편집 작업이 가능합니다.

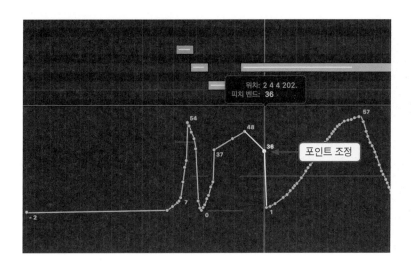

05 미디 컨트롤 정보는 원하는 범위를 선택하고, 드래그 또는 Option 키를 누른 상태로 드래그하여 이동하거나 복사할 수 있습니다. 삭제할 때는 백스페이스 키를 누릅니다.

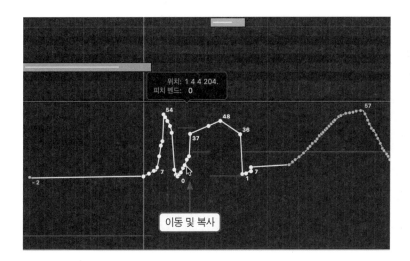

06 노트를 마우스로 입력하듯이 미디 컨트롤 정보 역시 연필 도구를 이용하여 그림을 그리듯이 마우스로 입력할 수 있습니다.

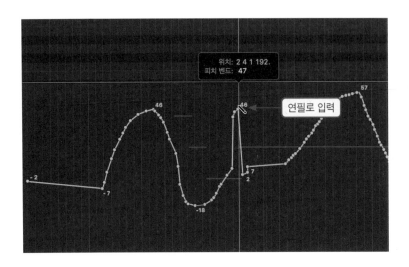

07 피아노 롤은 컨트롤 정보 선택하고 이동 및 복사 등의 작업을 할 수 있는 오토메이션 선택 도구와 컨트롤 정보 라인을 곡선 타입으로 편집할 수 있는 오토메이션 커브 도구를 제공합니다.

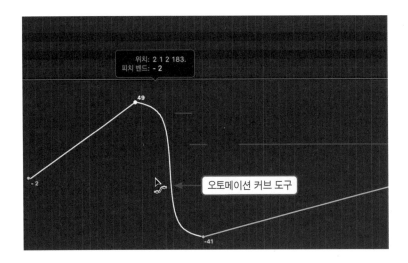

| 미디 목록

입문자를 위한 본서에서 미디 컨트롤 정보를 모두 살펴보는 것은 큰 의미가 없습니다. 오토메이션 메뉴에서 기본적으로 제공되는 MIDI 목록의 Modulation, Expression, Sustain, 피치 벤드, 애프터터치 정보만 살펴보겠습니다. 채널 정보는 악기 제어보다 악보를 만들 때 주로 사용하며, 볼륨과 패닝은 트랙 오토메이션으로 제어하는 경우가 대부분입니다.

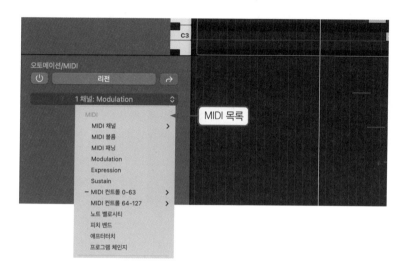

● 모듈레이션(Modulation)

악기의 모듈레이션 휠을 제어합니다. 악기마다 차이는 있지만, 대부분 비브라토 효과를 만듭니다.

● 익스프레션(Expression)

익스프레션은 상대적인 볼륨 값을 말합니다. 여기서 상대적인 볼륨 값이란 트랙 볼륨 값을 최대값으로 하는 볼륨 값을 말합니다. 즉, 트랙 볼륨이 -12dB이고, 익스프레션이 최대 값 127이라면, 귀에 들리는 것은 실제로 -12dB입니다. 이러한 익스프레션은 바이올린이나 트럼펫과 같은 악기의 특징인 연주 중에 미세하게 변하는 볼륨 값을 표현하거나 점점 세게(Crescendo) 또는 점점 여리게(Decrescendo)와 같은 연주의 셈 여림을 표현할 때 많이 사용합니다.

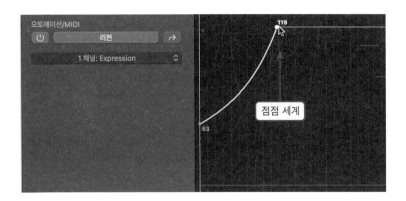

● 서스테인(Sustain)

피아노의 서스테인 페달을 제어합니다. 페달은 밟았을 때의 값은 64에서 127까지이고, 페달은 떼었을 때의 값은 0에서 63까지의 범위에서 아무 값이나 사용해도 되지만, 일반적으로 밟았을 때는 127, 떼었을 때는 0으로 입력합니다. 어설프게 입력된 피아노 서스테인 페달은 편집할 때도 필요하지만, Guitar 주법을 만들 때도 많이 사용합니다.

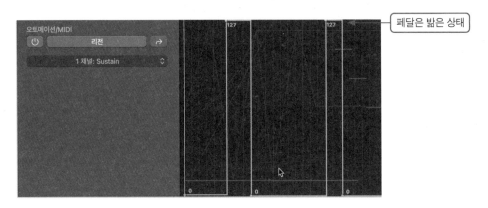

● 피치 벤드

악기의 피치 벤드 휠을 제어합니다. 0은 피치 휠을 움직이지 않은 상태이고, 63이 최대로 올린 상태, -64가 최대로 내린 상태의 값입니다. 일반적으로 온 음 범위로 컨트롤되지만, 악기에서 옥타브로 설정한 경우에는 한 옥타브 범위로 컨트롤 됩니다. 피치 범위 설정 방법은 악기마다 차이가 있으며, 로직의 대표적인 Sampler의 경우에는 Mod Matrix에서 설정할 수 있습니다.

Sampler의 관한 자세한 학습은 〈로직 프로 레벨-업〉 서적을 참조하기 바랍니다.

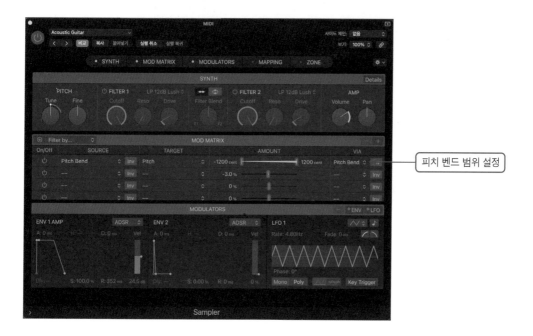

피치 벤드 범위 설정

● 애프터터치

애프터터치란 건반을 누른 상태에서 다시 한번 힘을 주어 건반을 누르는 행위를 말하는 것으로 음색이 변조되거나 비브라토가 걸리는 등의 효과가 연출됩니다. 다만, 저가의 마스터 건반에서는 애프터터치 기능을 지원하지 않는 경우가 많기 때문에 실시간 녹음이 어려울 수 있는데, 마우스로 입력하여 악기에 애프터터치 정보를 전송할 수 있습니다. 애프터터치 정보로 제어되는 효과는 악기마다 다르며, Smapler와 같이 사용자가 원하는 효과를 지정할 수 있는 경우도 있습니다.

| 미디 컨트롤러 사용하기

01 미디 컨트롤 정보는 트랙에서도 제어할 수 있습니다. 트랙 메뉴 바의 ① 오토메이션 버튼을 클릭하여 열고, 트랙의 ② 전환 버튼을 클릭하여 리전으로 바꾸면 됩니다. 컨트롤 정보는 ③ 파라미터 메뉴에서 선택합니다.

02 마스터 건반의 컨트롤러를 이용하여 악기 파라미터를 제어하는 것도 가능합니다. Logic Pro 메뉴의 컨트롤 서피스에서 컨트롤 할당을 선택합니다.

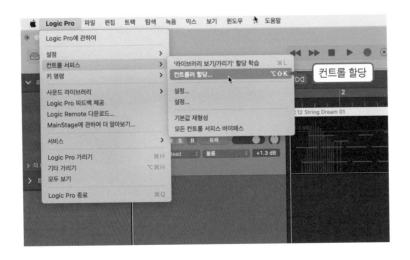

03 컨트롤 할당 창이 열리면 학습 버튼을 클릭하여 On으로 합니다.

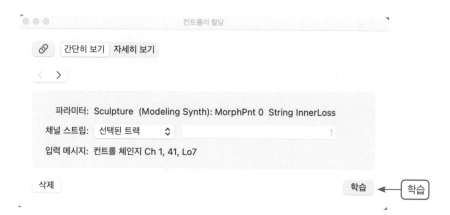

04 악기에서 제어할 ① 파라미터를 선택하고, 마스터 건반의 ② 슬라이더 및 노브를 움직여 인식시킵니다. 그러면 해당 컨트롤러를 이용하여 악기 파라미터를 제어할 수 있고, 오토메이션 정보로 기록하거나 편집할 수 있습니다.

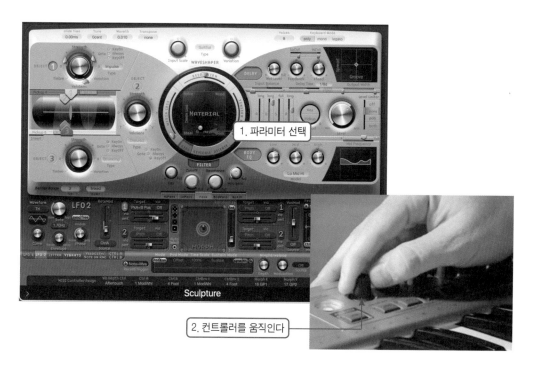

믹싱과 마스터링

믹싱
마스터링

SECTION 01

믹싱

믹싱은 또 하나의 창작 작업이기 때문에 정해진 규칙은 없습니다. 다만, 입문자에게 "마음 대로 해라"는 너무나 막연한 말이기 때문에 어느 정도 가이드라인이 필요할 것이라 생각합니다. 믹싱의 일반적인 작업 과정을 따라하면서 기본을 익히고, 자신만의 스타일을 완성할 수 있기를 바랍니다.

믹싱 준비하기

드럼, 베이스, 기타, 건반, 보컬 등의 트랙을 만들면서 채널 스트립의 볼륨이나 펜 또는 이펙트 설정을 조정했을 것입니다. 로직의 믹서는 곡 작업에 사용되고 있는 모든 트랙의 채널 스트립을 한 화면에서 컨트롤할 수 있도록 제공되고 있는 창이며, 콘솔 또는 믹스콘솔로 부르는 경우도 있습니다.

| 믹서 열기

01 로직의 믹서는 스튜디오 또는 방송국에서 볼 수 있는 하드웨어 믹서를 소프트웨어로 구현하고 있는 것입니다. 무한에 가까운 채널 수나 자유로운 이펙트의 사용은 이미 하드웨어를 앞서고 있기 때문에 로직 하나면 대형 스튜디오에서나 가능한 작업을 책상 위에서 해 낼 수 있습니다.

02 믹서는 컨트롤 막대의 ① 믹서 열기 버튼을 클릭하거나 단축키 X를 눌러 프로젝트 아래쪽에 열 수 있습니다. 창의 크기는 ② 경계선을 드래그하여 조정할 수 있습니다.

03 두 대의 모니터를 사용하는 경우에는 믹서를 별도의 창으로 열어 놓고 작업하는 경우가 많습니다. 믹서를 별도의 창을 열려면 윈도우 메뉴에서 믹서 열기를 선택하거나 Command+2 키를 누릅니다.

04 믹서의 트랙은 메인 창의 트랙이 가로로 배열되어 있다고 보면 됩니다. 왼쪽의 1번 채널이 메인 창 위쪽의 1번 트랙입니다. 트랙은 이름 항목을 클릭하여 선택하며, 선택된 채널은 밝은 색으로 표시됩니다.

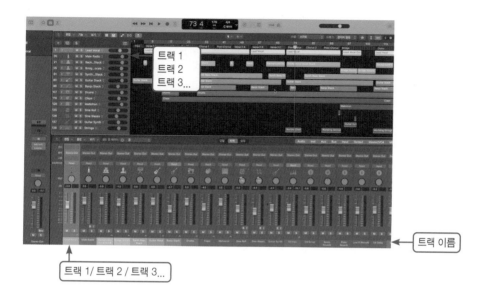

트랙 이름

트랙 1 / 트랙 2 / 트랙 3...

05 믹서의 트랙은 3가지 타입으로 표시할 수 있습니다. 기본적으로 선택되어 있는 트랙은 Audio, Instruments, MIDI 등, 메인 창에서 생성한 트랙과 Input, Aux, Bus 트랙, 그리고 Stereo Out과 Master로 전체적인 아웃 라인을 표시합니다.

보기 버튼

06 단일은 선택한 트랙의 아웃 라인만 표시합니다. 많은 트랙을 사용하는 경우에는 자기가 만든 곡이지만, 어떻게 구성했는지 헷갈릴 때가 있습니다. 이때 특정 트랙의 아웃 라인을 확인하거나 컨트롤하고 싶을 때 선택합니다.

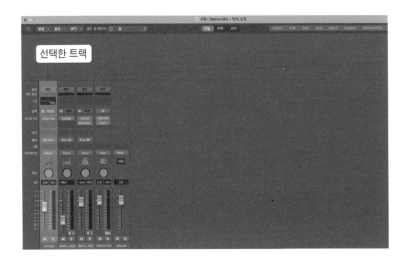

07 모두는 Prelisten, Click 채널을 포함하여 프로젝트에서 사용할 수 있는 모든 트랙을 표시합니다. 단일과 모두는 필요한 경우에만 잠깐 열어보는 용도이며, 실제 믹싱 작업은 트랙 보기 상태로 진행합니다.

08 오른쪽의 Audio, Inst, Aux, Bus 등으로 표기되어 있는 ① 필터 버튼은 많은 트랙을 사용하고 있을 때 해당 유형의 채널을 화면에서 감추거나 표시하는 역할을 합니다. Option 키를 누른 상태로 클릭하면 해당 유형만 표시할 수 있습니다. 오른쪽 끝에 두 개의 버튼은 트랙을 ② 좁게 또는 넓게 표시하는 역할을 합니다.

09 각각의 채널은 인스펙터 창의 채널 스트립과 동일한 구성이며, 역할도 같습니다. 믹서에서 볼륨을 조정해보면, 인스펙터 창의 볼륨 슬라이더가 함께 움직이는 것을 확인할 수 있습니다.

│ 오디오 가져오기

01 나중에 어느 정도 실력이 되면 믹싱을 의뢰 받아 진행할 수도 있습니다. 이때 의뢰인의 작업 툴이 로직이 아니라면 모든 트랙을 오디오 파일로 받습니다. 그리고 의뢰인이 보내준 오디오 파일을 Command+A 키를 눌러 모두 선택하고 프로젝트로 드래그하여 가져다 놓습니다.

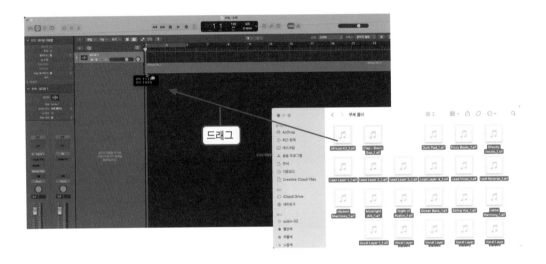

02 트랙 생성 방법을 묻는 창이 열립니다. 새로운 프로젝트를 만들어 진행하는 것이므로 새로운 트랙 생성이나 기존 트랙 사용 중에서 아무거나 선택해도 좋습니다.

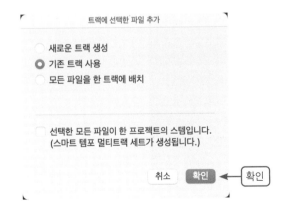

03 의뢰인이 작업한 오디오 파일의 샘플률이 프로젝트와 다른 경우에는 프로젝트를 오디오에 맞출 것인지, 오디오를 변환할 것인지를 묻는 창이 열립니다. 낮은 샘플을 높은 샘플로 변환하는 것은 아무 의미가 없으므로 프로젝트 변경을 선택합니다.

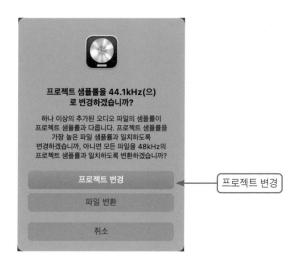

04 트랙은 파일 이름으로 생성됩니다. 파일 메뉴의 저장을 선택하거나 Commad+S 키를 눌러 저장하고 믹싱 작업을 진행할 준비를 마칩니다.

05 의뢰인에 따라 트랙을 오디오 파일로 바운싱하지 않고, 작업 폴더를 그대로 보내주는 경우도 있습니다. 이때는 의뢰인에게 템포 값을 묻고, 여기에 맞추어 정렬해야 하는 수고가 필요합니다. 파일 메뉴의 프로젝트 설정에서 동기화를 선택합니다.

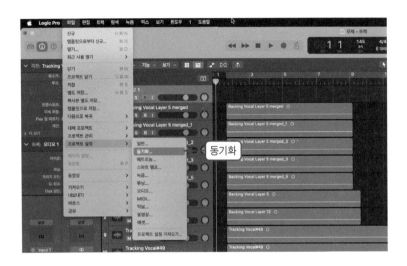

06 로직의 기본 프레임률은 유럽 방송 규격인 25fps로 설정되어 있습니다. 하지만, 다른 프로그램의 대부분은 국내 및 미국 방송 규격인 29.97pfs로 설정되어 있으므로, 프레임률을 29.97fps로 변경합니다. 의뢰인에게 정확한 프레임률을 물어볼 수 있으면 좋습니다.

07 로직은 템포를 감지할 수 있는 BPM Counter 플러그인을 제공하고 있지만, 이것 역시 의뢰인에게 직접 물어보는 것이 좋습니다. 그리고 디스플레이의 템포 항목을 더블 클릭하여 입력합니다.

08 Command+A 키를 눌러 모든 리전을 선택합니다. 그리고 마우스 오른쪽 버튼을 클릭하여 단축 메뉴를 열고, 이동의 녹음된 위치로 이동을 선택하면 리전에 생성되었던 위치에 맞추어 정렬되는 것을 확인할 수 있습니다.

트랙 정리하기

01 의뢰 받은 오디오 파일의 이름만으로는 트랙을 구분하기 힘들기 때문에 자신만의 스타일로 정리하는 것이 좋습니다. 일단, 작업 폴더를 받아 정렬한 경우라면 리전마다 트랙을 만들기 때문에 같은 이름의 리전을 이동시켜 하나의 트랙으로 정리할 필요가 있습니다. 이때 ① Shift 키를 누른 상태로 이동을 해야 실수로 위치가 바뀌는 것을 방지할 수 있습니다. 정리 후, 빈 트랙은 ② 백스페이스 키를 눌러 삭제합니다. 바운싱된 파일을 받은 경우라면 이 과정은 필요 없습니다.

02 리전 정리가 끝나면 드럼, 기타, 건반 등 같은 부류의 악기 트랙을 ① 드래그하여 정리합니다. 필요하다면 ② 이름 항목을 더블 클릭하여 자신이 구분하기 쉽게 변경합니다.

03 드럼은 빨간색, 보컬은 노란색 등 트랙을 색상으로 구분할 수 있게 해 놓은 것도 작업 효율을 높일 수 있는 방법입니다. Logic Por 메뉴의 환경설정에서 표시를 선택합니다.

04 ① 트랙 탭을 클릭하여 열고, 리전 색상 항목을 트랙 색상 사용으로 변경합니다. ② 리전의 색상을 트랙 색상과 일치되도록 하는 것입니다.

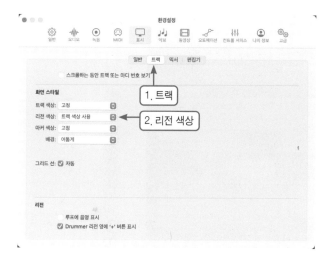

05 드럼, 보컬 등 같은 계열의 트랙을 ① Shift 키를 누른 상태로 선택합니다. 그리고 마우스 오른쪽 버튼을 클릭하여 단축 메뉴를 열고 ② 트랙 색상 할당을 선택합니다.

1. Shift 키로 선택

2. 트랙 색상 할당

06 색상 팔레트가 열리면 원하는 색상을 선택하여 트랙과 리전 색상을 변경합니다. 같은 과정을 반복하여 드럼, 기타, 베이스, 보컬 등의 트랙 유형을 색상으로 구분할 수 있게 합니다.

색상 선택

07 자신만의 트랙 색상이 정립된 상태라면 색상만으로 충분하지만, 그렇지 않은 경우라면 트랙을 좀 더 쉽게 구분할 수 있는 아이콘을 만들어 놓은 것도 좋습니다. 트랙의 아이콘 표시 부분을 마우스 오른쪽 버튼으로 클릭하여 창을 열고, 원하는 아이콘을 선택합니다.

08 ① 글로벌 트랙 보기 버튼을 클릭하여 글로벌 트랙을 열고, 스페이스 바 키를 눌러 곡을 모니터하면서 세션별로 ② 마커 생성 버튼을 클릭합니다. 대부분의 가요는 8마디 또는 16마디 단위로 세션이 구분됩니다. 생성된 ③ 마커의 이름은 더블 클릭하여 변경할 수 있는데, 꼭 정식 명칭을 사용할 필요는 없습니다. 자신만 알아볼 수 있으면 됩니다.

Lesson 02

볼륨과 팬 조정하기

믹싱은 볼륨과 팬을 컨트롤하는 것에서부터 시작합니다. 이미 곡을 만들면서 볼륨과 팬을 조정했기 때문에 필요 없다고 생각할 수 있지만, 자동차 광을 한번 낸 것과 두 번 낸 것은 분명한 차이가 있으므로 전체적으로 다시 한 번 점검한다고 생각합니다. 단, 음악을 완성한 후에 몇 일 텀을 두고, 마치 다른 사람의 곡을 의뢰 받아 진행한다는 마음으로 접근하면 좋습니다.

┃ 레벨 조정하기

믹싱의 시작은 볼륨 밸런스이며, 가장 기본적인 요소입니다. 물론, 믹싱 이전에 편곡과 레코딩이 잘 되어 있어야 하지만, 이는 당연한 얘기이므로 이론적인 내용은 생략합니다. 하지만, 자신이 만든 곡이 아니라면 믹싱을 하기전에 최소한 악기 편성이 어떻게 되어 있는지, 같은 주파수 대역에서 연주되는 악기는 어떤 것들이 있는지 정도는 파악을 해야 합니다.

악기의 구성이 정리되면 베이스와 드럼 같은 리듬악기, 패드와 스트링 같은 백그라운드 악기, 솔로 및 리드 악기, 그리고 보컬과 코러스 등으로 그룹을 나눕니다.

그룹을 나눈 후에는 각 그룹마다 악기의 거리감을 결정합니다. 가까운 거리의 소리는 크게 들리고, 멀면 작게 들립니다. 즉, 악기의 거리감을 결정하는 것은 레벨이며, 믹싱의 3대 요소인 〈높이, 넓이, 깊이〉 중에서 깊이를 조정하는 것입니다.

곡의 깊이를 어느 정도로 할 것인지는 음악 장르나 악기 수에 따라 천차만별이기 때문에 정해진 규칙은 없지만, 일반적으로 3-5단계로 하며, 각 단계의 레벨차는 -3dB 정도입니다. 즉, 가장 전면에 배치되는 킥과 베이스 또는 보컬을 기준으로 가장 후면에 배치되는 악기가 -9dB에서 -15dB 정도 작아지는 것입니다.

여기서 가장 큰 문제는 믹서의 레벨 미터에 표시되는 볼륨과 사람이 인지하는 볼륨에 차이가 있으며, 주파수 대역마다 다르다는 것입니다. 특히, 개인의 취향에 따라 완전히 다른 견해를 가지고 있기 때문에 믹싱을 이론적으로 접근하는 것은 불가능하며, 오랜 훈련과 경험으로 익혀야 하는 창작 분야로 간주됩니다. 결국, 무작정 해보는 수밖에 없는데, 입문자에게 이것보다 무성의한 조언은 없을 것입니다.

본서는 자신만의 노하우가 생기길 때까지 믹싱 연습을 할 수 있는 가이드 라인이 필요한 입문자를 위해 대부분의 엔지니어들이 접근하는 방법으로 최소한의 기준을 제시하겠습니다.

레코딩 레벨은 -6dB에서 -3dB 정도의 헤드룸을 가질 수 있게 하라고 했던 사람이 필자입니다. 알고 그러는 건지, 모르고 그러는 건지는 알 수 없지만, 이 기준은 잘못된 것이며, 누가 이런 기준을 정했냐고 욕을 하는 유튜브 영상이 많다는 것을 알고 있습니다. 그러나 입문자들에게 최소한의 가이드 라인이 필요하다는 생각에는 변함이 없기 때문에 또 한 번 욕먹을 각오를 하며, 믹싱 레벨의 기준을 제시하도록 하겠습니다.

믹싱 레벨을 결정할 때 기준이 되는 악기는 음악 장르나 개인마다 차이가 있지만, 대부분은 가장 전면에 배치되는 킥 드럼이나 베이스 또는 보컬이나 리드 악기입니다. 그 중에서 가장 많이 선택하는 것이 킥 드럼입니다. 즉, 킥 드럼을 기준으로 하여 나머지 악기를 조정하는 것인데, 기준이 되는 킥 드럼을 -15dB에서 -12dB 정도로 제시합니다.

이 기준의 최종 목적은 전체 마스터 레벨이 -6dB에서 -3dB 정도의 헤드룸을 갖게 하는 것입니다. 마스터 레벨에서 이 정도의 헤드룸을 갖게 하는 것은 마스터링 작업을 할 수 있는 여유를 확보하기 위한 것입니다. 믹싱 단계에서 0dB을 꽉 채우면 마스터링 작업을 할 때 매우 어렵습니다.

01 X 키를 눌러 믹서 창을 열고, 오른쪽 끝에 있는 Stereo Out과 Master 트랙을 제외한 모든 트랙의 이름 항목을 드래그하여 선택합니다. 그리고 볼륨 슬라이더를 내립니다.

모든 트랙의 볼륨을 내림

02 Kick 트랙의 볼륨을 -15dB에서 -12dB 정도로 올립니다. 보통 트랙이 적으면 -12dB 정도로 하고, 많으면 -15dB 정도로 합니다.

Klck을 -15dB 또는 -12 dB로 설정

03 킥 드럼을 기준으로 나머지 트랙의 볼륨 슬라이더를 조금씩 올립니다. 드럼 트랙을 완성하고, 베이스, 보컬 순으로 가장 전면에 배치되는 악기를 먼저 결정하는 것이 일반적입니다.

Kick을 기준으로 나머지
트랙의 볼륨 하나씩 올림

04 모든 트랙의 볼륨 조정이 끝나면 Stereo Out 트랙이 -6dB에서 -3dB 정도의 헤드룸을 가질 수 있게 전체 트랙을 다시 선택하여 한번 더 조정합니다.

마스터 트랙이
-3dB에서 -6dB 정도가
되게 전체 트랙을 조정

┃ 팬 조정하기

믹싱의 3대 요소는 <높이, 넓이, 깊이>라고 했습니다. 레벨로 깊이가 결정되었다면 두 번째 작업은 팬으로 넓이를 결정하는 것입니다.

팬 컨트롤의 기본 목적은 중앙에 배치되는 보컬과 같은 주파수 대역에서 연주되는 악기를 좌/우로 이동시켜 음의 명료도를 향상시키는 것입니다. 가수마다 음역은 다르지만, 일반적으로 남성은 110Hz-350Hz이고, 여성은 180Hz-520Hz 범위인데, 대부분의 악기가 이 주파수 대역에서 연주됩니다. 결국, 킥과 베이스, 그리고 전주와 간주에서 연주되는 리드 악기 등을 제외한 모든 트랙은 팬을 조정하여 좌/우로 배치해야 한다는 것입니다.

01 팬은 볼륨 페이더 위쪽에 동그란 노브를 드래그하여 조정합니다. 마우스를 위로 드래그하면 오른쪽으로 돌아가며, 사운드가 오른쪽에서 들리고, 밑으로 내리면 왼쪽으로 돌아가며, 왼쪽에서 들리게 됩니다. Option 키를 누른 상태로 클릭하면 중앙으로 복구할 수 있습니다.

02 팬을 조정할 때 한 가지 주의할 사항은 팬은 사운드 자체를 좌/우로 이동시키는 것이 아니라 반대편 채널의 볼륨을 줄여 밸런스를 조정하는 것입니다. 모노 소스의 경우에는 좌/우 소리가 똑같기 때문에 기본 설정의 밸런스 모드 그대로 사용해도 상관없지만, 드럼의 오버헤드나 피아노와 같이 좌/우가 다른 스테레오 소스는 어느 한쪽 사운드가 소멸되는 결과를 만드는 것입니다. 그러므로 스테레오 소스 채널은 팬 노브에서 마우스 오른쪽 버튼을 클릭하여 단축 메뉴를 열고, 스테레오 패닝으로 모드를 변경하여 사용합니다.

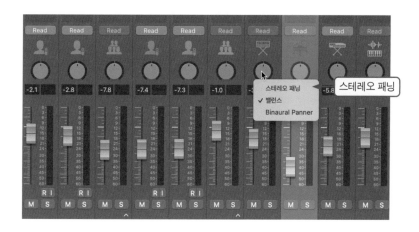

03 스테레오 모드로 설정하면 좌/우 밸런스와 폭을 동시에 조정할 수 있습니다. 노브 테두리에 노란색으로 표시되는 핸들을 드래그하여 폭을 조정합니다.

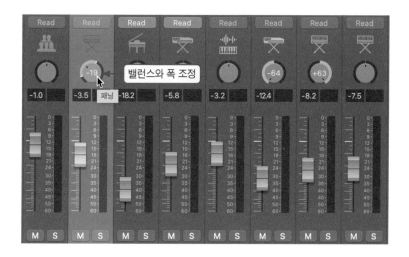

04 팬을 조정할 때 또 한가지 주의해야 할 사항은 관객 입장에서 접근하고 있는 것인지, 연주자 입장에서 접근하고 있는지를 의식해야 한다는 것입니다. 드럼을 예로 들면 연주자 입장에서 하이 햇은 왼쪽에 위치하고, 탐은 왼쪽에서 오른쪽으로 이동합니다.

연주자 입장의 하이햇 위치

05 하지만, 관객 입장에서는 하이햇이 오른쪽에 위치하게 됩니다. 이것은 오케스트라 편성에서 도 마찬가지 입니다. 물론, 중요한 사항은 아니지만, 이것을 의식하고 있는 것과 그렇지 않은 패닝 작업은 믹싱 결과에서 큰 차이가 납니다.

관객 입장의 하이햇 위치

모노 채널의 Pan이나 스테레오 채널의 밸런스 모드는 반대편 채널의 볼륨을 줄이는 방식이라고 했습니다. 즉, 팬을 완전히 돌렸을 때 볼륨이 반으로 줄어들게 됩니다. 레벨로는 -3dB인데, 볼륨이 작아지면 사운드가 뒤로 물러나는 문제가 발생합니다. 그래서 로직은 기본적으로 팬을 완전히 돌렸을 때 +3dB을 보상하여 밸런스가 무너지지 않게 합니다.

이렇게 팬을 돌렸을 때 레벨을 유지할 수 있게 하는 기능이 Pan Law이며, DAW 프로그램마다 기본 설정이 다릅니다. 본인이 만든 음악을 믹싱할 때는 아무런 문제가 없지만, 다른 프로그램에서 작업한 음악을 로직에서 불러오면 입체감이 완전히 달라지는 것입니다. 그래서 서로 다른 프로그램을 사용하는 친구들과 공동 작업을 할 때는 사전에 Pan Law 값을 통일시켜야 하며, 개인 작업이라도 스피커의 특성이나 공간에 따라 다르기 때문에 팬을 돌렸을 때 악기가 뒤로 밀리는 느낌이 있다면 Pan Law의 기본설정 값을 바꾸는 것이 좋습니다.

파일 메뉴의 프로젝트 설정에서 오디오를 선택하여 창을 열면 패닝 규칙을 설정할 수 있는 항목이 있습니다. 목록은 가운데 레벨을 -3dB, -4.5dB, -6dB 내리는 것과 좌/우 레벨을 올리는 -3dB, -4.5dB, -6dB 보정됨이 있습니다. 스테레오 밸런서에 패닝 규칙 보정 적용 옵션을 체크하면 스테레오 채널의 밸런스 모드에서도 패닝 규칙 설정을 적용할 수 있는데, 스테레오 소스는 좌/우 채널이 다르기 때문에 믹싱을 할 때는 해제하는 것이 좋습니다.

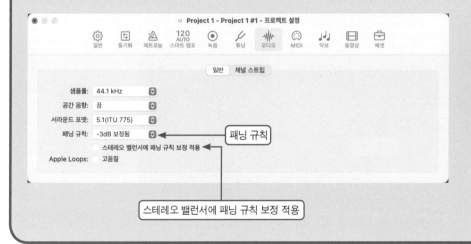

패닝 규칙

스테레오 밸런서에 패닝 규칙 보정 적용

그룹 사용하기

01 트랙의 볼륨과 팬을 개별적으로 조정한 다음에는 드럼, 기타, 보컬 등을 그룹으로 묶어서 한 꺼번에 조정되게 하는 것이 편리합니다. 그룹으로 묶을 트랙을 마우스 드래그로 선택하고, 그룹 슬롯에서 1 그룹: (신규)를 선택합니다.

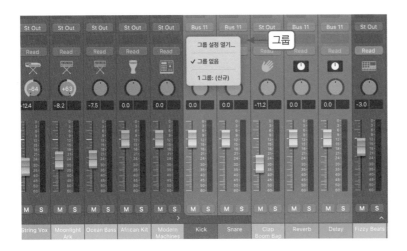

02 그룹 인스펙터 창의 이름 항목에 그룹 이름을 입력합니다. 1로 표시되던 그룹 이름은 입력 한 이름으로 표시되며, 해당 그룹의 볼륨과 팬은 하나의 트랙만 움직여도 모두 함께 조정됩니다.

03 볼륨과 팬 외에 함께 조정되게 하고 싶은 컨트롤러가 있다면 그룹 인스펙터 창의 설정 버튼을 클릭하여 열고, 원하는 컨트롤러 옵션을 체크합니다.

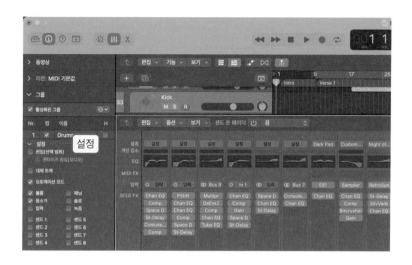

04 일시적으로 그룹을 해제하고 하나의 트랙만 컨트롤할 필요가 있을 경우에는 그룹 인스펙터 창의 활성화된 그룹 옵션을 해제합니다. 2개 이상의 그룹에서 특정 그룹만 해제할 때는 그룹 이름 왼쪽에 켬 옵션을 해제하여 비활성화 합니다.

이퀄라이저

볼륨과 팬으로 사운드의 깊이와 넓이를 조정했다면 나머지 높이를 조정할 차례입니다. 이때
사용되는 장치가 EQ라고 불리는 이퀄라이저(Equalizer)입니다. 이퀄라이저는 음색을 디자인
할 수 있는 음향 지식과 경험이 필요한 어려운 장치입니다. 입문자는 마이크와 오디오 인터페
이스를 통해 입력되는 과정에서 발생하는 사운드의 손실을 보충하거나 잡음을 제거하는 목적
의 기술적인 접근으로 시작하는 것이 좋습니다.

| EQ의 이해

음악을 하는 사람들은 소리의 높낮이를 도, 레, 미...의 12음계로 구분합니다. 하지만, 실제 소리는
도와 도# 사이에도 존재할 것이며, 수 십단계로 구분될 수 있습니다. 그래서 음향 엔지니어들은 소
리의 높낮이를 좀 더 세분화해서 표시할 수 있는 헤르츠(Hz)라는 단위를 사용하며, 소리의 높낮
이를 숫자로 구분하는데, 이것을 주파수라고 부릅니다. 악기 조율기를 보면 440Hz라는 표기가 있

습니다. 이것은 국제 표준의 A3
음을 의미하는 것인데, 이를 주
파수로 표시하고 있는 것만 보아
도 음향 장비에서 얼마나 흔하게
사용하고 있는 단위인지를 알 수
있습니다.

주파수

EQ는 소리의 높낮이를 의미하는 주파수의 레벨을 증가시키거나 감소시키는 장치입니다. 즉, 그림에서와 같이 440Hz를 올리면 해당 트랙에서 연주되고 있는 악기의 A3음 레벨이 증가되는 것이며, 반대로 440Hz를 내리면 A3음의 레벨이 감소됩니다.

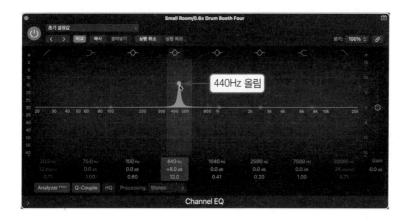

일반적으로 저음이 많으면 음이 풍성해지지만 심하면 둔하게 느껴지고, 반대로 저음이 적으면 음이 선명하게 들리지만 심하면 얇게 들릴 수 있습니다. 또한 고음이 많으면 음이 밝지만, 너무 많으면 거칠고, 반대로 고음이 적으면 음이 부드럽게 들리지만 심하면 어둡게 들릴 수 있습니다. 즉, EQ를 이용하면 사운드를 풍성하게, 둔하게, 선명하게, 얇게, 밝게, 거칠게, 부드럽게, 어둡게 만들수 있다는 의미입니다. 하지만, EQ를 이렇게 음향적으로 접근하는 것은 입문자에게 버겁습니다. 입문자는 녹음 과정에서 손실된 사운드를 보충하거나 녹음 중에 유입된 잡음을 제거하는 등의 기술적인 접근으로 시작하는 것이 좋습니다.

사실 입문자는 절대 음감을 가지고 있지 않는 한 녹음된 사운드가 원음과 비교했을 때 어느 주파수 대역이 많고, 어느 주파수 대역이 적은지를 파악하는 것조차 어렵고, 주파수가 파악되었다 하더라도 어느 정도의 폭으로 얼마나 조정해야 할지를 익히려면 정말 오랜 연습과 경험이 필요합니다. 그리고 기술적인 접근이 어느 정도 가능해지면 사운드의 높낮이 밸런스를 컨트롤하는 음향적인 접근을 시도합니다. 볼륨으로 사운드의 깊이를 조정하고, 팬으로 넓이를 조정하고, EQ로 높이를 조정하는 것입니다. 실제로 볼륨, 팬, EQ만 컨트롤이 가능하다면 믹싱은 거의 완성되었다고 보아도 좋을 만큼 중요한 사항입니다.

l EQ 타입

EQ는 설계 방식에 따라 특정 주파수 대역을 증/감하는 피킹 타입, 특정 주파수 대역 이상 또는 이하를 증/감하는 쉘빙 타입, 그리고 특정 주파수 대역 이상 또는 이하를 차단하는 필터 타입으로 구분합니다. 믹서의 EQ 항목을 더블 클릭하면 오디오 FX 슬롯에 기본적으로 장착되는 Channel EQ는 이 3가지 타입을 모두 갖추고 있습니다.

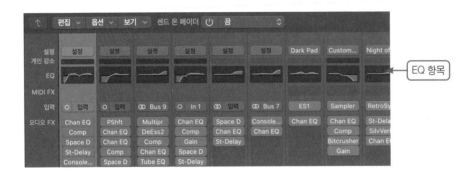

Channel EQ는 동시에 8군데의 주파수 대역을 조정할 수 있는 8밴드 EQ이며, 1번과 8번이 필터 타입이고, 2번과 7번이 쉘빙 타입, 그리고 나머지 3, 4, 5, 6번이 피킹 타입입니다.

● **쉘빙(Shelving) 타입**은 사용자가 지정한 주파수 이하 또는 이상을 증/감시키는 역할을 하며, 조정된 모양이 선반같다고 해서 부르게 된 명칭입니다. 그림은 쉘빙 타입의 2번과 7번 밴드를 올려본 것입니다. 결과적으로 2번 밴드 이하의 모든 저음과 7번 밴드 이상의 모든 고음이 증가됩니다. 반대로 내리면 2번 밴드 이하의 저음과 7번 밴드 이상의 고음이 감소됩니다.

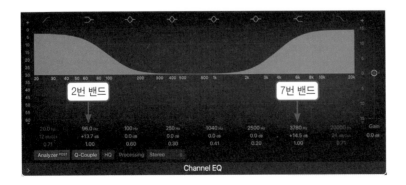

● **피킹(Peaking) 타입**은 사용자가 지정한 주파수 대역을 증/감하는 역할을 합니다. 조정된 모양이 봉우리 같다고 해서 부르게 된 명칭이며, 종을 닮았다고 해서 벨(Bell) 타입이라고도 합니다. 그림은 피킹 타입의 4번 밴드를 올려 본 것입니다. 조정하고 있는 주파수는 260Hz이며, 결과적으로 260Hz 대역의 음들이 증가된 것입니다. 반대로 내리면 감소됩니다.

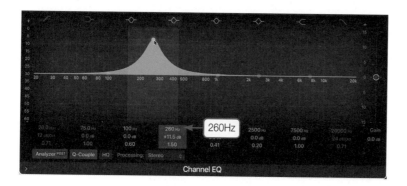

● **필터(Filter) 타입**은 사용자가 지정한 주파수 이하 또는 이상을 차단하는 역할을 합니다. 공기 청정기의 필터, 정수기의 필터와 같은 의미이며, 차단한다는 의미의 컷 필터(Cut Filter)라고도 하고, 나머지를 통과시킨다는 의미의 패스 필터(Pass Filter)라고도 합니다. 그리고 저음역을 차단하는 1번 밴드를 하이패스 필터(High Pass Filter) 또는 로우 컷 필터(Low Cut Filter), 고음역을 차단하는 8번 밴드를 로우패스 필터 또는 하이 컷 필터로 구분하기도 합니다.

로직의 Channel EQ는 기본적으로 1번과 8번 밴드가 Off되어 있는 상태로 로딩되며, 필터를 사용하고자 한다면 상단에 EQ 타입을 그림으로 표시하고 있는 전원 버튼을 클릭하여 On으로 해야 합니다. 그림은 1번 밴드를 On으로 하여 저음역을 차단하고 있는 모습입니다.

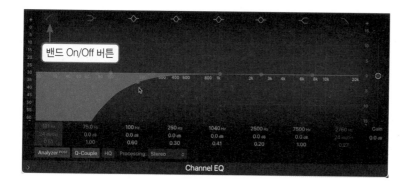

| EQ 파라미터

EQ를 컨트롤하기 위한 주요 파라미터는 중심 주파수를 결정하는 프리퀀시(Freq), 레벨을 조정하는 게인(Gain), 기울기(폭)을 조정하는 Q의 3가지입니다.

디스플레이에 마우스를 가져가면 각 밴드를 컨트롤할 수 있는 포인트가 보입니다. 이것을 좌/우로 드래그하여 조정할 주파수를 결정하고, 위/아래로 드래그하여 레벨을 증/감합니다. 그리고 휠을 돌려 폭(Q)을 조정합니다. 좀 더 정확한 값이 필요한 경우에는 아래쪽에 밴드의 조정 값을 표시하는 부분을 더블 클릭하여 입력합니다. 첫 번째 행은 주파수를 결정하는 FREQ, 두 번째 행은 레벨을 조정하는 Gain, 세 번째 행은 폭을 결정하는 Q입니다.

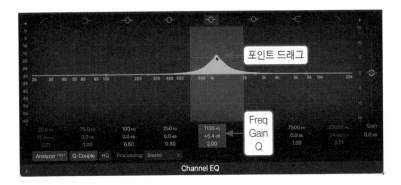

필터 타입의 1번과 8번 밴드의 두 번째 행은 기울기(Slope)를 결정합니다. Slope 항목을 드래그하여 옥타브 당 6dB, 12dB, 18dB, 24dB, 36dB, 48dB을 선택할 수 있으며, 값이 높을수록 기울기가 가팔라지고 차단률이 높아집니다. 단, 차단 주파수 주변 사운드의 왜곡률도 그 만큼 커집니다.

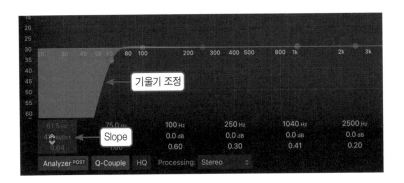

그 밖에 Channel EQ 파라미터의 역할은 다음과 같습니다.

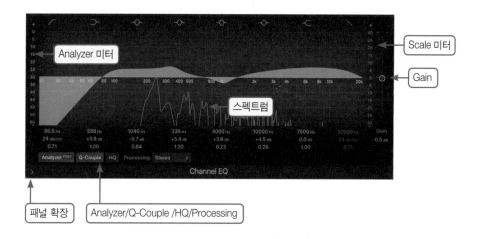

- **Analyzer** : 디스플레이 창에 입/출력 주파수 레벨을 확인할 수 있는 스펙트럼을 표시합니다. 버튼을 클릭하여 On/Off할 수 있으며, 오른쪽 상단에서 입력(Pre) 또는 출력(Post)을 선택할 수 있습니다. 마우스 오른쪽 버튼을 클릭하면 Analyzer 표시 방법을 Peak 또는 RMS 중에서 선택할 수 있으며, 해상도(low, medium, high)를 선택할 수 있는 메뉴가 열립니다.

- **Meter** : 스펙트럼의 표시 범위는 디스플레이 왼쪽의 Analyzer 미터를 드래그하거나 마우스 오른쪽 버튼을 클릭하여 조정할 수 있습니다. 패널 확장 버튼을 클릭하면 애널라이저의 감소 타임을 설정할 수 있는 Analyzer Decay 옵션이 보입니다. 오른쪽의 Scale 미터는 마우스 드래그로 EQ 곡선의 크기를 조정합니다. 마우스 오른쪽 버튼을 클릭하여 12dB, 30dB, 60dB로 선택할 수 있으며, Warped는 스케일이 아닌 로그(Log)로 표시되게 하는 것이고, Visualize Master Gain은 마스터 게인을 오버레이로 표시합니다.

- **Q-Couple** : EQ 게인을 변경할 때 Q 값이 자동으로 조정되게 합니다. 마우스 오른쪽 버튼을 클릭하면 게인을 조정할 때 대역폭이 비례적으로 조정되게 하는 Propertional 옵션, 허용 폭을 선택하는 Light, Medium, Strong 옵션, 그리고 게인을 내릴 때 대역폭을 더 가깝게 유지하는 Asym 옵션 선택할 수 있는 단축 메뉴가 열립니다.

- **HQ** : EQ로 인한 사운드 왜곡을 방지합니다. 특히, 5KHz 이상의 고음역에서 효과적입니다.

- **Gain** : EQ가 적용된 최종 출력 레벨을 조정하는 마스터 게인입니다.

- **Processing** : 스테레오 채널에서 왼쪽(Left Only)이나 오른쪽(Right Only) 또는 미드(Mid Only)나 사이드(Side Only) 채널만 처리할 수 있도록 합니다.

| EQ 조정

EQ는 불필요한 음을 제거하기 위한 목적과 음향적으로 주파수 밸런스를 보정하는 목적으로 사용될 수 있습니다. 입문자는 잡음, 공진음, 간섭음 등의 불필요한 음을 제거하는 목적으로 시작하는 것이 좋습니다.

01 잡음 제거 목적으로 사용하는 EQ를 서지컬(surgical) 이큐잉으로 구분하기도 하기도 하는데, 작업 요령은 포인트를 10dB 이상으로 올리고, 휠을 돌려 대역폭을 좁게 설정합니다. 그리고 포인트를 좌/우로 이동하면서 불필요한 음을 찾는 것입니다. 이때 클리핑이 발생한다면 Gain을 조금 줄입니다.

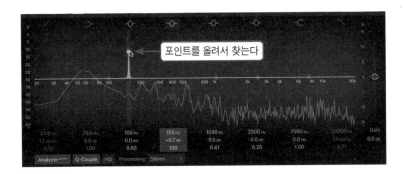

02 불필요한 음을 찾았다면 Command 키를 누른 상태로 사운드가 변하지 않는 지점까지 포인트를 내리거나 게인을 낮춥니다. 잡음 제거 목적으로 EQ를 사용할 때는 대역폭(Q)을 좁게 하는 것이 일반적이지만 필요하다면 휠을 돌려 조금씩 넓힙니다.

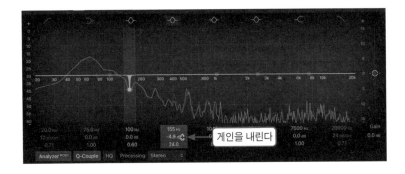

03 주파수 밸런스를 보정할 목적으로 사용할 때는 대역폭을 1oct 이상으로 넓게 설정하는 것이 좋습니다. 단, 이큐잉을 하기 전에 저음이 많은 것인지, 고음이 적은 것인지 등 음을 정확하게 파악할 수 있을 때까지 충분한 모니터 시간을 갖는 것이 좋습니다.

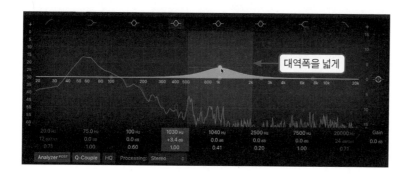

충분한 모니터로 사운드가 파악되면 500Hz 이하의 저음, 1KHz-4KHz 범위의 중음, 6KHz 이상의 고음역 정도로 나누어 접근합니다.

① 500Hz 이하
파워와 무게감을 결정합니다. 다만, 너무 크면 사운드가 답답하게 들리고 너무 작다면 얇게 들립니다. 즉, 사운드가 답답하다면 선명해질 때까지 줄여보고, 얇다면 따뜻하고 두꺼워질 때까지 올려보는 것입니다.

② 1-4KHz 대역
두께와 명료함을 결정합니다. 다만 너무 크면 사운드가 왜곡되고 너무 작다면 빈 소리가 납니다. 즉, 빈 소리가 난다면 사운드가 왜곡되지 않는 레벨까지 올려보고, 시끄럽게 들린다면 자연스럽고 부드러워질 때까지 내려보는 것입니다.

③ 6KHz 이상
밝기와 선명도를 결정합니다. 다만 너무 크면 보컬의 치찰음이나 악기 잡음이 증가하여 시끄럽게 들리고 작다면 둔하게 들립니다. 즉, 사운드가 귀를 자극하고 있다면 내려보고, 둔하고 답답하다면 선명해질 때까지 올려보는 것입니다.

컴프레서

음악 및 트랙의 가장 작은 소리에서 가장 큰 소리까지의 범위를 다이내믹 레인지(Dynamic Range)라고 하며, 이러한 다이내믹 레인지를 조정하는 장치 중에서 대표적인 것이 컴프레서 (Compressor)입니다. 레벨은 소리의 깊이를 결정하는 요소라고 했는데, 단순한 볼륨 컨트롤 만으로는 깊이를 완성할 수 없기 때문에 음악 믹싱 작업에서 컴프레서는 EQ와 함께 필수적으로 사용되고 있는 장치입니다.

| 컴프레서의 이해

컴프레서는 큰 소리를 줄여주는 장치입니다. 큰 소리를 줄이는 이유는 전체 볼륨을 높이기 위해서 입니다. 컴프레서는 방송국의 전송 신호를 제한하는 목적으로 개발되었고, 녹음 과정에서 발생할 수 있는 피크를 방지하기 위해 사용되었지만, 온라인 음악 시장으로 바뀌면서 볼륨을 올리기 위한 수단으로 사용되고 있습니다.

디지털 사운드의 최대 볼륨은 0dB입니다. 사용자가 만든 음악에서 레벨이 가장 작은 부분이 -15dB이고, 가장 큰 부분이 -3dB이라면, 전체 다이내믹 레인지는 -12dB이고, 볼륨은 최대 3dB 정도 올릴 수 있습니다. 이때 작은 소리도 함께 커지기 때문에 다이내믹 변화는 없습니다.

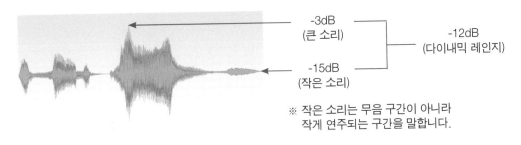

-3dB
(큰 소리)

-12dB
(다이내믹 레인지)

-15dB
(작은 소리)

※ 작은 소리는 무음 구간이 아니라 작게 연주되는 구간을 말합니다.

3dB 정도의 여유밖에 없는 음악을 6dB 정도 올려야 한다면 어떻게 해야 할까? 바로 컴프레서를 이용하는 것입니다. 컴프레서는 큰 소리를 줄여주는 장치이며, 사용자가 어느 정도 큰 소리를 얼만큼 줄일 것인지 지정할 수 있습니다.

예를 들어 -9dB 보다 큰 소리를 절반(2:1)으로 줄이도록 설정했다면 가장 큰 소리 -3dB은 -9dB 에서 절반에 해당하는 -6dB로 줄어들게 되므로, 음악 볼륨을 6dB 올릴 수 있게 되는 것입니다. 이때 가장 작은 소리는 -15dB이고, 가장 큰 소리가 -6dB로 줄었으니까 전체 다이내믹 레인지는 -9dB로 줄어듭니다.

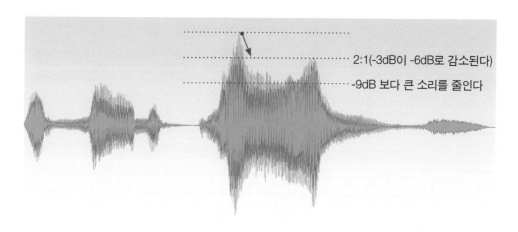

2:1(-3dB이 -6dB로 감소된다)

-9dB 보다 큰 소리를 줄인다

같은 볼륨이라면 다이내믹 레인지가 좁은 음악이 더 크고 좋게 들리기 때문에 발표되자 마다 타 음악과 비교되는 온라인 음악 시장에서 다이내믹 레인지를 최대한 줄이려고 애를 쓰는 것입니다. "레벨 전쟁"이니 "다이내믹 전쟁"이니 하는 말들이 그래서 생겨난 것이며, 일부 음악 평론가들은 감동이 없는 음악이라고 비난하기도 합니다.

다이내믹 범위가 좁으면 곡의 긴장감이나 포텐을 만들어내는 것이 어려운 것은 사실입니다. 그래서 클래식이나 재즈 음악은 온라인에서도 8~15dB 범위를 유지하고 있는 곡들이 많지만, 팝 음악은 6~10dB 범위가 보통이며, 댄스 곡이나 힙합 같은 경우에는 과하다 싶을 정도로 좁은 곡들도 많습니다. 시대가 시대인 만큼 어쩔 수 없는 선택이며, 상업 음악에서 이러한 레벨 전쟁은 당분간 지속될 것으로 짐작되기 때문에 컴프레서를 잘 다루기 위한 학습은 필수입니다.

| 엔벨로프

컴프레서를 잘 다룬다는 것이 무슨 말일까?
그냥 원하는 만큼 레벨을 올리면 되는 것 아닌가?

입문자는 위와 같은 의문이 생길 수 있습니다. 단순히 큰 소리를 줄여 전체 볼륨을 올릴 수 있는
여유 공간을 확보하는 장치는 맞습니다. 하지만, 소리를 강제로 줄이기 때문에 오디오 파형이 변한
다는 문제가 있습니다. 오디오 파형은 곧 소리이기 때문에 파형이 변한다는 것은 소리가 변한다는
의미입니다. 심하면 사운드가 찌그러지는 왜곡이 발생하기도 합니다.

피아노 건반을 눌러 "땅~" 소리를 내면 레벨이 일정하게 유지되다가 사라지는 것이 아니라 소리가
점점 작아지면서 사라집니다. 즉, 시간의 흐름에 따라 레벨이 변한다는 것이며, 이러한 레벨 변화
가 악기 고유의 특징을 나타냅니다. 반대로 시간의 흐름에 따라 변하는 레벨을 바꾸면 악기 고유
의 특징이 사라지기 때문에 컴프레서를 사용할 때는 이를 주의해야 합니다.

음향쪽에서는 소리가 발생하고 사라질 때까지 레벨이 변하는 과정을 ADSR의 4단계로 구분해서
부르고 있으며, 이것을 엔벨로프(Envelope) 라고 합니다.

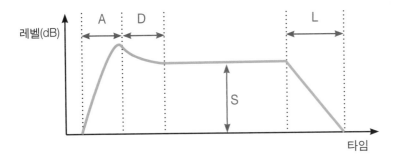

A : 어택(Attack) - 소리의 시작부터 가장 큰 레벨에 도달할 때까지의 타임을 말하며, 컴프레서를
다루는데 있어서 가장 중요한 개념입니다.

D : 디케이(Decay) - 아날로그 사운드는 처음에 크게 발생을 했다가 어느정도 레벨을 유지하면서
사라지는데, 가장 큰 레벨에서 어느 정도 레벨을 유지하기 전에 감소되는 구간을 말합니다.

S : 서스테인(Sustain) - 레벨이 일정하게 유지되는 구간을 말합니다. 대부분의 아날로그 신디사이저에서 음색을 디자인할 때 서스테인은 레벨로 조정을 하기 때문에 ADSL 중에서 유일하게 타임이 아닌 레벨로 구분되는 구간입니다. 신디사이저에 따라 서스테인 타임을 컨트롤할 수 있는 기능을 갖춘 것도 있는데, 이때는 Sustain Time으로 구분을 하기도 하지만, 일반적으로 서스테인 하면 Sustain Level을 의미합니다.

D : 디케이(Decay) - 일정한 레벨이 유지되다가 사라질 때까지의 타임을 말하며, 컴프레서를 다루는데 있어서 어택과 함께 중요한 개념입니다.

| 주요 파라미터

믹서의 게인 감소 항목을 클릭하면 기본적으로 오디오 FX 슬롯에 장착되는 컴프레서는 하나의 장치로 7가지 모델을 시뮬레이션 하고 있는 막강한 기능을 갖추고 있습니다.

로직의 믹서를 보면 컴프레서가 장착되는 게인 감소 다음에 EQ 슬롯이 있습니다. 그래서 컴프레서를 먼저 장착하고 EQ를 사용하는 것이 규칙인 것으로 오해하는 입문자들이 있습니다. 이것은 레코딩을 할 때 주로 사용하는 하드웨어 프로세스를 시뮬레이션 하고 있는 것이고 믹싱을 할 때는 소스에 따라 달라지므로, 순서에 고정 관념을 가질 필요는 없습니다.

● 트레숄드(Threshold)

컴프레서는 큰 소리를 줄이는 장치라고 했습니다. 그럼 어느 정도 큰 소리를 줄일 것인가를 지정할 수 있는 파라미터가 필요한데, 이것이 Threshold입니다. 장치를 로딩하면 기본적으로 -20dB로 설정되어 있습니다. 즉, 20dB이 넘는 소리가 발생했을 때 줄이는 것이며, 노브를 드래그하여 사용자가 원하는 레벨을 설정할 수 있습니다.

● 레시오(Ratio)

트레숄드를 이용해서 어느 정도 레벨 이상을 줄일 것인지 결정했다면, 얼만큼 줄일 것인지도 결정해야 합니다. 이것을 결정하는 파라미터가 Ratio입니다. 값은 2:1, 3:1...의 비율로 표시되며, 로직의 컴프레서는 최대 30:1까지 지원합니다. 2:1은 절반, 3:1은 3분의 1로 줄이는 것이며, 미터(Meter) 디스플레이를 통해 실제로 얼만큼의 레벨이 줄고 있는지 실시간으로 확인할 수 있습니다.

● 어택(Attack)

트레숄드에서 설정한 레벨 이상이 감지되었을 때 레시오에서 설정한 비율로 레벨을 줄이는 것이 컴프레서인데, 이때 바로 동작하는 것이 아니라 어택 파라미터에서 설정한 타임이 지난 후에 동작합니다. 음색 특징을 결정하는 엔벨로프 중에서 가장 중요한 구간이 어택이라고 했는데, 컴프레서가 바로 동작하면 이 어택 파형이 변합니다. 즉, 음색이 변할 수 있다는 의미입니다.

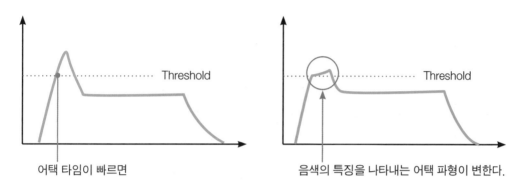

어택 타임이 빠르면   음색의 특징을 나타내는 어택 파형이 변한다.

일반적으로는 어택 구간이 지난 후에 컴프레서가 동작하도록 설정을 하는데, 이 타임을 조정하는 것이 컴프레서의 어택 노브입니다. 물론, 엔벨로프 중에서 레벨이 가장 큰 부분이 어택 구간이기 때문에 컴프레서의 어택 타임을 너무 길게 설정하면 아예 컴프레서가 동작하지 않거나 피크 문제가 발생하는 등 컴프레서를 사용하는 목적을 이룰 수 없거나 오히려 사운드를 망치는 결과를 초래할 수 있습니다. 실제로 컴프레서를 다루는데 있어서 가장 어려운 부분이며, 오랜 경험이 필요한 파라미터이므로, 입문자는 사운드의 변화를 충분히 느낀 후에 접근하는 것이 좋습니다.

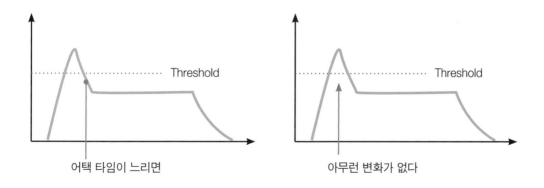

어택 타임이 느리면   아무런 변화가 없다

● 릴리즈(Release)

컴프레서는 Threshold에서 설정한 레벨 이상이 감지되었을 때 Attack 타임이 지난 후에 Ratio에서 설정한 비율만큼 줄이게 됩니다. 이 상태가 지속되면 컴프레서가 걸린 뒤의 사운드는 모두 볼륨이 내려갑니다. 그래서 컴프레서는 Threshold에서 설정한 레벨 이하로 떨어졌을 때 동작을 멈추게 되는데, 이때 어느 정도 타임이 지난 후에 멈추게 할 것인지를 결정할 수 있으며, 이것을 컨트롤하는 파라미터가 릴리즈(Relese) 노브입니다.

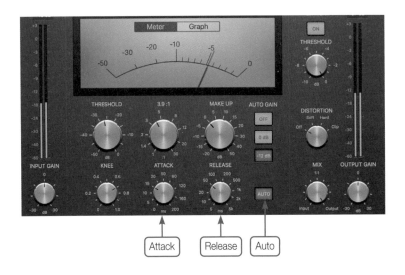

Attack   Release   Auto

앞에서 어택 타임을 설명할 때 입문자의 이해를 돕기 위해 타임을 너무 늦게 설정하면 아무런 변화가 없는 것처럼 설명을 했지만, 실제로는 Threshold에서 설정한 레벨이 감지되면 바로 동작을 하게 되며, Attack 타임은 Ratio에서 설정한 비율로 완전히 감소될 때 까지의 속도를 결정하는 것입니다. 결국, 어택 타임 동안에도 어느 정도의 파형 변화는 발생합니다.

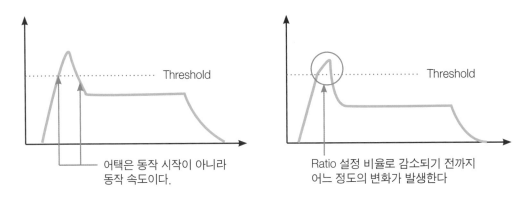

어택은 동작 시작이 아니라 동작 속도이다.

Ratio 설정 비율로 감소되기 전까지 어느 정도의 변화가 발생한다

컴프레서의 작동을 멈추는 릴리즈 타임도 동일합니다. 그래서 릴리즈 타임이 너무 빠르면 서스테인이나 릴리즈 구간이 갑자기 커지는 브리딩(Breathing) 현상이 발생합니다. 물론, 그림은 입문자를 위한 예를 든 것이며, 실제로 이렇게 동작하는 경우는 없기 때문에 악기가 연주되는 프레이즈 중간의 잡음이나 가수의 호흡 소리가 커지는 현상으로 나타납니다. 그래서 소리가 갑자기 커지는 펌핑 현상과 비슷하지만, 호흡을 의미하는 브리딩 현상으로 구분합니다.

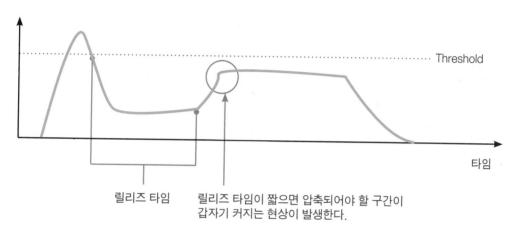

릴리즈 타임

릴리즈 타임이 짧으면 압축되어야 할 구간이
갑자기 커지는 현상이 발생한다.

반대로 릴리즈 타임이 너무 느리면 압축되지 말아야 할 다음 비트의 어택 구간까지 압축되면서 트랜지언트 균형이 무너지는 펌핑(Pumping) 현상이 발생합니다. 물론, 릴리즈 타임이 짧은 경우에도 발생합니다. 결국, 릴리즈 타임이 너무 빨라도 문제고, 너무 느려도 문제가 된다는 것입니다. 입문자는 노브 오른쪽에 릴리즈 타임을 자동으로 설정해주는 Auto 기능을 활용하는 것이 좋습니다. 사실 전문가들도 컴프레서의 Auto 기능을 많이 사용합니다.

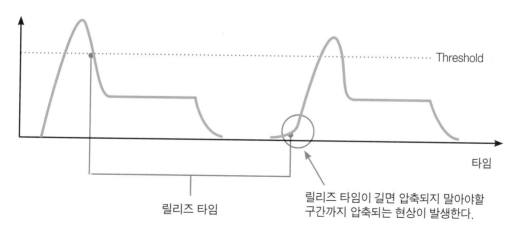

릴리즈 타임

릴리즈 타임이 길면 압축되지 말아야할
구간까지 압축되는 현상이 발생한다.

● 메이크 업(Make Up)

컴프레서는 큰 소리를 줄이는 장치입니다. 결국 전체 레벨이 감소되는데, 이를 보충하기 위해 출력 레벨을 올리는 파라미터가 Make Up 노브이며, 감소된 만큼 자동으로 레벨을 올려주는 기능이 Auto Gain입니다. Auto Gain은 최대 0dB 또는 -12dB의 제한을 둘 수 있으며, Off를 선택하면 Make Up 노브를 이용해서 수동으로 올릴 수 있습니다.

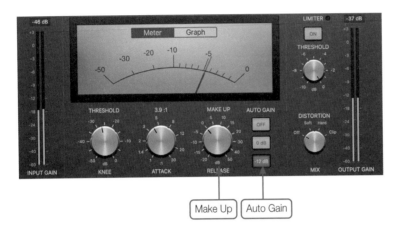

● 니(Knee)

Threshold 이상의 레벨이 줄어들 때의 반응 속도를 조정합니다. 흔히 꺾인다고 표현을 하는데, Knee 타임이 길면 Threshold 이전부터 곡선 타입으로 꺾이기 때문에 조금 부드럽게 압축이 되고, 타임이 짧으면 빠른 압축이 가능합니다. 디스플레이의 Graph를 선택하면 왼쪽 화면에서 Knee의 각도를 볼 수 있습니다. 오른쪽에는 압축으로 인한 파형의 변화를 표시하는 화면과 감소 레벨을 확인할 수 있는 게인 리덕션을 제공합니다.

● 리미터(Limiter)

다이내믹 장치 중에 컴프레서와 비슷하게 큰 소리를 줄여주는 또 하나의 장치가 있습니다. 바로 리미터라고 하는 장치인데, 컴프레서보다 더 높은 압축률을 제공하기 때문에 마스터링 단계에서 클리핑이 발생하는 것을 차단하는 목적으로 많이 사용합니다. 로직의 컴프레서는 이러한 리미터 기능을 함께 제공하고 있습니다. 버튼을 On으로 하면 리미터 기능이 동작하며, 아래쪽 Threshold 에서 설정한 레벨 이상은 아예 발생되지 않게 합니다.

● 디스토션(Distortion)

리미터의 제한을 초과하는 파형을 어떻게 처리할 것인지를 결정하는 파라미터가 디스토션 (Distortion)입니다. 부드럽게 압축하는 Soft, 강하게 압축하는 Hard, 절대 초과하지 않게 하는 Clip 중에서 선택할 수 있으며, 약간의 찌그러짐 현상이 발생할 수 있습니다. 물론, 이러한 찌그러 짐을 아날로그의 따뜻함을 표현한다고 해서 의도적으로 만들어 내는 경우도 있습니다.

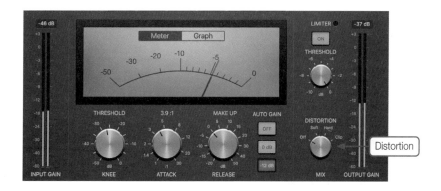

● 믹스(Mix)

화면 왼쪽에는 입력 레벨을 컨트롤할 수 있는 Input Gain이 있고, 오른쪽에는 출력 레벨을 컨트롤할 수 있는 Output Gain이 있습니다. Mix 노브는 입력과 출력 레벨의 비율을 조정합니다. 컴프레서를 마스터링 단계에서 사용할 때는 클리핑 방지 및 다이내믹 확보가 목적이기 때문에 입/출력 레벨이 차이가 날 수 있습니다. 그러나 믹싱 단계에서는 볼륨 밸런스를 유지하면서 입체감을 만드는 것이 목적이므로, 입/출력 레벨 차가 크지 않아야 합니다. 다만, 이렇게 이론적으로 접근하는 것이 가장 큰 문제이므로 레벨 미터보다는 자신의 느낌대로 조정할 것을 권장합니다.

Input Gain   Mix   Output Gain

● 사이드 체인(Side Chain)

로직의 컴프레서는 특정 주파수 대역 또는 다른 트랙의 연주 신호에 의해 동작되게 하는 사이드 체인 기능을 갖추고 있습니다. 사이드 체인은 드럼의 간섭음을 제거하거나 더킹 및 EDM Bass 효과를 만드는 등 다양한 목적으로 사용되기도 합니다. Side Chain 버튼을 클릭하여 동작 방식을 설정할 수 있으며, 소스 트랙은 오른쪽 상단의 사이드 체인 목록에서 선택합니다.

트랙 선택   Side Chain

● 디텍션(Detection)

사이드 체인 신호의 처리 방식을 선택합니다. Max는 스테레오 채널 중 하나가 트레숄드를 초과할 때 동작하도록 하며, Sum은 두 채널의 합이 초과할 때 동작합니다. 이때 피크(Peak) 레벨에 반응하게 할 것인지, RMS 레벨에 반응하게 할 것인지를 선택할 수 있습니다.

● 필터(Filter)

On 버튼을 클릭하여 사이드 체인 신호에 필터를 걸 수 있으며, Listen 버튼을 클릭하여 사이드 체인 신호를 모니터할 수 있습니다. 필터 모드(Modea)는 로우패스(LP), 밴드패스(BP), 하이패스(HP), 외에 파라미터(ParEQ) 및 하이쉘빙(HS) 중에서 선택할 수 있고, 중심 주파수와 폭을 설정할 수 있는 Frequency와 Q 노브를 제공합니다. Gain은 ParEQ와 HS 모드에서만 사용할 수 있습니다.

| 모델 선택

로직의 컴프레서는 하나의 장치로 7가지 모델을 시뮬레이션하고 있습니다. 각각의 모델은 상단의
타입 버튼을 클릭하여 선택할 수 있으며, Digital 방식 1개, FET 방식 2개, VCA 방식 3개, 그리고
Opto 방식 1개가 제공되고 있습니다.

● Platinum Digital : 이름 그대로 로직에서 자체 개발한 디지털 엔진으로 트랜지언트 응답이 빠
르고 왜곡 없는 사운드가 특징입니다. 기본적으로 로딩되는 모델이며, 소스 구분 없이 모든 트랙
에서 사용할 수 있습니다.

● FET : 빠른 트랜지언트 응답으로 잘 알려진 Field Effect Transistor 방식의 컴프레서를 시뮬레
이션하고 있는 모델입니다. 대표적인 하드웨어 장치는 Universal Audio의 1176 Compressor가 있
으며, 깨끗하고 깔끔하다는 특징을 가지고 있습니다. 드럼, 보컬, 기타 등 어택이 빠른 악기 트랙에
서 많이 사용합니다.

▲ 1176 Compressor

● VCA : 소리를 전압 신호로 처리하는 전압 제어 앰프(Voltage Controlled Amplifier) 방식의 컴프레서를 시뮬레이션하고 있는 모델입니다. 대표적인 하드웨어 장치는 Focusrite의 Red Compressor가 있으며, 부드럽고 따뜻하다는 특징을 가지고 있습니다. 베이스 기타와 같은 저음역 악기 트랙에서 많이 사용합니다.

▲ Focusrite Red Compressor

● Opto : 소리를 빛의 신호로 처리하는 옵티컬(Optical) 방식의 컴프레서를 시뮬레이션하고 있는 모델입니다. 대표적인 하드웨어 장치는 Universal Audio의 LA-2A Compressor가 있으며, 빠른 트랜지언트 응답과 논-리니어 릴리스 처리로 Aux 트랙 및 마스터링 작업에 많이 사용합니다.

▲ LA-2A Compressor

시대적으로 보면 가장 최신형이 Platinum Digital이고 오른쪽으로 Vintage Opto까지 나열되어 있는 것이지만, 대체적으로 기본 선택 모델인 Platinum Digital으로 모든 소스에 적용할 수 있습니다. 다만, 각 모델마다 실제 하드웨어를 사용하는 것과 같이 미묘한 차이가 있으므로, Platinum Digital에서 컴프레싱 작업을 한 뒤에 각각의 모델을 선택하여 비교해보는 시간을 갖는 것이 좋은 습니다. 모델에 따라 보컬에 많이 사용하는 것, 베이스에 많이 사용하는 것이라고 표현한 것은 장치의 특징을 설명하고 있는 것일 뿐이므로, 선입견을 가질 필요는 없습니다. 직접 사운드를 모니터 하면서 선택할 수 있기를 바랍니다.

컴프레서 조정

컴프레서는 소스마다 다르기 때문에 정해진 법칙은 없지만, 라우드니스를 극대화하여 낮은 모니터에서도 충분한 재생 능력을 얻고자 한다면 무엇보다 어택과 릴리즈 타임 설정이 중요합니다.

01 Ratio를 10:1 이상으로 높게 설정하고, Attack은 매우 느리게, Release는 가장 빠르게 설정합니다. 그리고 게인 리덕션이 -10dB 정도로 움직일 수 있게 Threshold를 낮게 설정합니다.

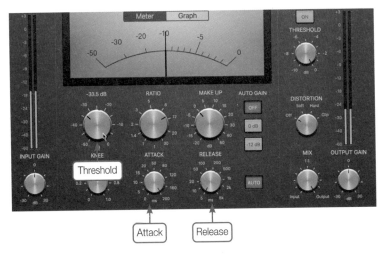

02 Attack 타임을 게인 리덕션의 바늘 움직임이 청감상 레벨 변화와 일치할 때까지 천천히 줄입니다. 일치되는 타임은 비교적 빠르게 설정된 것으로 사운드의 어택이 손실될 우려가 있습니다. 여기서 리덕션 바늘이 약간 느리게 반응하도록 설정합니다.

03 Release 타임은 반대로 게인 리덕션의 바늘이 청감상 레벨 변화보다 약간 빠르게 움직이도록 조정합니다. 그리고 Ratio를 원하는 비율(4:1)로 조정합니다.

04 게인 리덕션이 4-6dB 정도가 되게 Threshold를 재조정합니다. 그리고 Auto Gain은 Off로 하고 Input Gain과 Output Gain이 비슷하도록 Make up을 조정하여 마무리합니다. 지금까지의 과정이 컴프레서의 어택과 릴리즈 타임을 조정하는 가장 전형적인 방법입니다. 드럼, 베이스, 기타, 보컬 등 소스마다 동일하므로 꾸준히 연습하길 바랍니다.

타임 베이스

스튜디오 음향은 근접 마이킹과 룸 튜닝으로 인해 매우 데드한 사운드로 레코딩 되기 때문에 공간감이 전혀 없습니다. 그래서 믹싱 과정에서 공간감을 자연스럽게 만들어주는 작업이 필요한데, 이때 주로 사용되는 것이 리버브와 딜레이와 같은 타임 계열의 장치입니다. 즉, 믹싱은 음악의 깊이, 넓이, 높이를 조정하고 전체적인 밸런스를 보정한 다음에 공간감을 연출하는 것으로 마무리하는 것이 일반적입니다.

| Aux 트랙

온라인으로 서로 다른 장소에서 합주가 이루어지는 시대이지만 한 공간에서 어우러지는 음향만큼 자연스럽지는 않습니다. 공간의 크기와 구조 또는 벽면의 재질 등으로 만들어지는 반사음이 서로 다르기 때문입니다. 모든 트랙의 반사음은 한 공간에서 연주되는 것처럼 자연스러워야 하기 때문에 리버브와 딜레이 등의 타임 계열 장치는 억스(Aux) 트랙에서 사용하는 것이 일반적입니다.

01 채널 스트립의 센드 항목을 클릭하여 Bus#을 선택합니다. 이때 선택하는 버스 번호는 아무거나 선택해도 됩니다.

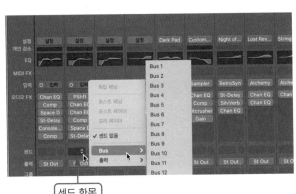

센드 항목

02 Aux 트랙이 자동으로 생성됩니다. 트랙 이름 항목을 더블 클릭하여 구분하기 쉽게 로딩 할 장치의 이름으로 변경합니다.

트랙 이름

03 Aux 트랙의 인서트 항목에서 리버브를 로딩합니다.

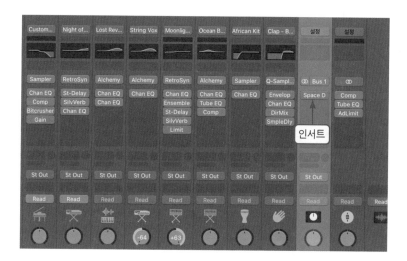

인서트

04 로직의 리버브는 프리셋이 매우 잘 되어 있기 때문에 입문자도 프로급 사운드를 손쉽게 만들 수 있습니다. 단, Aux로 사용할 때는 Dry를 Mute로 내리고, Wet를 0.0dB로 올립니다. Dry는 원음, Wet는 리버브 음을 의미합니다.

05 Aux 트랙을 만들었던 트랙에서 센드 레벨을 올리면 해당 트랙에서 연주되는 악기에 리버브 효과가 추가되는 것을 확인할 수 있습니다. 리버브의 양은 센드 레벨로 조정합니다.

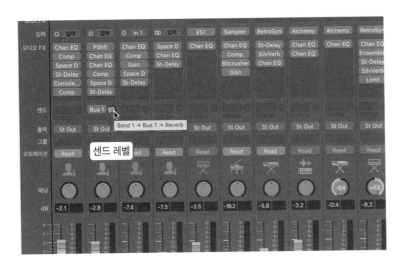

06 리버브를 사용하고자 하는 또 다른 트랙의 센드 항목에서 앞에서 만든 Aux 트랙을 선택합니다. 그리고 센드 레벨을 조정하여 리버브를 적용합니다. Aux 트랙에 로딩한 하나의 장치를 여러 트랙에서 동시에 사용할 수 있고, 동일한 공간감을 유지할 수 있습니다.

07 딜레이를 적용하는 방법도 동일합니다. 센드 항목의 두 번째 슬롯을 클릭하여 Aux 트랙을 추가하고, 딜레이를 로딩합니다. 그리고 두 번째 슬롯의 센드 레벨을 조정하면 됩니다.

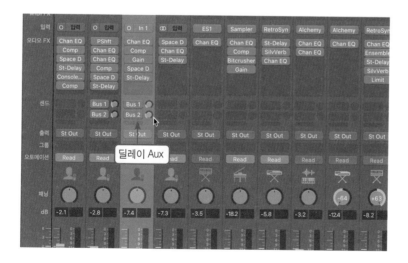

08 Aux로 전송되는 오디오 신호는 이미 오디오 편집 학습 편에서 살펴보았듯이 팬 노브 이후 (포스트 패닝)입니다. 센드 항목을 누르고 있으면 볼륨 페이더 이후(포스트 페이더) 또는 볼륨 페이더 전(프리 페이더)로 변경할 수 있습니다.

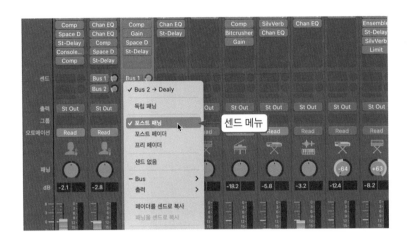

09 포스트 패닝, 포스트 페이더, 프리 페이더는 다음 그림을 보면 쉽게 이해할 수 있듯이 신호의 경로를 결정하는 것입니다. 기본 설정의 포스트 패닝은 볼륨 페이더와 팬 노브의 영향을 받고, 포스트 페이더는 볼륨만 영향을 받습니다. 그리고 프리 페이더는 볼륨과 팬 노브의 영향을 받지 않습니다. 만일, 기본 설정 포스트 패닝에서 트랙이 재생되는 동안 볼륨과 팬 오토메이션으로 변화가 있다면 Aux 채널로 전송되는 리버브의 양도 변화가 생겨 들쑥날쑥한 잔향이 만들어집니다. 이것을 방지하고자 한다면 프리 또는 포스트 페이더로 신호 경로를 변경할 필요가 있습니다. 그 외에도 트랙의 레벨과 팬의 영향을 받지 않고 리버브 양을 유지시켜야 하는 경우는 많으므로 정확한 개념을 이해할 필요가 있습니다.

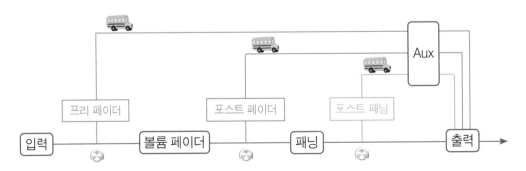

| Space Designer

Space Designer는 실제 공간의 울림을 녹음하여 사용하는 컨볼루션(Convolution) 리버브(Reverb)로 매우 자연스러운 잔향 효과를 연출할 수 있는 장치입니다. 물론, 임펄스 응답 파일 외에도 내장된 임펄스 응답 합성 도구를 포함하고 있어 우주와 같은 상상 속 공간도 생성할 수 있습니다.

화면은 크게 임펄스 응답 모드를 선택하는 버튼과 디스플레이 모드를 선택하는 디스플레이 모드막대, 그리고 잔향을 컨트롤하는 글로벌 파라미터로 구성되어 있습니다.

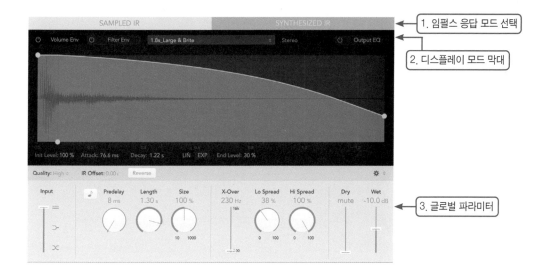

① **임펄스 응답 모드 선택 버튼** : 녹음된 임펄스 응답(Sampled IR) 또는 자체 합성 임펄스 응답(Synthesized IR) 중에서 사용할 모드를 선택합니다.
② **디스플레이 모드 막대** : 볼륨 및 필터 엔벨로프 또는 Output EQ 등, 메인 디스플레이에 표시할모드를 선택할 수 있는 버튼으로 구성되어 있습니다.
③ **글로벌 파라미터** : 임펄스 응답 및 출력 신호를 컨트할 수 있는 파라미터로 구성되어 있습니다.일부 파라미터는 임펄스 응답 모드 또는 채널 포맷에 따라 사용 여부가 결정됩니다.

● 팝업 메뉴

Sampled IR 모드에서는 임펄스 응답 파일을 불러오거 저장할 수 있는 팝업 메뉴를 제공합니다. 임펄스 응답 파일은 잔향을 녹음해 놓은 오디오 파일을 말하며 로직에서 제공하는 것 외에 사용자가 만든 파일이나 인터넷에서 다운로드한 파일까지 사용할 수 있습니다.

▷ Load IR : 임펄스 응답 샘플을 불러올 수 있는 창을 엽니다.

▷ Load IR & Init : 임펄스 응답 샘플을 불러오고 모든 엔벨로프를 초기화합니다.

▷ Show in Finder : 현재 임펄스 응답 샘플의 위치를 보여주는 Finder를 엽니다.

▷ Open IR Utility : 임펄스 응답 파일을 편집할 수 있는 유틸리티를 엽니다.

● 프리셋

사실 로직에서 제공하는 임펄스 응답 샘플 외에는 사용할 일이 없기 때문에 팝업 메뉴의 Load IR 보다는 컨트롤 설정까지 세팅 되어 있는 프리셋 목록에서 선택하는 것이 일반적입니다.

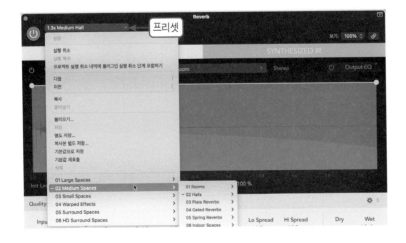

● 글로벌 파라미터

글로벌 파라미터에는 상단에 기능 버튼과 동작 메뉴가 있는 파라미터 막대와 하단에 임펄스 응답 파라미터 및 출력 파라미터로 구성되어 있습니다.

동기화 버튼   임펄스 응답 파라미터   출력 파라미터   파라미터 막대   동작 메뉴

▷ Quality : 임펄스 응답 파일의 샘플률을 선택합니다.

Lo-Fi : 샘플률을 프로젝트의 1/4로 낮추고 임펄스 응답이 4배로 길어집니다.

Low : 샘플률을 프로젝트의 1/2로 낮추고 임펄스 응답이 2배로 길어집니다. 리버브할 수 있는 가장 높은 주파수가 절반으로 줄어 모든 면적을 4배(Lo-Fi) 또는 2배(Low)로 늘립니다. 결국, 공간의 크기는 16배 또는 8배로 커집니다. Low 및 Lo-Fi 설정은 흥미로운 템포, 피치, 레트로 디지털 이펙트 효과를 연출할 수 있습니다.

Medium : 현재 프로젝트 샘플률을 사용합니다. 필요한 경우 현재 프로젝트 샘플률과 일치하도록 불러온 임펄스 응답 파일의 샘플률을 자동으로 전환합니다.

High : 가능한 최고의 샘플률을 사용합니다.

▷ IR Offest : 임펄스 응답 샘플의 시작점을 설정합니다.

▷ Reverse : 임펄스 응답과 엔벨로프를 방향을 바꾸어 샘플의 끝부분을 사용하게 됩니다. 리버스할 때 프리딜레이를 비롯한 파라미터 값을 조절해야 할 수 있습니다.

▷ Definition : Synthesized IR 모드에서 교차 지점을 백분율로 설정하여 합성 임펄스 응답 레졸루션을 줄입니다. 리버브를 확산하고 CPU 리소스를 절약할 수 있습니다.

▷ 동작 메뉴

Reset Selected Envelope : 현재 표시된 엔벨로프를 기본값으로 재설정합니다.

Reset All Envelopes : 모든 엔벨로프를 기본값으로 재설정합니다.

Reset EQ : 출력 EQ를 기본값으로 재설정합니다.

Latency Compensation : 내부 레이턴시 보정 기능을 사용하거나 해제합니다. 선택하면 이펙트 프로세싱 신호와 일치하도록 출력 신호가 지연됩니다. 임펄스 응답 샘플을 처리할 때 약간의 시간이 소요되기 때문에 입/출력 신호 사이에 레이턴시가 발생하며, Quality에서 Low 또는 Lo-Fi를 선택한 경우에는 레이턴시가 증가합니다. 서라운드 모드나 44.1kHz 이상의 샘플률에서는 레이턴시가 증가하지 않습니다.

Volume Compensation : 내부 임펄스 응답 볼륨 매칭 기능을 사용하거나 해제합니다. 리버브 볼륨 보정 기능은 임펄스 응답 파일과 실제 볼륨 차이가 아닌 인식된 볼륨 차이를 일치시키려고 시도합니다. 이는 모든 유형의 임펄스 응답에서 작동하지 않더라도 켜진 상태를 유지해야 합니다. 다른 레벨의 임펄스 응답이 있는 경우에는 이를 끄고 입/출력 레벨을 조절합니다.

Show Bezier Handles : 메인 디스플레이에서 엔벨로프 커브를 조정할 수 있는 핸들을 표시하거나 해제합니다.

▷ **Input** : 스테레오 신호 처리 방식을 결정합니다. 상단은 원래 신호의 스테레오 밸런스를 유지하며, 중간은 모노로 처리되고, 하단은 신호가 반전되어 처리됩니다.

▷ **Predelay** : 첫 번째 반사음의 발생 시간을 설정합니다. 음표 모양의 동기화 버튼을 On으로 하면 비트 단위로 설정할 수 있습니다.

▷ **Length** : 잔향의 길이를 조절합니다. Size 값의 영향을 받습니다.

▷ **Size** : 공간의 크기를 조절합니다. 100%인 경우에 디케이는 불러온 임펄스 응답의 전체 길이가 되며, Lo-Fi에서는 400%, Low에서는 200%가 전체 길이입니다.

▷ **X-Over** : Lo 및 Hi Spread의 중심 주파수를 설정합니다.

▷ **Lo/Hi Spread** : 각각 스테레오 필드의 인식된 너비를 설정합니다.

▷ **Dry/Wet** : 원음(Dry) 및 리버브(Wet) 신호의 출력 레벨을 설정합니다.

● 볼륨 엔벨로프

볼륨 엔벨로프는 리버브 초기 레벨을 설정하고 시간에 따른 볼륨 변화를 제어합니다. 값의 조정은 포인트를 드래그하거나 하단의 수치 값을 직접 입력해도 됩니다. 라인 조정 핸들(Bezier)은 동작 메뉴의 Show Bezier Handles을 선택하여 표시합니다.

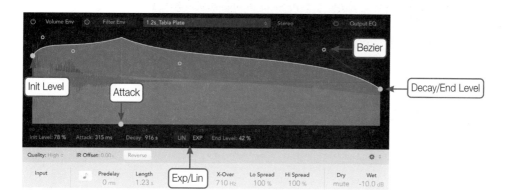

Init Level : 초기 볼륨 값을 설정합니다.

Attack : 볼륨 엔벨로프의 디케이 페이즈가 시작되기 전 시간을 설정합니다.

Decay : 수평으로 드래그하여 디케이 페이즈의 길이를 설정합니다. 수직으로 드래그하면 종료 레벨 값이 설정됩니다.

Exp/Lin : 볼륨 엔벨로프의 디케이 커브 생성 방법을 선택합니다. Exp는 지수 알고리즘에 따라 자연스럽게 생성되고, Lin은 리니어 알고리즘에 따라 조금 부자연스럽습니다.

End Level : 수직으로 드래그하여 종료 레벨을 설정합니다. 수평으로 드래그하면 디케이 시간이 설정됩니다. 100%로 설정하면 리버브가 갑자기 중단되어 페이드 아웃할 수 없습니다. 테일 밖에서 타임이 끝나는 경우에는 종료 레벨이 영향을 미치지 않습니다.

Bezier : 라인을 조정합니다.

● 필터 엔벨로프

시간에 따른 필터 컷오프 주파수를 제어할 수 있습니다. 필터 유형은 로우 패스(LP)와 밴드 패스 (BP) 및 하이 패스(HP)를 제공하며, 필터 설정을 변경하면 임펄스 응답을 다시 계산합니다.

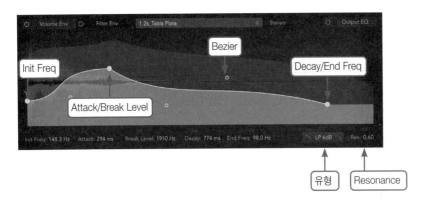

유형 : 필터 모드를 선택합니다.

LP(6dB) : 일반적으로 사용되는 밝은 로우패스 필터 모드로 대부분의 상단부 자료를 유지합니다.

LP(12dB) : 부드러운 로우패스 필터 모드로 밝은 리버브를 부드럽게 하는 데 유용합니다.

BP : 6dB로 신호의 낮은 쪽과 높은 쪽 끝을 감소시켜 컷오프 주파수 주변을 그대로 유지합니다.

HP : 12dB로 컷오프 주파수 이하로 떨어지는 주파수 레벨을 감소시킵니다.

Resonance : 컷오프 주파수 주변을 강조합니다. 레조넌스 값이 사운드에 미치는 영향은 선택한 필터 모드에 따라 달라지며, 필터 슬로프가 가파를수록 음색 변화가 두드러집니다.

Init Freq : 필터 엔벨로프의 초기 컷오프 주파수를 설정합니다.

Attack : 수평으로 드래그하여 Break Level에 도달하는 데 걸리는 시간을 결정합니다. 수직으로 드래그하면 Break Level 값이 설정됩니다.

Break Level : 수직으로 드래그하여 최대 필터 컷오프 주파수를 설정합니다. 수평으로 드래그하면 어택 시간이 설정됩니다. 이 값은 전반적인 필터 엔벨로프의 어택 및 디케이 페이즈를 결정하는 것으로 어택 페이즈 이후 설정한 레벨에 도달하면 디케이 페이즈가 시작되며, 브레이크 레벨 값을 초기 레벨 파라미터 값보다 낮게 설정하면 흥미로운 필터 스윕을 생성할 수 있습니다.

Decay : 수평으로 드래그하여 브레이크 레벨 지점 이후 종료 주파수 값에 도달하는 데 걸리는 시간을 결정합니다. 수직으로 드래그하면 End Frequency가 설정됩니다.

End Freq : 수직으로 드래그하여 필터 엔벨로프 디케이 페이즈 끝 지점에서 컷오프 주파수를 설정합니다. 수평으로 드래그하면 디케이 시간이 설정됩니다.

Bezier : 라인을 조정합니다.

● 밀도 엔벨로프
Synthesized IR 모드에서는 리버브의 밀도를 조정할 수 있는 Density Env을 사용할 수 있습니다. 밀도 엔벨로프는 시간에 따른 합성 임펄스 응답의 평균 반사 횟수를 제어합니다.

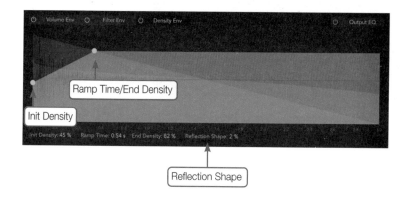

Init Density : 리버브의 초기 밀도를 설정합니다. 밀도가 낮으면 가청 반사 패턴과 개별 에코가 생성됩니다.

Ramp Time : 수평으로 드래그하여 초기 밀도 레벨과 종료 밀도 레벨 사이의 시간을 조절합니다. 수직으로 드래그하면 End Density 레벨이 설정됩니다.

End Density : 리버브 테일의 밀도를 설정합니다. 값이 너무 낮으면 거친 사운드의 리버브 테일이 생성됩니다. 스테레오 범위는 낮은 값의 영향을 받을 수 있습니다.

Reflection Shape : 초기 반사음이 가상 공간의 벽, 천장, 가구에서 반사될 때의 기울기를 결정합니다. 값이 낮으면 예리한 윤곽의 반사음이 생성되며, 값이 높으면 지수 슬로프와 부드러운 사운드가 생성됩니다. 적절한 엔벨로프, 밀도 및 초기 반사 설정과 함께 사용하면 거의 모든 모양과 자료로 공간을 생성할 수 있습니다.

● EQ

리버브에 EQ를 적용할 수 있습니다. 2개의 필터, 2개의 쉘빙, 2개의 피크 타입으로 총 6밴드로 구성되어 있으며, 포인트를 드래그하여 시각적인 편집이 가능합니다.

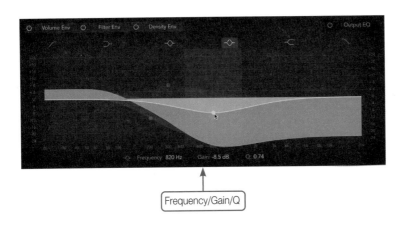

Frequency/Gain/Q

필터 : 1번 하이 패스 필터, 6번 로우 패스 필터로 동작하며, 각각 설정 주파수 이하 또는 이상을 차단합니다. Gain 항목은 슬로프 곡선을 선택할 수 있는 Order로 표시되며, 6dB/Oct와 12dB/Oct를 제공합니다. 12dB/Oct에서 포인트를 수직으로 드래그하여 Q 값을 조정할 수 있습니다.

쉘빙 : 2번 로우 쉘빙, 5번 하이 쉘빙으로 동작하며, 각각 설정 주파수 이하 또는 이상을 증/감합니다. 포인트를 수직으로 드래그하여 Gain 값을 조정할 수 있고, 수평으로 드래그하여 Frequency 값을 조정할 수 있으며, 휠을 돌려 Q 값을 조정할 수 있습니다.

피크 : 3번과 4번이 피크 타입으로 동작하며, 설정 주파수 대역을 증/감합니다. 마우스를 이용한 포인트 조정 방법은 쉘빙과 동일합니다.

| ChromaVerb

ChromaVerb는 14개의 개별 공간 유형 알고리즘을 특징으로 하며, 마치 실제 공간에서처럼 사운드가 점차 흡수되는 원형 구조의 원리를 바탕으로 합니다. 흡수 특성은 선택한 공간 유형 및 리버브 파라미터 설정에 따라 달라집니다.

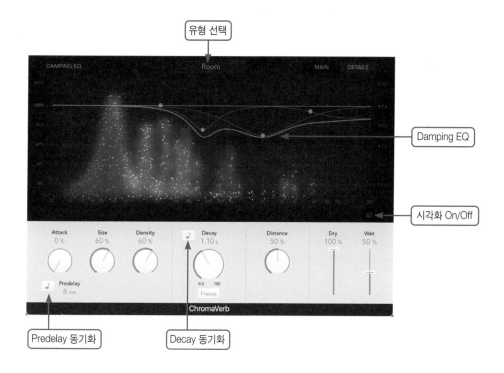

● 메인 윈도우 파라미터

Attack : 리버브의 어택 페이즈를 설정합니다. 선택한 공간 유형에 따라 볼륨 또는 밀도 증가 시간에 영향을 미칩니다.

Theatre, Dense Room, Smooth Space, Reflective Hall, Strange Room, Airy 유형
: 시간이 지남에 따라 볼륨을 증가시킵니다.

Room, Chamber, Concert Hall, Synth Hall, Digital, Dark Room, Vocal Hall, Bloomy 유형
: 리버브가 Density로 결정되는 최대 밀도 값에 도달하는 데 걸리는 시간을 설정합니다.

Size : 공간의 치수를 정의합니다. 값이 높을수록 공간이 더 커집니다.

Density : 공간 유형에 따라 초기 및 후기 반사의 밀도를 동시에 조정합니다.

Predelay : 초기 반사음 타임을 설정합니다. 짧은 프리딜레이 설정은 사운드를 밀어내는 경향이 있고, 긴 프리딜레이 설정은 사운드를 전면으로 내보내는 경향이 있습니다. 동기화 버튼을 On으로 하면 비트 단위로 설정할 수 있습니다.

프리딜레이 설정이 매우 짧은 경우 사운드에 색상을 입힐 수 있으며 신호 소스의 위치를 정확히 파악하기가 어렵습니다. 프리딜레이 설정이 매우 긴 경우 부자연스러운 에코로 인식될 수 있고 원본 신호를 초기 반사로부터 분리하여 둘 사이에 가청 간격을 둘 수 있습니다.

최적의 프리딜레이 설정은 입력 신호의 유형, 더 정확히는 입력 신호의 엔벨로프에 따라 달라집니다. 퍼커시브 신호는 일반적으로 어택이 서서히 사라지는 신호에 비해 더 짧은 프리딜레이가 필요하며, 가청 에코와 같은 부작용이 들리기 전까지 최대한 긴 Predelay 값을 사용하는 것이 좋습니다. 이 지점에 도달하면 Predelay 설정을 약간 줄입니다.

Decay : 디케이 시간을 설정합니다. 특정 주파수의 디케이는 댐핑 값에 따라 달라집니다. 동기화 버튼을 On으로 하면 비트 단위로 설정할 수 있습니다.

Freeze : 선택한 공간 유형 내에서 신호를 무한대로 재순환하려면 켭니다.

Distance : 초기 및 후기 에너지를 변경하여 소스로부터 인식된 거리를 설정합니다.

Dry/Wet : 소스(Dry) 및 이펙트 신호(Wet)의 레벨을 설정합니다.

Damping EQ : 디스플레이에 표시되며 디케이 신호의 주파수를 조정합니다. 2개의 쉘빙과 2개의 피크 밴드로 구성되어 있습니다. 각 포인트를 수평으로 드래그하여 Frequency를 조정하고, 수직으로 드래그하여 Ratio(디케이 타이밍 비율)를 조정하며, 휠을 돌려 Q 값을 조정할 수 있습니다.

● 디테일 윈도우 파라미터

Detail 버튼을 클릭하면 출력 EQ(6밴드) 및 세부 설정을 할 수 있는 창이 열립니다.

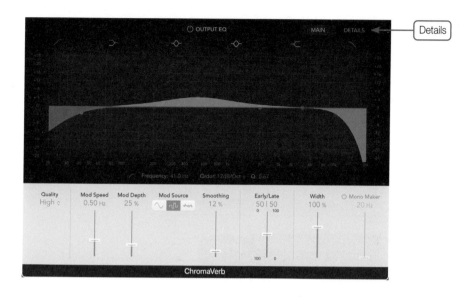

Quality : 음질을 선택합니다.

Low : 노이즈가 많은 모듈레이션과 함께 거친 리버브를 발생시킵니다.

High : 깨끗하고 정확한 사운드를 생성합니다.

Ultra : 부드럽고 고급스러운 리버브를 생성합니다.

Mod Speed : 내장 LFO의 속도를 설정합니다.

Mod Depth : LFO 모듈레이션의 폭을 설정합니다. 범위는 선택한 공간 유형에 따라 결정됩니다.

Mod Source : LFO 파형을 선택합니다. 사인파, 무작위파, 노이즈파를 제공합니다.

Smoothing : LFO 파형의 모양을 변경합니다. 무작위 파형은 부드러워지고 사인 파형 및 노이즈 파형은 포화 상태가 됩니다.

Early/Late : 초기 및 후기 반사음 비율을 설정합니다. Distance 값에 따라 달라집니다.

Width : 리버브의 스테레오 폭을 설정합니다.

Mono Maker : On/Off로 설정된 주파수 아래의 스테레오 정보를 제거합니다. 이는 전체 저음역대 주파수 범위에서 인식되는 레벨 손실을 보정합니다.

| Delay Designer

딜레이는 사운드를 반복시켜 풍성하게 만드는 장치입니다. 흔히, 에코(Echo)라고도 하는데, 에코는 반복되는 사운드를 의미하고, 딜레이는 반복 타임을 의미한다는 차이가 있습니다. 물론, 혼용해서 불러도 상관없지만, 잔향이 불규칙적으로 발생하는 리버브와는 다른 장치입니다.

Delay 카테고리의 Delay Designer는 각 에코 탭 마다 레벨, 패닝, 피치, 필터 등을 편집할 수 있는 고급 딜레이 장치이며, 최대 26개의 탭(A-Z)을 제공합니다. 화면은 메인 디스플레이, 탭 파라미터, 탭 패드, Sync, 마스터의 5가지 섹션으로 구성되어 있습니다.

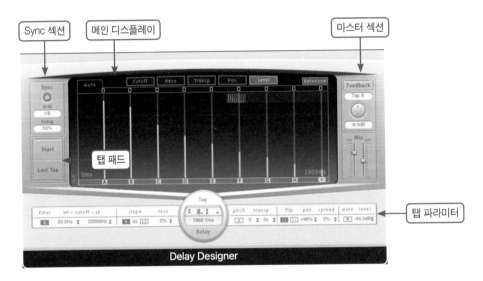

메인 디스플레이 : 모든 탭의 시각적 표현을 제공하며, 각 탭의 파라미터를 편집할 수 있습니다.
탭 파라미터 : 선택한 탭의 파라미터를 확인하고 편집할 수 있습니다.
탭 패드 : Start 및 Last Tap 패드를 사용하여 탭을 만들 수 있습니다.
Sync 섹션 : 동기화 및 퀀타이즈 파라미터를 설정할 수 있습니다.
Master 섹션 : 믹스 파라미터와 피드백 파라미터를 제어합니다.

● 메인 디스플레이

메인 디스플레이에서 탭 파라미터를 확인하고 편집할 수 있습니다. 편집할 파라미터를 선택하고
모든 탭을 빠르게 확대/축소하거나 탐색할 수 있습니다.

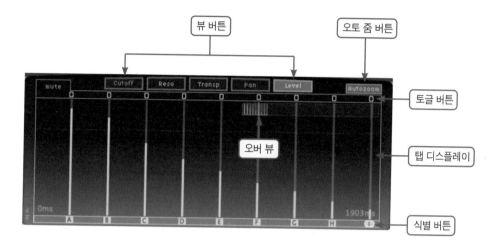

뷰 버튼 : 탭 디스플레이에 표시할 파라미터(Cutoff, Reso, Transp, Pan, Level)를 선택합니다.

오토 줌 버튼 : 모든 탭이 한 화면에 표시될 수 있게 확대합니다.

오버 뷰 : 수직으로 드래그하여 확대/축소하거나 수평으로 드래그하여 이동할 수 있습니다.

토글 버튼 : Cutoff는 필터 On/Off, Reso는 슬로프 6dB/12dB 전환, Pitch는 피치 트랜스포지션
On/Off, Pan은 플립 모드 간의 전환, Level은 Mute On/Off 입니다.

탭 디스플레이 : 각 탭을 음영 처리된 선으로 표시하며, 마우스 드래그로 값을 조정할 수 있습니
다. Cutoff는 필터 주파수, Reso는 슬로프 곡선, Transp는 피치, 그리고 Pan과 Level 값 입니다.

식별 버튼 : 각 탭을 구분할 수 있는 문자(A-Z)와 시간 위치를 표시합니다. 탭을 드래그하여 위치
를 이동시키거나 빈 공간을 클릭하여 추가할 수 있습니다. 삭제는 백 스페이스 키입니다.

● Sync 섹션

탭을 비트에 동기화 하는 Sync 기능과 탭을 만드는 패드로 구성되어 있습니다.

Sync : 동기화 기능을 On/Off 합니다.

Grid : 동기화 기능이 On일 때의 정렬 기준을 선택합니다.

Swing : 동기화 기능이 On일 때 업 비트를 밀어 스윙 리듬을 만듭니다.

Start/Last Tap : Start 버튼을 클릭하면 Tap으로 변경되며 패드를 클릭하여 탭을 추가할 수 있습니다. 종료할 때는 Last Tap 패드를 클릭합니다.

● 탭 파라미터

선택한 탭의 모든 파라미터를 빠르고 정확하게 편집할 수 있으며 디스플레이 뷰를 전환하거나 수직선으로 값을 추정할 필요가 없습니다. 파라미터 값은 Option 키를 누른 상태로 클릭하여 기본 설정으로 초기화 할 수 있습니다.

Filter On/Off : 하이패스 및 로우패스 필터를 켜거나 끕니다

Cutoff HP/LP : 하이패스 및 로우패스 필터에 대한 컷오프 주파수를 설정합니다.

Slope : 하이패스 및 로우패스 필터 슬로프의 기울기를 결정합니다.

Reso(nance) : 하이패스 및 로우패스 필터의 레조넌스 정도를 설정합니다.

Tap Delay : 선택한 탭의 번호와 이름은 상단에 표시되고 딜레이 타임은 하단에 표시됩니다.

Pitch On/Off : 피치 트랜스포지션을 켜거나 끕니다.

Transp(ose) : 왼쪽 필드를 드래그하여 반음 단위로 피치를 트랜스포즈합니다. 오른쪽 필드는 각 반음 단계를 센트 단위(반음의 1/100)로 미세하게 조정합니다.

Flip : 스테레오 또는 서라운드 이미지의 왼쪽과 오른쪽을 서로 바꿉니다. 버튼을 클릭하면 탭 위치가 왼쪽에서 오른쪽으로 또는 그 반대로 바뀝니다.

Pan : 모노 신호용 패닝 위치, 스테레오 신호용 스테레오 밸런스 또는 서라운드 구성에서 사용하는 서라운드 각도를 설정합니다.

Spread : 선택한 탭의 스테레오 스프레드 폭을 설정합니다

Mute : 선택한 탭을 음소거하거나 해제합니다.

Level : 선택한 탭의 출력 레벨을 설정합니다.

● 마스터 섹션
최종 출력을 제어하는 마스터 섹션은 딜레이 피드백과 dry/wet 믹스로 구성되어 있습니다.
피드백은 사용자 정의된 탭의 출력을 다시 전송하여 반복시키는 기능입니다.

Feedback : 피드백 탭을 켜거나 끕니다.
Feedback Tap : 피드백 탭을 선택합니다.
Feedback Level : 피드백 탭 출력 레벨을 설정합니다. 값이 0%이면 피드백이 없는 것과 같고, 값이 100%이면 피드백 탭이 최대 볼륨으로 입력에 다시 전송됩니다.

Mix : 원음(Dry)과 딜레이 신호(Wet)의 레벨을 설정합니다.

| Stereo Delay

Stereo Delay는 왼쪽과 오른쪽 채널의 딜레이 값을 서로 다르게 설정할 수 있습니다.

Input : 입력 신호를 선택합니다.

Delay Time : 딜레이 타임을 설정합니다. Global 섹션의 Tempo Sync 버튼을 On으로 하면 비트 값으로 설정할 수 있습니다. 2/x2 버튼은 딜레이 타임을 절반으로 줄이거나 두 배로 늘립니다.

Note : Tempo Sync 버튼이 On일 경우에 딜레이 타임을 비트 단위로 설정합니다.

Deviation : Note에서 선택한 비트를 벗어나게 합니다.

Low/High Cut : 이펙트 신호에서 Low Cut 이하 및 High Cut 이상의 주파수를 차단합니다.

Feedback : 왼쪽 및 오른쪽 딜레이 신호에 대한 피드백 정도를 설정합니다.

Feedback Phase : 해당 채널 피드백 신호의 위상을 뒤집습니다.

Crossfeed : 왼쪽 채널의 피드백 신호를 오른쪽 채널로 또는 그 반대로 전송합니다.

Crossfeed Phase : 크로스피드 피드백 신호의 위상을 뒤집습니다.

Routing : 내부 신호 라우팅을 선택합니다.

Tempo Sync : 딜레이 타임을 비트 단위로 설정할 수 있게 합니다.

Stereo Link : 두 채널이 함께 조정되게 합니다. Command 키를 누르면 개별 조정이 가능합니다.

Output Mix : 왼쪽 및 오른쪽 채널 신호의 레벨을 설정합니다.

Lesson 06

보컬 프로세싱

팝에서 가장 중요한 것은 보컬이며, 보컬의 기본은 음정과 박자입니다. 그래서 보컬의 음정과 박자를 보정할 수 있는 플러그인은 컴퓨터 뮤지션들이 가장 먼저 관심을 갖는 장치이기도 합니다. 하지만, 로직은 자체적으로 음정과 박자를 보정할 수 있는 기능을 갖추고 있기 때문에 별도의 플러그인을 구매할 이유가 없습니다.

| 음정 보정하기

01 오디오 리전을 더블 클릭하여 트랙 편집창을 열고, 도구 바의 ① Flex 버튼을 On으로 합니다. 그리고 ② 모드 메뉴에서 Flex Pitch를 선택하면 오디오 피치가 분석되어 피아노 롤과 같은 노트로 표시됩니다.

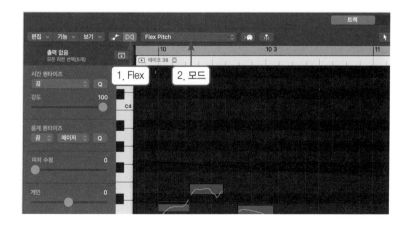

02 분석된 노트는 미디 이벤트를 다루듯 마우스 드래그로 피치를 조정할 수 있습니다. 그리고 노트에 마우스를 가져가면 테두리에 6개의 핸들이 표시되는데 각각의 역할은 다음과 같습니다.

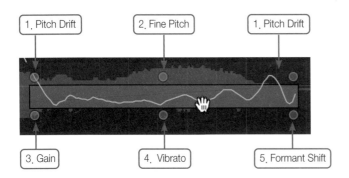

① Pitch Drift

노트에 구불구불한 선으로 표시되어 있는 것은 타임에 따라 변하는 피치 커브로 드리프트(Drift) 라고 부르며, 노트 왼쪽과 오른쪽 상단의 Pitch Drift 핸들을 드래그하여 보정할 수 있습니다. 왼쪽 상단 핸들은 시작점을 조정하는 것이고, 오른쪽 상단 핸들은 끝 지점을 조정합니다.

② Fine Pitch

상단 중앙에 있는 Fine Pitch 핸들은 피치를 100분의 1 단위로 미세하게 조정합니다. 참고로 노트 를 더블 클릭하면 가장 가까운 음으로 보정됩니다.

③ Gain

해당 노트의 레벨을 증/감합니다.

④ Vibrato

피치 커브 폭을 조정하여 비브라토 효과를 만듭니다. 작은 비브라토 음성에 큰 비브라토를 만드는 것 보다는 큰 비브라토 폭을 줄이는 용도로 사용하는 것이 자연스럽습니다.

⑤ Formant Shift

음성 톤을 조정합니다. 피치를 보정하면 어쩔 수 없이 톤도 변하는데, Formant Shift 핸들을 아래 로 드래그하여 톤을 굵게 보정하거나 위로 드래그하여 얇게 보정할 수 있습니다.

03 노트에서 마우스 오른쪽 버튼을 클릭하면 보정 전으로 되돌리는 '원래의 피치로 설정', 가까운 피치로 보정하는 '퍼펙트 피치로 설정', 피치 커브를 보정 전으로 되돌리는 '피치 커브 재설정', 그리고 모든 보정을 되돌리는 '모두 재설정' 메뉴가 열립니다.

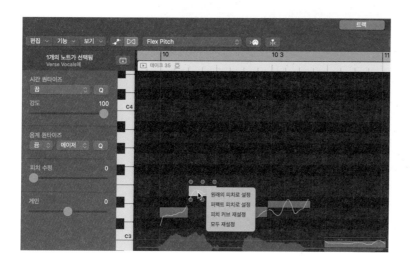

04 Command+A 키를 눌러 모든 노트를 선택하고, 인스펙터 창의 ① 음계 퀀타이즈에서 스케일을 선택하면 해당 스케일에 맞추어 피치를 보정할 수 있습니다. 이때 보정 강도는 ② 피치 수정 슬라이더를 이용하여 결정합니다.

05 Flex Pitch로 노트가 분석될 때 간혹 두 개 이상의 음절이 하나로 표시되는 경우가 있습니다. 이때 필요하다면 가위 도구를 이용하여 노트를 자를 수 있습니다.

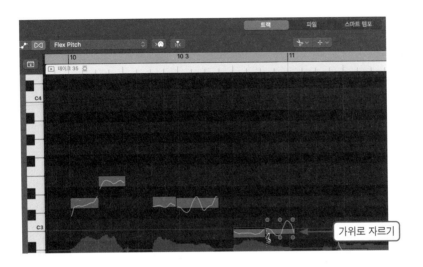

가위로 자르기

06 반대로 하나의 음절이 두 개의 노트로 분석되는 경우도 있습니다. 이때도 필요하다면 접착 도구를 이용하여 두 노트를 선택하고, 클릭하여 하나로 붙일 수 있습니다.

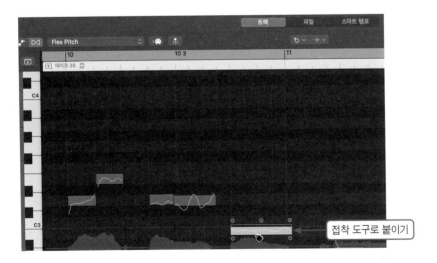

접착 도구로 붙이기

07 하모니가 필요한 경우에는 녹음을 하는 것이 가장 좋지만, 어쩔 수 없는 경우라면 Flex Pitch 기능을 이용합니다. Control+B 키를 눌러 바운스 하거나 Option 키를 누른 상태로 트랙을 드래그하여 복사합니다.

08 복사한 트랙의 리전에서 하모니가 필요한 부분만 잘라내고, Flex Pitch 기능을 활성화합니다. 그리고 Command+A 키를 눌러 모든 노트를 선택하여 3도 위로 올리고, 음계 퀀타이즈를 적용하면 간단하게 하모니를 만들 수 있습니다.

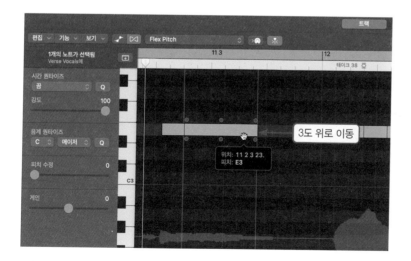

| 무음 구간 제거하기

01 노래를 하지 않는 구간의 리전은 굳이 삭제하지 않아도 됩니다. 작은 잡음은 반주에 묻혀 들리지 않기 때문입니다. 하지만, 깔끔한 성격 탓인지, 만약을 위해서인지는 몰라도 이를 제거하고 싶어하는 사용자가 많습니다. 우선 여러 테이크로 녹음한 보컬 트랙을 Control+B키를 눌러 완성된 하나의 트랙으로 바운스시킵니다.

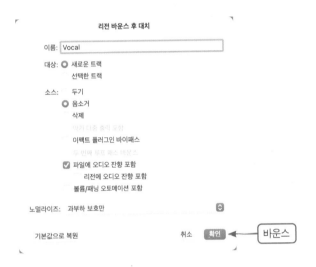

02 테이크 녹음은 없고 구간별로 나누어 녹음을 한 경우라면 트랙을 클릭하여 모든 리전이 선택되게 합니다. 그리고 Command+J 키를 눌러 하나로 결합합니다.

03 Control+X 키를 누르면 무음 구간을 검색하여 삭제할 수 있는 창이 열립니다. 트레숄드에서 어느 정도 레벨 이하를 제거할 것인지를 조정합니다. 남는 리전은 사각 테두리로 표시됩니다. 무음 상태로 수용 가능한 최소 시간은 검색에서 무시할 무음 길이를 설정하는 것이며, 프리 어택 및 포스트 릴리스 시간은 리전 앞/위 여유 길이를 설정합니다. 그리고 제로 크로싱 검색은 파형이 베이스 라인에 일치되는 위치로 자르게 합니다.

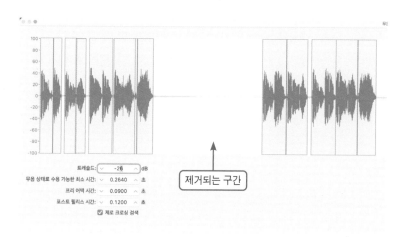

04 노래를 하지 않고 있는 구간이 깔끔하게 제거된 것을 확인할 수 있습니다. 단, 무음에서 갑자기 소리가 나올 때 클릭 잡음이 발생할 수 있으므로, 리전 인스펙터의 페이드 인을 적용합니다.

Lesson 07

오토메이션

오토메이션은 채널 스트립의 컨트롤이나 플러그인 파라미터의 움직임을 기록하여 자동으로 재생되게 하는 역할을 합니다. 트랙이 재생되는 동안에 볼륨이 변경되게 할 때 또는 페이드 아웃 시킬 때, 보컬의 다이내믹을 정리할 때, 이펙트의 양이나 필터 값을 실시간으로 변경할 때 등 믹싱과 마스터링 작업을 할 때 꼭 필요한 기능입니다.

| 입력과 편집

01 메뉴 바의 ① 오토메이션 보기 버튼을 클릭하여 On으로 하면 모든 트랙에 오토메이션을 기록하거나 편집할 수 있는 파라미터가 보이며, 기본 ② 모드는 기록되어 있는 오토메이션대로 컨트롤러를 움직이게 하는 Read 모드입니다.

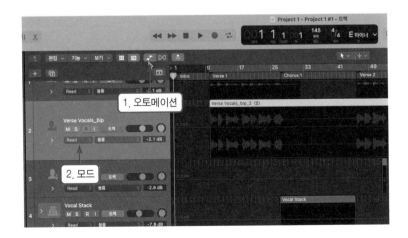

02 오토메이션은 라인을 ① 클릭하여 포인트를 추가하고 드래그하여 값을 조정합니다. 포인트를 더블 클릭하면 삭제할 수 있습니다. 기본적으로 오토메이션 ② 파라미터은 볼륨이 선택되어 있습니다. 즉, 곡을 재생하면 사용자가 입력한 오토메이션 라인의 움직임대로 채널 스트림의 볼륨 슬라이더가 자동으로 움직이게 됩니다.

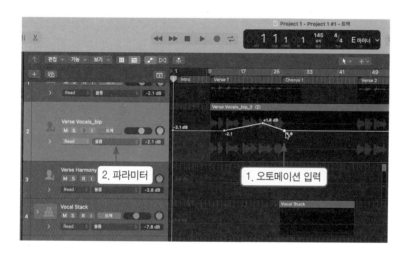

03 볼륨 외의 파라미터를 메뉴에서 선택하는 것 보다는 조정하고자 하는 파라미터를 선택했을 때 자동으로 선택되게 하고 싶다면 믹스 메뉴의 읽기 모드에서 오토메이션 파라미터 자동 선택을 체크합니다.

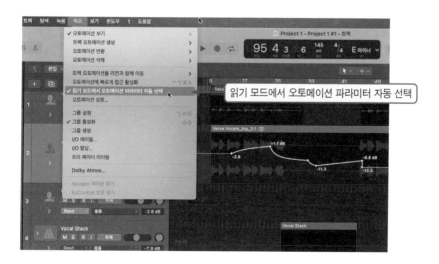

04 레벨 차이가 큰 보컬에 컴프레서를 걸기 전에 오토메이션으로 큰 레벨을 정리하는 엔지니어도 많습니다. 이렇게 특정 범위의 레벨을 조정하고 싶을 때는 ① Command 도구에 마키 도구를 설정하고, ② Command 키를 누른 상태로 범위를 선택한 다음에 라인을 움직이면 편리합니다.

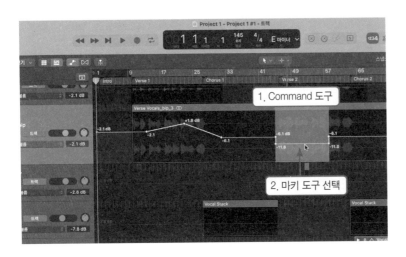

05 도구 목록에는 오토메이션을 이동하거나 Option 키를 누른 상태로 복사하는 등의 작업을 진행할 수 있는 '오토메이션 선택 도구'와 라인을 곡선으로 편집할 수 있는 '오토메이션 커브 도구'가 있습니다. 선택 도구는 포인터 도구로 대신할 수 있기 때문에 잘 사용하지 않지만, 커브 도구는 부드러운 움직임이 필요할 때 자주 사용되므로 기억해두기 바랍니다.

06 오토메이션 파라미터 선택 메뉴 오른쪽에 있는 다듬기 값을 이용하면 입력되어 있는 오토메이션 값을 한 번에 증/감시킬 수 있습니다.

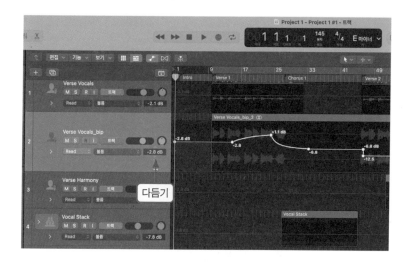

07 믹스 메뉴의 오토메이션 삭제를 이용하면 오토메이션을 한 번에 삭제할 수 있습니다. 선택한 트랙에서 표시된 오토메이션, 모든 오토메이션, 고립된 오토메이션, '중복 오토메이션 포인트, 모든 트랙 오토메이션이 있습니다. 여기서 고립된 오토메이션은 파라미터가 없는 것을 말하며, 복사 과정에서 사용자 실수로 간혹 발생할 수 있습니다.

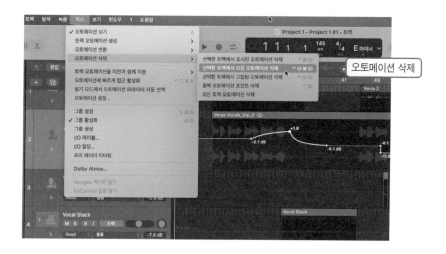

| 쓰기 모드

01 오토메이션은 컨트롤러의 움직임을 실시간으로 기록할 수 있습니다. 이를 위한 모드는 Touch, Latch, Write의 3가지 타입이 있습니다. Touch 모드를 선택합니다.

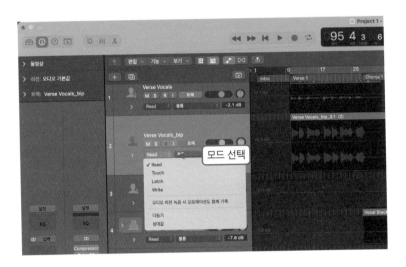

02 스페이스 바 키를 눌러 곡을 재생하고, 채널 스트립 또는 믹서의 볼륨 슬라이더를 움직여 봅니다. 오토메이션이 기록되는 것을 확인할 수 있습니다. 마우스에서 손을 떼면 오토메이션 값은 움직임이 기록되기 전으로 복구됩니다.

03 모드를 Latch로 변경하고 같은 과정을 반복해봅니다. 그리고 손을 떼면 마지막 값이 유지된다는 차이점을 알 수 있습니다. 주로 오토메이션을 새로 기록할 때 Latch 모드를 사용하고, 일부분을 수정할 때 Touch 모드를 사용합니다.

04 Write모드는 Touch 모드와 비슷합니다. 단, 움직임이 없어도 기존에 기록된 오토메이션을 삭제하면서 진행된다는 경고창이 열립니다. 오토메이션을 다시 기록하고 싶을 때 사용할 수 있는 모드이지만 파라미터 제한이 있기 때문에 잘 쓰지는 않습니다.

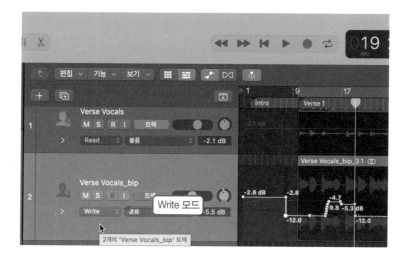

05 오토메이션은 마스터 건반 또는 외부 미디 컨트롤러를 이용해서 기록하거나 편집할 수 있습니다. Logic Pro 메뉴의 컨트롤 서피스에서 컨트롤러 할당을 선택하여 창을 엽니다.

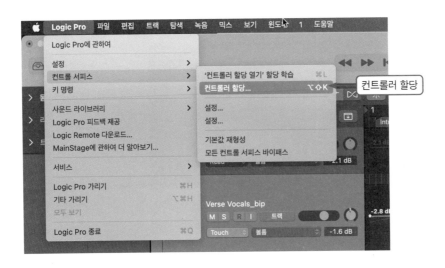

06 컨트롤러 할당 창의 ① 학습 버튼을 클릭합니다. 그리고 믹서 또는 이펙트에서 조정하고자 하는 파라미터를 선택하고, 사용하고 있는 마스터 건반의 ② 컨트롤러를 움직입니다. 그러면 해당 컨트롤러로 오토메이션을 기록하거나 편집할 수 있습니다.

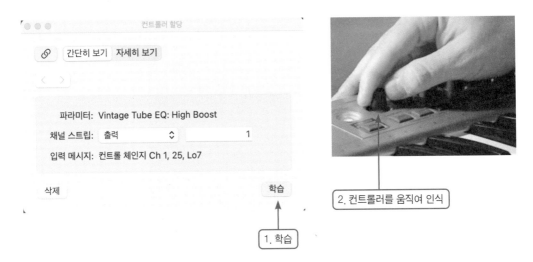

07 Stereo Out 및 Master 트랙 또는 Aux 트랙의 오토메이션 라인을 프로젝트에서 보면서 편집하고 싶을 때는 믹서에서 마우스 오른쪽 버튼을 클릭하여 단축 메뉴를 열고, 트랙 생성을 선택합니다. Stereo Out 트랙은 트랙 출력 트랙 보기입니다.

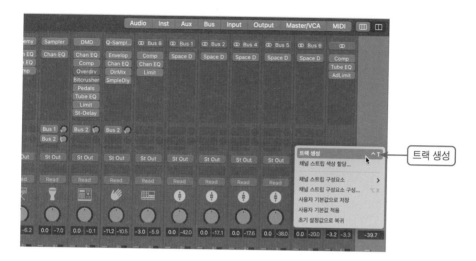

08 Stereo Out 및 Master 트랙 또는 Aux 트랙을 메인 창에 표시할 수 있으며, 오토메이션 라인을 보면서 마우스로 편집할 수 있습니다.

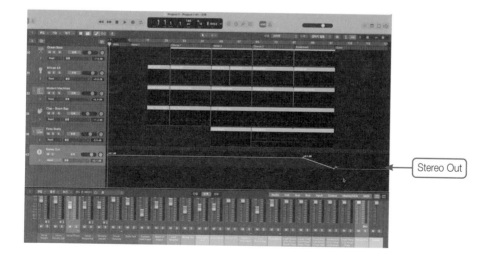

SECTION 02

마스터링

음악 제작의 마지막 과정인 마스터링은 오랜 훈련과 연습이 필요한 전문 분야입니다. 사실 편곡, 녹음, 믹싱, 마스터링을 각각의 전문가에게 의뢰하는 것만큼 좋은 결과를 만들 수 있는 없습니다. 하지만, 결과물이 2%로 모자라도 혼자서 해낼 수 있다면 엄청난 비용을 절감할 수 있습니다.

Lesson 01

모니터 환경

마스터링은 믹싱 작업이 끝난 음악을 마지막으로 한 번 더 다듬는 과정입니다. 그래서 EQ나 컴프레서의 조정 폭이 크지 않습니다. 결국, 마스터링에서 모니터 시스템은 그 무엇보다 중요합니다. EQ의 특정 주파수 대역을 3dB 정도 증/감해보면서 변화를 구분할 수 없다면 모니터 스피커의 교체 여부를 고려해봐야 할 것입니다.

| 모니터 스피커

사운드를 들을 수 있는 대표적인 장치는 헤드폰, 이어폰, 스피커 등이 있으며, 일반적으로 쉽게 접할 수 있는 하이파이 제품들은 소리가 가급적 좋게 들리도록 저음과 고음이 증폭되어 출력됩니다. 별도의 앰프가 제공되는 카스테레오나 홈시어터 시스템의 경우에는 앰프에 내장된 EQ를 Off 시켜 저음과 고음이 증폭되지 않도록 조정할 수 있는 경우도 있지만, 대부분의 하이파이 제품들은 원음이 그대로 재생되지 않는다는 의미입니다. 이것은 인간의 청각 특성에 맞추어 사운드가 좀 더 좋게 들리도록 하는 것이기 때문에 결코 나쁘다는 것이 아닙니다.

하지만, 사운드를 컨트롤하는 입장에서는 원음을 정확하게 판별하는 것이 중요하기 때문에 저음과 고음이 증폭되지 않고, 모든 주파수 대역이 고르게 재생될 수 있도록 설계된 전문 장치가 필요합니다. 이것이 바로 모니터 스피커라고 부르는 장치이며, 오디오 콘텐츠를 제작하는 사람들에게는 꼭 필요한 제품입니다.

▲ 모니터 스피커

헤드폰이나 이어폰도 원음을 그대로 들을 수 있게 모니터 헤드폰 또는 모니터 이어폰이라고 하는 제품들이 있지만, 좌/우가 완전히 분리되어 있기 때문에 스피커와 동일한 모니터는 불가능합니다. 그래서 녹음을 할 때나 사운드를 체크할 때 또는 야간에 작업해야 할 때와 같이 꼭 필요한 상황이 아니라면 모니터용으로는 잘 사용하지 않습니다.

다만, 사용자가 만든 오디오 콘텐츠는 최종적으로 컴퓨터, 핸드폰, 이어폰, 카스테레오 등의 미디어 장치에서 재생되는 것이 일반적이기 때문에 완성된 오디오를 이러한 미디어에서 모니터해보는 습관을 가져야 합니다. 이것은 모니터 스피커에서 어떠한 밸런스를 유지해야 최종 미디어에서 어떻게 들릴 것이라는 것을 예상할 수 있을 때까지 반복해서 훈련하는 것이 좋습니다.

일반적으로 많이 사용하는 모니터 스피커의 유형은 고음역과 저음역을 분리하여 재생하는 2Way 방식입니다. 제조사마다 차이는 있지만, 보통 2KHz를 기점으로 분리되며, 2KHz 이하의 저음역을 재생하는 스피커를 우퍼(Woofer), 2KHz 이상의 고음역을 재생하는 스피커를 트위터(Tweeter)라고 부르고, 주파수는 스피커에 내장된 크로스오버(Crossover) 회로에 의해 분리됩니다.

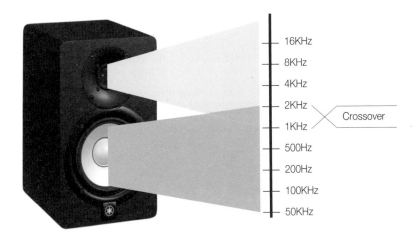

스피커를 구매할 때 확인해야 할 성능은 Frequency Response입니다. 이는 해당 제품이 재생할 수 있는 주파수 범위를 나타내는 것으로 일반적으로 많이 사용하는 5인치 제품은 60-80Hz 이상, 8인치 제품은 40-60Hz 이상의 주파수 대역을 재생할 수 있습니다. 간혹, 모든 스피커가 인간의 가청 주파수인 20Hz에서 20KHz 범위의 사운드를 들려주고 있다고 오해하는 사람들이 많고, 이로 인해 들리지도 않는 베이스 음역을 증가시켜 사운드를 답답하게 만드는 경우를 자주 봅니다.

믹싱을 할 때 이러한 실수를 피하려면 자신이 사용하고 있거나 구매할 스피커가 실제로 어느 정도의 주파수 범위를 재생할 수 있는지를 나타내는 Frequency Response을 반드시 확인을 해야 합니다. 인간의 가청 주파수가 20Hz-20KHz라고 하지만, 30세가 넘어가면 17KHz 이상을 듣기 어렵고, 좀 더 나이가 들면 저음역도 잘 들리지 않기 때문에 의미 없는 성능이라고 취급할 수 있지만, 훈련을 반복하면 들리지는 않아도 몸으로 느껴지는 감각이 다르기 때문에 스피커를 선택하는 데 있어서 반드시 체크해야 할 사항입니다.

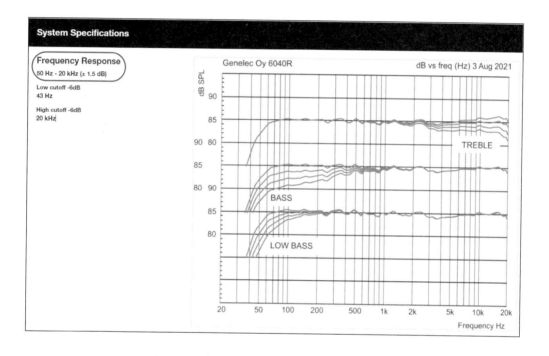

개인차는 있지만, 남성은 100Hz, 여성은 200Hz의 음성을 가지고 있기 때문에 오디오북이나 유튜브 등의 음성 콘텐츠를 제작하는 경우에는 5인치의 작은 제품도 상관없습니다. 그러나 음악 콘텐츠를 제작하는 것이 목적이라면 베이스의 최저 음역인 40Hz 이상을 재생할 수 있는 제품을 갖추는 것이 좋으며, 비용이 허락한다면 저음 재생을 목적으로 제작된 서브 우퍼(Sub-woofer) 스피커를 추천합니다.

▲ 서브우퍼

| 스피커의 선택

40Hz까지 충분히 재생할 수 있는 큰 스피커를 선택할 것인지, 작은 스피커에 서브 우퍼를 추가할 것인지는 작업 목적과 공간을 고려하여 결정합니다. 작업 목적이 음성 콘텐츠라면 100Hz 이하의 저음역은 그리 중요하지 않으므로, 5인치의 작은 스피커로도 충분하지만, 음악 콘텐츠 제작을 목적으로 한다면 저음역이 중요하므로, 서브 우퍼를 추가하거나 8인치 이상의 큰 스피커를 선택해야 합니다. 여기서 서브 우퍼를 선택할 것인지, 큰 스피커를 선택할 것인지의 여부는 작업 공간에 따라 선택합니다. 서브 우퍼는 바닥에 설치를 하기 때문에 저음역의 진동이 아래층으로 전달될 수밖에 없습니다. 그래서 층간 소음이 걱정되는 아파트나 빌라에서 작업을 하는 경우라면 철저한 진동 방지 시스템을 갖추거나 서브 우퍼를 포기하고 큰 스피커를 선택하는 것이 현명하고, 아래층에 신경 쓸 필요가 없는 1층이나 사무실이라면 서브 우퍼를 추가하는 것이 좋습니다.

또 한가지 공간에 따라 고려해야 할 사항은 스피커 홀의 위치입니다. 스피커에는 울림 방지를 위한 구멍이 있습니다. 이곳에서 저음이 함께 출력되기 때문에 베이스 포트라고도 하는데, 일반적으로 와트 수가 작은 스피커는 앞에 있고, 와트 수가 큰 스피커는 뒤에 있습니다. 즉, 구멍이 후면에 있는 것이 큰 레벨로 모니터할 때 유리하고, 음의 왜곡 현상도 적습니다. 하지만, 벽과의 거리를 그만큼 유지해야 하기 때문에 책상을 벽 가까이 배치하는 일반 가정에서는 좋지 않습니다.

이론적으로 스피커는 양쪽 벽 거리 15% 위치에 배치하는 것을 원칙으로 하며, 홀이 뒤에 있는 경우에는 스피커 후면과 벽과의 거리가 그 두배에 해당하는 30% 이상의 거리에 둘 것을 권장하고 있습니다. 예를 들어 양쪽 벽의 거리가 3m라면 스피커는 벽으로부터 45cm 이상 떨어지는 것이 좋으며, 홀이 뒤에 있는 경우에는 90cm 이상의 공간 확보가 필요하다는 것입니다.

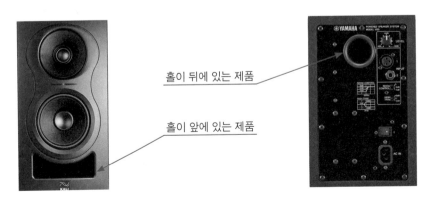

홀이 뒤에 있는 제품

홀이 앞에 있는 제품

| 스피커의 설치

입문자들이 가장 많이 하는 질문은 "어떤 제품을 구입하면 좋을까요?" 입니다. 요즘에는 워낙 기술이 좋아졌기 때문에 같은 가격대는 큰 차이 없습니다. 일반 가전제품을 구입할 때와 마찬가지로 유명한 제작사들 중에서 자신이 투자할 수 있는 최대 비용의 제품을 구입하면 됩니다. 그 외, 앞에서 살펴본 사항과 같이 작업 목적과 공간에 따라 큰 것을 구입할 것인지, 서브 우퍼를 추가할 것인지를 고려하고, 자신이 좋아하는 디자인과 색상으로 선택하면 됩니다. 사실 제품보다 더 중요한 것은 작업 공간의 설계입니다. 같은 제품이라도 어떤 공간에 어떻게 설치하는가에 따라 전혀 다른 소리를 내기 때문입니다.

스피커는 양쪽 벽 거리의 15%를 띄우고, 삼각형이 되도록 안쪽으로 30도씩 틀어서 놓는 것이 기본 원칙입니다. 방의 크기가 3-4m라고 가정했을 때, 모니터 지점은 2.5-2.8m 이상이 되는 것입니다. 일반 가정에서 책상을 방 한가운데 놓는 것은 어렵기 때문에 처음부터 녹음실로 설계된 공간이 아니라면 현실적으로 불가능합니다. 설사 가능한 빈 방이 있더라도 후면 공간도 그 만큼 필요하기 때문에 의미 없습니다.

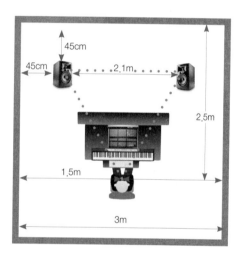

1인용 책상은 대부분 가로 120cm입니다. 스피커를 양쪽 끝에 놓았을 때 모니터 지점과 삼각형이 이루어지는 크기입니다. 책상을 양쪽 벽 사이 중앙에 놓으면 좋겠지만, 이것도 가정에서는 어렵습니다. 다만, 창문 쪽은 피하고, 벽과의 거리는 최소 20-30cm 정도 떨어지게 놓습니다. 필요하다면 스피커 후면과 측면 벽, 그리고 스피커와 모니터 지점 사이의 천장과 귀 옆에 흡음재를 붙이고, 스피커와 마주보는 후면에는 분산재를 붙입니다.

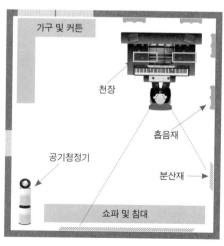

흡음재와 분산재는 인터넷에서 쉽게 검색하여 구매할 수 있으며, 필요한 위치에 부분적으로 붙이는 것이 좋습니다. 물론, 앞의 예는 공간이 비어 있을 경우입니다. 책장, 침대, 소파, 화분 등의 가구가 있다면 흡음 및 분산 처리 위치가 달라질 수 있으며, 스피커 주변 외에는 아예 필요 없을 수도 있습니다. 실제로 책장과 공기청정기 한 대만 놓아도 사운드가 울리는 플러터 에코나 사운드가 감소하는 정재파 현상을 해결할 수 있기 때문에 흡음재를 덕지 덕지 붙이지 않아도 되는 경우가 많습니다. 레코딩과 모니터에 큰 문제가 없는데, 넘쳐나는 유튜브 정보로 오히려 사운드를 망치는 결과를 많이 봅니다. 공간을 꾸미고 싶은 마음은 이해하지만, 남들이 좋다고 하는 것을 무작정 따라하기 보다는 작업을 해보면서 발생하는 문제점을 하나씩 해결해 가는 것이 가장 좋습니다.

다음으로 체크해야 할 사항은 스피커의 높이 입니다. 스피커 바닥에는 책상의 진동으로 인한 공진을 줄일 수 있는 다양한 재질의 방진 패드 또는 스파이크나 스탠드 타입의 받침대를 설치합니다. 사실 진동 방지를 위한 가장 좋은 방법은 안 읽는 책을 쌓아 놓는 것이지만, 인테리어를 망친다고 생각한다면 시중에 판매되고 있는 제품 중에서 마음에 드는 타입을 선택합니다.

▲ 스탠드 타입

▲ 패드 타입

그리고 Audio FX의 Utillity 폴더에서 Text Oscillator를 실행하여 1KHz 샘플 톤이 자신의 귀 높이에 들리도록 위치를 조정합니다. 들리는 소리가 귀 높이보다 낮거나 높은데, 높이를 조정할 수 없는 경우라면 스피커를 아래쪽이나 위쪽으로 기울여 주면 됩니다. 특히, 음악 콘텐츠 제작을 목적으로 하는 사람이라면 반드시 높이를 맞추기 바랍니다.

인간의 가청 주파수는 20Hz-20KHz이지만, 중심 주파수는 1KHz를 기준으로 하며, 그 이상의 고음역은 위쪽에서 들리고, 그 이하의 저음역은 아래쪽에서 들립니다. 주파수마다 다른 높이를 구분할 수 있을 때까지 훈련을 하면 레벨 및 EQ 작업이 매우 손쉬워집니다.

| 헤드폰과 이어폰

사운드는 스피커로 모니터 하는 것이 가장 좋습니다. 왼쪽 사운드를 왼쪽 귀에, 오른쪽 사운드를 오른쪽 귀에 직접 전달하는 헤드폰이나 이어폰과는 다르게 왼쪽과 오른쪽에서 재생되는 사운드를 양쪽귀로 동시에 전달하는 스피커는 공간감과 정위감을 정확하게 모니터할 수 있기 때문입니다. 특히, 장시간 모니터를 할 때는 귀 건강에도 덜 해롭습니다.

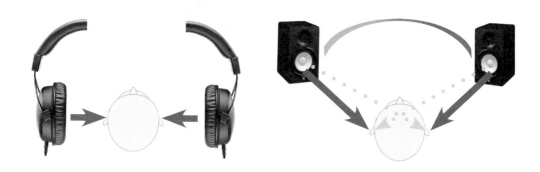

하지만, 녹음을 할 때는 스피커 소리가 마이크로 수음 되면 안 되기 때문에 헤드폰이나 이어폰을 사용할 수밖에 없습니다. 헤드폰이나 이어폰 역시 일반적으로 사용되는 청취용이 아닌 모니터용으로 출시되는 제품들이 있습니다. 입력 소스를 정확하게 판단해야만 하는 스튜디오 엔지니어나 연주자들에게는 반드시 필요한 장치이지만, 레코딩되는 사운드를 모니터하는 단순한 목적이라면 굳이 고가의 모니터용 헤드폰이나 이어폰을 구입할 필요는 없습니다. 그냥 스마트폰을 구입할 때 사은품으로 받았던 저가의 이어폰만으로도 충분합니다. 다만, 이어폰 단자는 3.5mm 규격이 대부분이고, 오디오 인터페이스의 헤드폰 연결 단자는 5.5mm가 일반적이므로 이를 연결할 수 있는 35 to 55 변환 젠더가 필요합니다.

▲ 35 to 55 변환 젠더

만일, 블루투스 무선 이어폰을 사용하고 싶다면, 무선 랜카드 또는 유선 오디오를 블루투스 페어링이 가능한 제품으로 변환해주는 송/수신기를 추가합니다. 물론, 무선랜을 지원하는 노트북 및 데스크탑 사용하고 있다면 필요 없습니다.

▲ 블루투스 송/수신기

다만, 블루투스는 유선에 비해 음질이 현저하게 떨어지기 때문에 음악 제작을 목적으로 하는 엔지니어나 뮤지션들에게는 권장하지 않습니다. 광고 나래이션이나 오디오북과 같은 음성 콘텐츠를 제작하는 사람들에게는 무리 없는 제품입니다. 완성한 음악이 블루투스 이어폰에서 어떻게 들리는지 체크하는 용도로 사용하는 뮤지션도 있기는 합니다.

그리고 두 사람 이상이 함께 레코딩 작업을 하는 경우에는 헤드폰이나 이어폰도 2대 이상이 필요하며, 오디오 인터페이스의 헤드폰 단자도 2개 이상이어야 합니다. 저가의 제품도 2개의 헤드폰 단자를 제공하는 경우가 있지만, 그렇지 않다면 오디오 인터페이스 헤드폰 단자에 연결하여 여러 대의 헤드폰을 사용할 수 있도록 해주는 헤드폰 앰프라는 장치를 사용합니다. 보통 4대 또는 8대의 헤드폰을 연결할 수 있는 4채널 또는 8채널 타입이 있습니다.

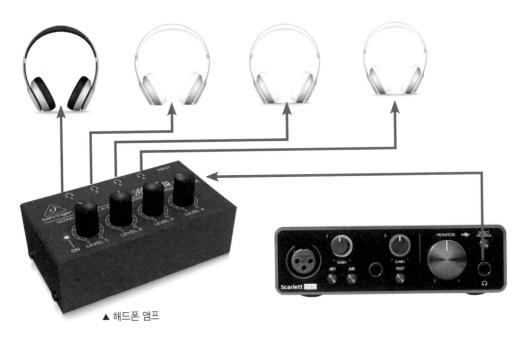

▲ 헤드폰 앰프

Lesson 02 주파수 밸런스

마스터링에서 작은 이큐잉은 전체 밸런스를 크게 바꿀 수 있기 때문에 세심하게 접근할 필요가 있습니다. 특정 주파수 대역에서 3dB 이상의 게인 조정이 필요하다면 애당초 믹싱이 잘못되었다고 보아도 좋습니다. 물론, 그 이전 편곡이나 레코딩이 잘못되었을 수도 있습니다. 아무튼, 마스터링은 곡을 발표하기 전의 최종 마무리 단계이지 드라마틱한 변화를 기대해서는 안 되며, 결과가 마음에 들지 않는다면 처음부터 다시 체크할 필요합니다.

| EQ 테크닉

사람마다 저음이 풍부한 것을 좋아하는 경우가 있고, 고음이 밝은 것을 좋아하는 경우가 있습니다. 그럼 마스터링 엔지니어는 어떻게 해야 할까요? 정답은 간단합니다. 저음도 풍부하고 고음도 밝은 음악을 만들면 됩니다. 저음이 풍부한 것을 싫어하거나 고음이 밝은 것을 싫어하는 사람은 거의 없지만, 저음만 풍부하거나 고음만 밝은 사운드는 대부분 싫어합니다. 저음만 풍부하다는 것은 답답하다는 의미이며, 고음만 밝다는 것은 시끄럽다는 의미일 수 있기 때문입니다.

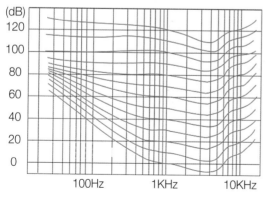

결국, 기본적인 밸런스는 표준으로 맞춰 놓고, 저음과 고음에 대한 개인 취향은 1-2dB 정도면 충분합니다. 주파수의 표준 밸런스는 찬반이 존재하지만, 여전히 많은 엔지니어들이 각 주파수별 레벨 값을 나타내고 있는 플레처 먼슨(Fletcher Munson) 그래프를 참조하고 있습니다.

플레처 먼슨 그래프를 보면 알 수 있듯이 주파수 밸런스는 레벨에 따라 차이가 있습니다. 그래서 마스터링을 할 때는 크게도 모니터해보고 작게도 모니터 해봐야 하며, 어느 정도의 타협점을 찾아야 합니다. 만약 낮은 레벨에서 킥 드럼이 빈약하게 들린다고 해서 저음을 보강하면 베이스를 비롯한 저음역 악기들이 모두 증가되기 때문에 레벨을 크게 해서 들을 때 보컬이 잘 들리지 않거나 전체적으로 답답한 사운드가 될 수 있다는 것입니다. 그래서 마스터링은 개별 트랙을 컨트롤하는 믹싱 테크닉으로 접근해서는 안 되고, 여러 대역을 나누어 조금씩 컨트롤하는 방식으로 접근해야 합니다. 예를 들어 100Hz 대역의 저음역을 6dB 정도 올려야 한다면 100Hz를 3dB 정도만 올리고 그 주변의 80과 120Hz 대역을 1.5dB정도로 보충하는 것입니다. 이것을 페더링 테크닉(Feathering Technique)이라고 하며, 위상 변위를 줄이면서 다양한 레벨에서 밸런스를 유지할 수 있는 마스터링 이큐잉의 기본 테크닉입니다.

그리고 마스터링에서 주파수 밸런스의 중심은 보컬입니다. 물론, 믹싱에서도 보컬을 기준으로 트랙을 하나씩 더하는 경우도 있지만, 대부분 저음역의 킥을 중심으로 악기를 쌓아 놓고, 보컬을 얹는 방식으로 진행하는 경우가 많습니다. 그러므로 마스터링을 할 때는 항상 보컬을 중심으로 시작하는 것이 좋습니다. 예를 들어 밝고 선명한 음색을 만들기 위해서 고음역을 증가시켜야 할 필요가 있다면 고음역을 직접 컨트롤하기 전에 보컬 음역을 낮춰보는 것입니다. 반대로 음색이 날카롭고 시끄럽게 들린다고 고음역을 낮추는 것 보다는 보컬 음역을 올려보는 것입니다. 보컬 음역을 조정한 만큼 상대적으로 저음역과 고음역이 증/감되는 효과를 얻을 수 있습니다.

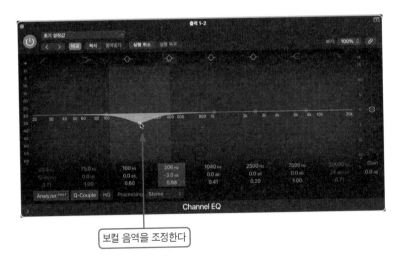

보컬 음역을 조정한다

예를 들어 보컬 음역을 2-3dB 정도 낮추고, 고음역을 1-2dB 정도로 조금 증가시키면, 전체 밸런스를 유지한 상태에서 고음역을 3-5dB 증가시킨 효과를 얻을 수 있습니다. 부족한 보컬 음역은 그 이하의 저음역을 차단하는 것으로 해결하는 접근이 필요합니다.

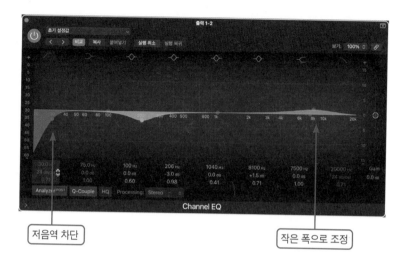

저음역 차단   작은 폭으로 조정

마스터링에서 EQ를 조정할 때는 대역폭(Q)을 0.5에서 0.7 정도로 넓게 사용합니다. 이를 Low-Q라고 하며, 자연스러운 음을 제공하기 때문에 마스터링 작업에서 많이 사용합니다. 반대로 2 이상의 좁은 대역폭을 Hi-Q라고 하며, 불필요한 잡음을 제거하거나 특정음을 강조하는 믹싱 작업에서 많이 사용합니다.

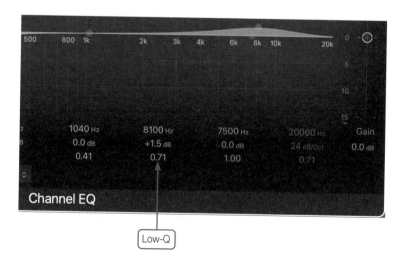

Low-Q

| 마스터링 EQ

로직은 Channel EQ 외에도 Linear Phase EQ, Match EQ, Single Band EQ, Vintage EQ 등을 제공합니다. Linear Phase EQ는 위상 변위가 발생하지 않는다는 이유로 마스터링을 할 때는 반드시 사용해야 한다는 말도 안 되는 법칙이 존재할 만큼 유명하며, Vintage EQ는 과거에 전설로 불리던 하드웨어를 시뮬레이션 한 것입니다. 그리고 자신이 좋아하는 곡의 밸런스를 그대로 적용할 수 있는 Match EQ와 댄스 음악에서 자주 사용되는 Single Band EQ가 있습니다.

● Linear Phase EQ

어떤 장치이든 사용을 하면 음색 변화가 발생합니다. 그래서 믹싱과 마스터링 구분없이 꼭 필요한 장치가 아니라면 사용을 자제하는 것이 원칙입니다. 특히, EQ나 컴프레서와 같은 장치는 음색의 특성을 나타내는 위상이 변하기 때문에 신중한 결정이 필요합니다. 여기서 EQ는 주파수가 꺾이는 부분에서 위상이 찌그러지는 현상이 발생하는데, 이러한 찌그러짐이 발생하지 않게 선형으로 처리하는 EQ를 리니어 타입이라고 합니다. 로직에서 제공하는 Linear Phase EQ가 이름 그대로 리니어 타입의 EQ이며, 지연 현상이 발생한다는 특징이 있기 때문에 믹싱을 할 때는 잘 사용하지 않고, 마스터링 작업에 사용하는 것이 일반적입니다. 그러나 Linear Phase EQ를 마스터링 전용으로 취급해서는 안 됩니다.

다행이 로직은 Channel EQ와 Linear Phase EQ의 설정을 공유할 수 있기 때문에 Audio FX 슬롯에서 장치를 변경해보는 것 만으로도 각각의 결과를 쉽게 비교할 수 있습니다. 반드시 모니터를 해보고 장치 사용을 결정하기 바랍니다.

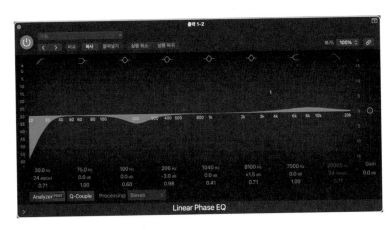

● Vintage Console EQ

로직은 과거 음향계를 평정했던 하드웨어 EQ를 그대로 복각하여 소프트웨어로 구현하고 있는 빈티지 스타일의 3가지 EQ를 제공합니다. 첫 번째 Vintage Console EQ는 70년대 전 세계 녹음 스튜디오 표준으로 여겨지던 Wessex A88 콘솔의 Neve 1073을 복각한 제품입니다.

▲ Neve 1073

Neve 1073은 아직도 전 세계 수많은 스튜디오에서 애용되고 있지만, 워낙 가격이 비싸서 개인이 사용하기에는 무리가 있는 제품입니다. 하지만, 로직 사용자는 이를 공짜로 사용할 수 있습니다. 파라미터는 저음역을 차단하는 Low Cut 필터를 포함하여 4밴드로 구성되어 있습니다.

In : 장치를 On/Off 합니다.

Low Cut : 50Hz에서 300Hz 이하의 저음역을 차단하는 필터입니다. Slope는 18dB/Oct 입니다.

Low Gain/Freq : 35Hz에서 220Hz 이하의 저음역을 증/감하는 쉘빙 타입입니다.

MID Gain/Freq : 360Hz에서 7.2KHz 범위를 증/감하는 피크 타입입니다.

High Gain : 12KHz 이상을 증/감하는 쉘빙 타입입니다.

● Vintage Graphic EQ

두 번째 Vintage Graphic EQ는 60년대 후반 전설적인 녹음 시스템으로 알려진 API 콘솔에서 사용되던 500시리즈 그래픽 타입의 EQ로 복각 모델은 API 560입니다.

▲ API Console

▲ API 560

API 560 역시 Neve 1073과 마찬가지로 아직도 많은 사랑을 받고 있는 제품입니다. 밴드가 고정되어 있는 그래픽 타입이기 때문에 손쉽게 사용할 수 있다는 장점이 있고, Tune을 조정하여 16Hz에서 32KHz 대역까지 각 밴드의 주파수 값을 조정할 수 있습니다.

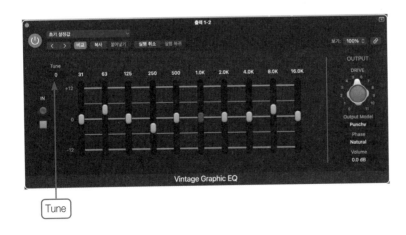

Tune

● Vintage Tube EQ

파란색으로 유명한 Pultec EQP-1A와 MEQ-5를 복각하고 있는 제품입니다. 50년대부터 지금까지 Pultec이 없으면 녹음실 취급도 받지 못할 만큼 필수적인 장치로 인식되고 있으며, 저음과 고음역에 특화된 EQP-1A와 미들 음역에 적합한 MEQ-5가 콤비로 사용됩니다.

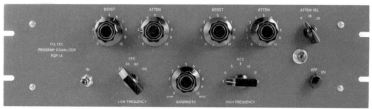

▲ Pultec EQP-1A

▲ Pultec MEQ-5

로직의 Vintage Tube EQ는 2단으로 구성되어 있으며, 상단이 EQP-1A, 하단이 MEQ-5를 모방합니다. 상단의 EQP-1A는 쉘빙 타입의 Low와 High Atten, 그리고 피크 타입의 High로 구성되어 있으며, 하단의 MEQ-5는 3밴드 모두 피크 타입입니다.

● EQP-1A

In : 장치를 On/Off 합니다.

Low Boost : Low Freq에서 설정한 저음역 이하를 증가시킵니다.

Low Atten : Low Freq에서 설정한 저음역 이하를 감소시킵니다.

Low Freq : 저음역 쉘빙 주파수 대역을 20Hz에서 100Hz 범위로 설정합니다.

High Boost : High Freq에서 설정한 주파수를 중심으로 증가시키킵니다.

High Bandwidth : 고음역 대역폭을 조정합니다.

High Freq : 조정할 고음역의 중심 주파수를 1KHz에서 16Hz 범위로 설정합니다.

High Atten : High Atten Sel에서 설정한 고음역 이상을 감소시킵니다.

High Atten Sel : 고음역 쉘빙 주파수 대역을 5KHz에서 20KHz 범위로 설정합니다.

● MEQ-5

In : 장치를 On/Off 합니다.

Low Freq : 저음역 중심 주파수를 200Hz에서 1KHz 범위로 설정합니다.

Low Peak : 저음역을 증가시킵니다.

Dip Freq : 중음역 중심 주파수를 200Hz에서 5KHz 범위로설정합니다.

Dip : 중음역을 감소시킵니다.

High Freq : 고음역 중심 주파수를 1.5KHz에서 5KHz 범위로 설정합니다.

High Peak : 고음역을 증가시킵니다.

● OUTPUT

3가지 Vintage EQ OUTPUT에는 출력 게인 및 모델을 선택할 수 있는 파라미터를 제공합니다.

Drive : 입력 게인을 높여 아날로그 특유의 색감을 추가합니다.

Output Model : 출력 모델을 선택합니다.

Silky(Tube EQ), Punchy(Graphic EQ), Smooth(Console EQ)이며, EQ와 일치하는 모델을 사용하거나 다른 장치를 선택할 수 있습니다.

Phase : 위상 처리 모드를 선택합니다.

일반(Natural)과 리니어(Linear) 방식을 제공합니다.

Volume : 출력 볼륨을 설정합니다.

● Match EQ

Match EQ는 사용자가 만든 곡의 주파수 밸런스를 사용자가 좋아하는 곡과 동일하게 맞춰주는 기능을 갖추고 있어 초보자도 손쉽게 전문가급 마스터링 작업을 할 수 있게 해줍니다. 사용법은 간단합니다. 사용자가 좋아하는 곡을 ① Reference로 가져다 놓고, 사용자가 만든 곡은 ② Current로 가져다 놓습니다. 그리고 ③ Match 버튼을 클릭하면 됩니다. 바운싱을 하지 않은 곡이라면 Current의 ④ Learn 버튼을 On으로 놓고, 프로젝트를 끝까지 재생하여 분석합니다.

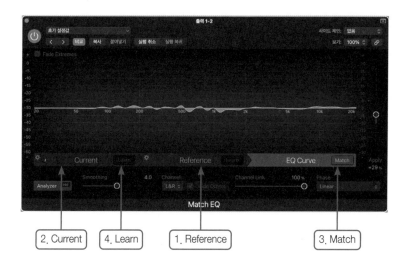

Fade Extremes : 100Hz 이하의 저음역과 10KHz 이상은 고음역을 제외시킵니다. 핸들을 드래그하여 범위를 조정할 수 있으며, 트레숄드보다 높거나 낮은 신호는 서서히 0으로 사라집니다.

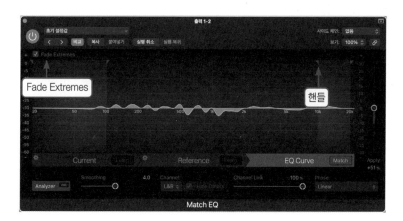

Analyzer : 분석 주파수 전(Pre)/후(Post) 신호를 디스플레이에 표시합니다.

Smoothing : EQ 조정 라인을 조정합니다.

Channel : 채널을 선택합니다.

Hide Orders : 개별 채널을 선택한 경우 다른 채널을 가리거나 표시합니다.

Channel Link : 채널 설정을 세분화합니다. 100%는 모든 채널이 공통 커브로 표시되며, 0%는 각 채널이 별도로 표시됩니다. 0~100% 사이는 각 채널의 변경 사항이 혼합되어 표시됩니다.

Phase : 필터 커브의 작동 원리를 선택합니다.

Linear - 위상이 변경되는 것을 방지하지만 지연 시간이 길어집니다.

Minimal - 위상은 변경되지만 지연 시간이 줄어듭니다.

Minimal, Zero Latency - 지연 시간은 추가되지 않지만 CPU 사용량이 높습니다.

Apply : 필터 커브가 신호에 미치는 영향을 결정합니다. 100% 이상이면 확대되고, 100% 미만이면 감소합니다. 음수 값은 커브를 반전시키고, 100%는 필터 커브에 영향을 주지 않습니다.

● Single Band EQ

Low Cut, Low Shelf, Parametric, High Shelf, High Cut 모드 중에서 한 가지를 선택하여 사용할 수 있는 싱글 밴드 EQ입니다. 마스터링은 주로 쉘빙 타입 하나로 해결할 수 있는 경우가 많으며, 클럽 음악의 로우 및 하이 컷 필터 효과를 연출하는 등 실제로 활용도가 높은 장치입니다.

Lesson 03
볼륨 밸런스

요즘에는 마스터링을 레벨 증폭 작업으로 취급하는 경우가 많습니다. 물론, 음질이 깨지지 않게 레벨을 올릴 수 있는 기술을 가지고 있다면 자부심을 가져도 좋습니다. 하지만, 모든 장르의 음악을 이렇게 접근하는 것은 매우 위험합니다. 실제로 오랜 사랑을 받는 음악은 다이내믹이 넓은 클래식과 재즈라는 점을 명심하기 바랍니다.

| 멀티 컴프레서

01 Multipressor는 주파수 대역을 4개로 나누어 개별적으로 컴프레싱을 진행할 수 있는 장치로 마스터링 작업에서 아주 많이 사용하는 장치입니다. 주파수는 디스플레이의 ① 세로 라인 또는 ② Crossover 항목을 드래그하여 설정할 수 있습니다. ③ Band On/Off 버튼을 이용하여 주파수 대역을 1-3으로 줄일 수도 있습니다.

02 일반적으로 ① 저음역은 킥과 베이스 ② 중음역은 바디감 ③ 고음역은 존재감 ④ 초고음역은 공간감을 컨트롤 합니다. 즉, 음역을 나눌 때 ⑤ Solo 버튼을 클릭해 가면서 각 음역대에서 명확하게 연주되는 지점을 찾는 것이 요령입니다.

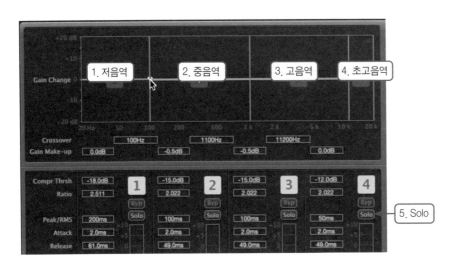

03 멀티 컴프레서를 이용할 때 어떤 대역을 컴프레싱할 것인지를 결정하는 것이 중요합니다. 예를 들어 좋게 말하면 너무 밝고, 나쁘게 말하면 시끄러운 음원이라고 가정합니다. 이때 정말 고음이 많은 것인지, 저음이 적은 것인지를 판단해야 합니다. 일단 고음역의 Ratio를 높게 설정합니다.

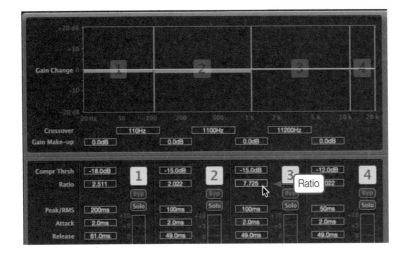

04 ① 어택과 ② 릴리즈 타임을 빠르게 설정하고, 디스플레이의 ③ 게인 리덕션 레벨 미터가 자주 움직이는 지점을 ④ 트레숄드(Compr Thresh)로 설정합니다. 이때 사운드가 답답하다 싶으면 저음이 많은 것이고, 살짝 어둡다 싶으면 고음이 많은 것으로 판단해도 좋습니다.

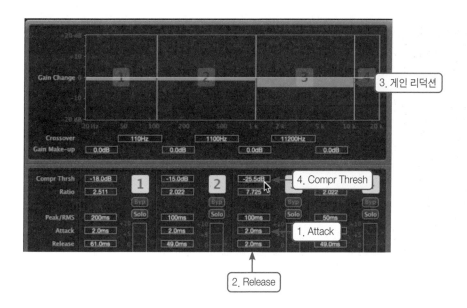

05 어떤 영역을 컴프레싱 해야 할 것인지 판단이 서면 나머지는 Byp 버튼을 클릭하여 컴프레서가 적용되지 않게 하고, 조정하고자 하는 대역의 어택과 릴리즈 타임, 그리고 트레숄드를 같은 방법으로 설정합니다.

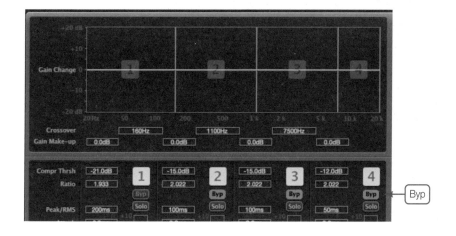

06 Ratio를 천천히 줄이면서 원하는 비율을 찾습니다. 그리고 찾은 값의 1/2로 설정합니다. 예를 들어 저음역을 3:1로 설정했을 때 만족한다면 1.5:1로 설정하는 것입니다. 최종 리미팅 작업을 했을 때 고음역이 압축된 만큼 증가되기 때문입니다.

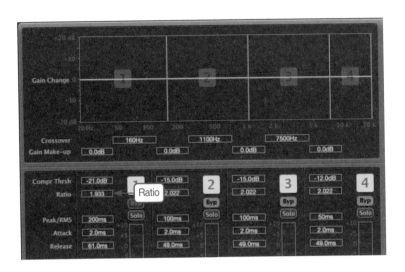

07 레벨 감지 타임을 설정하는 Peak/RMS 값을 200ms 이상으로 설정하여 RMS로 동작하게 하고, 릴리즈 타임을 조금씩 올리면서 게인 리덕션 레벨 미터가 일정하게 유지되는 값을 찾습니다. Peak/RMS 값이 200ms 이하일 때는 피크 모드로 동작합니다.

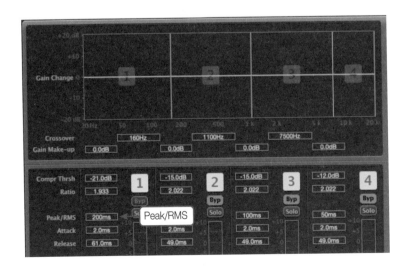

08 로직의 멀티 컴프레서는 설정 레벨 이하를 압축하는 익스펜더 기능을 갖추고 있습니다. ① Expand Thrsh에서 설정한 레벨 이하를 ② Ratio에서 설정한 만큼 줄여주는 것으로 낮은 레벨의 잡음을 제거하거나 다이내믹을 확장하는 용도입니다. ③ Reduction에서는 얼만큼 줄었는지를 나타내며, 레벨 미터의 ④ 위쪽 삼각형은 컴프레서의 트레숄드, ⑤ 아래쪽 삼각형은 인스펜더의 트레숄드를 조정할 수 있습니다.

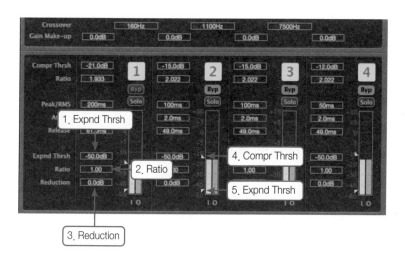

09 레벨을 자동으로 증가시켜 주는 ① Auto Gain은 Off로 하고, 신호 검출 범위를 결정하는 ② Lookahead는 Peak/RMS 값보다 높게 설정합니다. 어느 정도 자신이 생기면 나머지 대역도 하나씩 도전해보기 바랍니다.

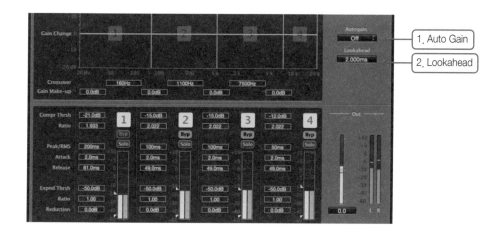

| 리미팅

01 로직 믹서의 레벨 미터는 가장 큰 레벨을 측정하는 피크 모드로 동작합니다. 하지만 인간의 귀는 디지털처럼 반응하지 않고 평균 레벨로 듣습니다. 이것을 묘사한 것이 RMS 레벨 미터입니다. Audio FX 슬롯의 Metering 폴더에서 Level Meter를 선택하여 열고, Level 항목에서 RMS로 선택하면 인간이 듣는 것과 비슷한 레벨을 볼 수 있으며, 믹싱을 할 때는 이를 참조합니다.

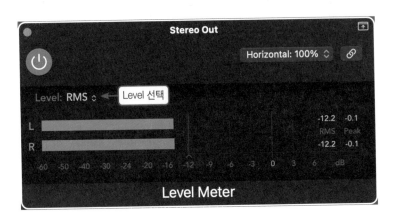

02 디지털은 0과 1을 반복하며, 사운드는 1에서만 기록이 됩니다. 즉, 파형이 점선으로 기록이 되는 것입니다. 이것을 아날로그로 출력할 때 각 점선을 곡선으로 연결하게 되는데, 이때 디지털 기록 지점 이상의 피크가 발생하게 됩니다. 이것을 Treu Peak라고 하며, Level Meter의 Level 항목에서 True Peak를 선택하여 측정할 수 있습니다.

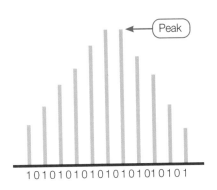

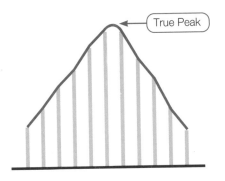

03 요즘의 음악 시장은 레벨 전쟁이라고 할 만큼 너도 나도 레벨을 키우는데 중점을 두고 있습니다. 이런 현상은 과거부터 있었습니다. 레벨이 크면 좀 더 좋게 들리기 때문에 어쩌면 당연한 흐름입니다. 특히, 한 번에 시선을 끌어야 하는 광고 음악에서 더욱 심했습니다. 그래서 과거에는 드라마를 보다가 광고가 나오면 깜짝 놀래며 볼륨을 줄여야 하는 일이 빈번했습니다. 결국 유럽 방송 연합회 EBU, 국제 전기 통신 연합회 ITU-R, 미국 방송 연합회 ATSC 등에서 방송 및 온라인 레벨 규약을 내놓았고, 각국의 방송국이나 플랫폼은 이를 따르게 되었습니다. 이때 사용하는 레벨이 라우드니스(Loudness)이며, 단위는 ATSC의 LUFS(LU) 또는 EBU의 LKFS로 표기합니다.

인간의 귀는 적응력이 있습니다. 그래서 천둥 소리가 한 두 번 울리면 깜짝 놀래지만, 계속 울리면 놀라지 않습니다. 이미 적응을 했기 때문입니다. 즉, 레벨이 일정하더라도 주파수 분포도 및 지속 시간에 따라 인간이 느끼는 레벨이 달라진다는 연구 결과에 의해 만들어진 것이 라우드니스이며, 각국의 방송 및 영화는 이 라우드니스 레벨 제한을 지키고 있습니다. 국내 방송은 미국 방송 연합회 ATSC에서 제안한 규약을 따르고 있으며, 방송은 -24LUFS, 영화는 -26LUFS입니다. 이것은 방송이나 영화뿐만 아니라 온라인에서도 따르고 있는데, 유튜브는 -14LUFS, 애플 뮤직은 -16LUFS, 넷플릭스는 -27LUFS 등, 플랫폼마다 다릅니다. 결국 마스터링의 최종 단계는 자신이 만든 음악이 업로드 될 플랫폼의 라우드니스 제한에 맞추는 것입니다.

플랫폼	라우드니스	허용 범위	트루 피크
Spotify	-11 LUFS	±1,0 LU	-2 dBTP
YouTube	-14 LUFS	±1,0 LU	-1 dBTP
Amazon Music	-14 LUFS	±1,0 LU	-2 dBTP
Tidal	-14 LUFS	±1,0 LU	-1 dBTP
Dezzer	-15 LUFS	±1,0 LU	-1 dBTP
Apple Music	-16 LUFS	±1,0 LU	-1 dBTP
Apple Podcasts	-16 LUFS	±1,0 LU	-1 dBTP
Apple Music Dolby Atmos	-18 LUFS	±1,0 LU	-1 dBTP
TV 및 라디오 방송	-24 LUFS	±2,0LU	-2 dBTP
Netflix	-27 LUFS	±2,0 LU	-2 dBTP
Disney	-27 LUFS	±2,0 LU	-2 dBTP

04 Audio FX 슬롯의 Metering 폴더에서 Loudness Meter를 선택하면 라우드니스를 측정할 수 있는 미터를 열 수 있습니다. 라우드니스는 전체 프로그램이 재생되었을 때 인간이 느끼는 레벨을 의미하는 것이므로, 레벨 미터의 Start 버튼을 클릭하고, 90분 길이의 영화라면 90분 동안 재생을 해야 측정이되며, 3-4분 길이의 음악이라면 3-4분을 재생해야 합니다. 만일 이 시간이 지루하다면 Command+B 키를 눌러 바운스하는 방법도 있습니다.

Loudness Meter는 400ms 단위로 측정되는 S(Shot Time)와 3초 단위로 측정되는 M(Momentary), 전체 측정 값을 나타내는 I(Intergrated), 그리고 다이내믹 범위를 나타내는 LU Range 값을 확인할수 있습니다, 즉, 플랫폼에 맞춰야 할 값은 I 입니다.

05 마스터링 단계에서 한 가지 더 측정해야 하는 것이 있습니다. 바로 스테레오 위상입니다. Audio FX 슬롯의 Metering 폴더에서 Correlation Meter를 선택하여 열면 이를 측정할 수 있는 미터가 열립니다. 가운데 0을 기준으로 오른쪽(+1)에서 움직이면 위상 문제가 없는 것이고, 왼쪽(-1)에서 움직이면 위상이 반대로 겹쳐 소리가 감소되는 현상을 나타냅니다.

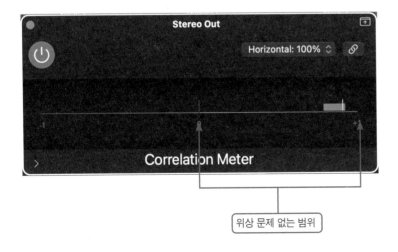

06 마스터링 단계에서 주파수 밸런스, 라우드니스, 위상 등 체크해야 할 사항이 너무 많습니다. 그렇다고 필요한 미터를 모두 열 필요는 없습니다. 로직은 이를 한 화면에서 체크할 수 있는 Multi Meter를 제공합니다.

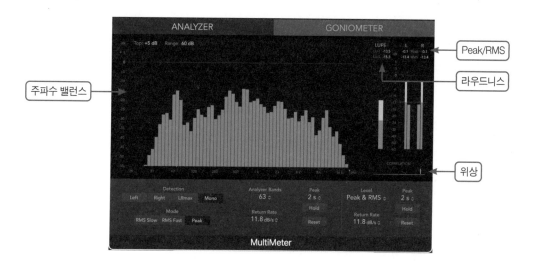

Multi Meter 아래쪽 파라미터는 주파수 및 레벨 미터의 표시 옵션을 결정합니다.

● **Detection** : 디스플레이에 표시할 채널을 결정합니다. 왼쪽(Left), 오른쪽(Right), 스테레오 최대 레벨(LRmax), 스테레오의 합(Mono)을 선택할 수 있습니다.

● **Mode** : 레벨이 측정되는 신호를 결정합니다. RMS 신호를 느리게(RMS Slow) 또는 빠르게(Fast RMS) 중에서 선택할 수 있고, 피크 신호를 측정하는 Peak 버튼을 제공합니다.

● **Analyzer Bands** : 디스플레이에 표시되는 밴드 수를 결정합니다. Return Rate는 레벨 미터의 속도를 결정하며, Hold 버튼은 피크 레벨을 유지되게 합니다. 유지 타임은 Peak 메뉴에서 선택합니다.

● **Level** : 레벨 미터의 측정 신호를 선택합니다. Return Rate와 Hold 옵션은 동일합니다.

07 Multi Meter의 ① Goniometer 탭을 선택하면 스테레오 밸런스와 위상차를 측정할 수 있습니다. 중앙의 파형이 세로로 표시되면 모노 시스템에서 문제가 없고, 가로로 기울어지면 좌/우 위상차가 발생하고 있음을 나타냅니다. 파라미터는 파형의 크기를 조정하는 ② Auto Gain과 속도를 결정하는 ③ Decay 노브가 있습니다.

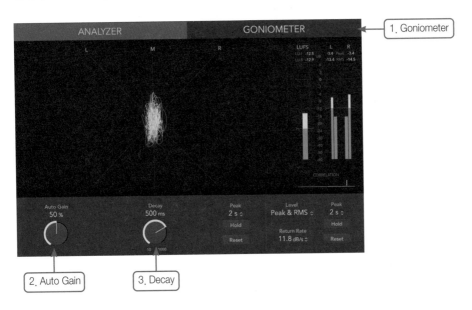

08 라우드니스를 제어하는 장치로 주로 사용하는 것은 리미터이며, 로직은 Adaptive Limiter와 Limiter를 제공합니다. 컴프레서와 비슷하지만, 설정 레벨 이상을 완전히 차단할 만큼 강력한 압축 기능을 제공한다는 차이가 있습니다. 어느 정도의 레벨 이상을 차단할 것인지를 결정하는 Out Ceiling 및 Output Level은 레벨 미터에서 측정된 트루 피크 이하로 설정하는 것이 안전합니다.

09 라우드니스 레벨은 Gain 노브를 이용하여 조정합니다. 라우드니스 레벨 미터의 I 값을 확인하면서 플랫폼 규약에 맞는 레벨을 설정합니다. 다만, 리미터를 사용하면 어쩔 수 없는 음의 왜곡이 발생하므로, 감소량을 나타내는 Reduction 레벨 미터에서 확인하면서 너무 많은 압축은 피하는 것이 좋습니다. 만일, 6dB 이상의 압축 발생한다면 컴프레싱을 점검할 필요가 있습니다.

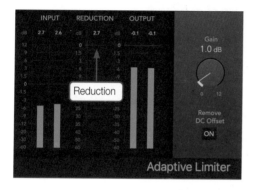
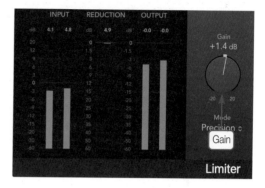

10 Adaptive Limiter와 Limiter의 공통 파라미터는 Lookahead와 True Peak Detection이 있습니다. Lookahead는 신호 감지 범위를 설정하는 것으로 피크 제어가 목적인 경우에는 타임을 짧게 하고, 평균 레벨 증폭이 목적이라면 조금 길게 설정합니다. True Peak Detection은 트루 피크를 감지할 것인지의 여부를 결정합니다.

11 Adaptive Limiter는 좀 더 부드러운 압축을 제공한다는 특징이 있으며, 전기 잡음을 제거하는 Remove DC Offset과 최적의 Lookahead 값을 설정해주는 Optimal Lookahead 기능을 제공합니다.

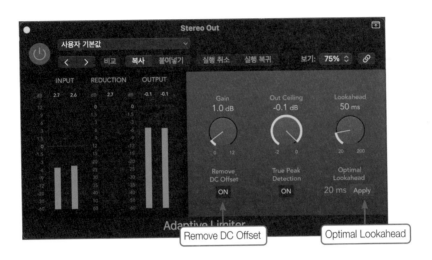

12 Limiter에는 반응 속도가 빠른 디지털 타입으로 아웃 레벨 이하에서 작동을 멈추는 타임을 설정하는 Release와 Mode 메뉴를 제공합니다. Mode는 부드럽게 압축하는 Legacy와 강하게 압축하는 Precision 중에서 선택할 수 있으며, Legacy를 선택하면 트레숄드에 도달할 때만 압축을 하는 Soft Knee 버튼을 사용할 수 있습니다.

Lesson 04

음원 만들기

마스터링 작업은 EQ를 이용하여 주파수 밸런스를 조정하고, 컴프레서를 이용하여 레벨 밸런스를 조정한 다음에 리미터로 라우드니스에 맞춰 마무리하는 것이 일반적입니다. 하지만, 잡음을 제거하거나 공간감을 디자인하는 등의 추가 작업이 필요한 경우도 있습니다. 이때 사용될 수 있는 몇 가지 추가 도구를 살펴보고, MP3 제작을 위한 바운스로 마무리하겠습니다.

| Exciter/Spread

01 Specialized 폴더의 Exciter는 고음역을 추가할 수 있는 특별한 장치입니다. EQ를 아무리 잘 다루어도 원래 신호에 고음역이 부족하다면 방법이 없습니다. 이때 원래 신호를 분석하여 한 옥타브 높은 사운드를 인위적으로 만들어주는 Exciter라는 특별한 장치를 이용하면 해결할 수 있습니다. 주파수 대역은 디스플레이 Frequenct 값 또는 포인트를 드래그하여 설정합니다.

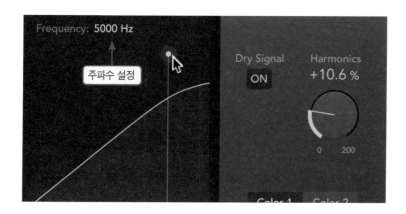

02 Dry Signal은 원래 신호를 의미하며 Off하면 추가된 고음역 사운드를 모니터할 수 있습니다. Harmonics는 추가되는 고음역의 양을 설정하며, Color은 추가되는 고음역의 밀도를 선택합니다. Color 1보다 Color 2가 좀 더 밀도가 높은 고음역을 제공하지만, 인위적인 느낌이 날 수 있습니다.

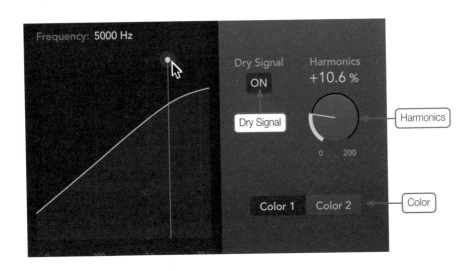

03 Exciter가 세로로 확장하는 거라면 Imaging 폴더의 Stereo Spread를 이용하여 가로로 확장할 수 있습니다. Stereo Spread는 주파수를 좌/우로 벌려 스테레오 폭을 확장하는 장치로 Upper/Lower Frequency에서 설정한 주파수 대역을 Lower/Upper Intensity에서 설정한 만큼 확장합니다. Order는 신호가 분할되는 주파수 밴드 수를 설정하며, 디스플레이는 위쪽이 왼쪽, 아래쪽이 오른쪽 채널은 표시합니다.

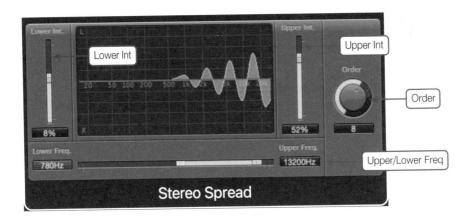

┃ M/S 프로세싱

01 M/S는 Mid/Side의 준말로 중앙의 보컬과 양쪽 채널의 반주를 분리해서 컨트롤할 수 있는 기능입니다. 로직에서 제공하는 장치들은 M/S 기능을 제공하며, 이 기능을 사용하려면 장치를 로딩할 때 듀얼 모노를 선택합니다.

02 장치 상단의 점 3개가 있는 ① 설정 버튼을 클릭하면 채널을 선택할 수 있는 창으로 변경됩니다. 메뉴에서 ② Mid/Side를 선택하고, 상단에서 조정할 ③ 채널을 선택합니다.

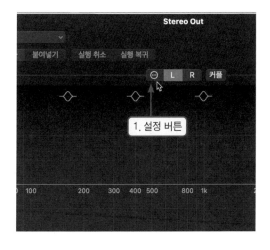

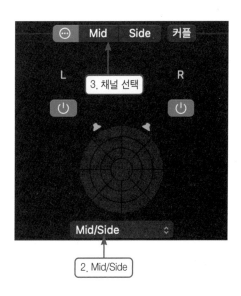

03 대부분 중앙(Mid)에 보컬이 배치되고, 양쪽(Side)에 악기가 배치되기 때문에 EQ를 M/S로 사용하면 보컬과 반주를 분리해서 주파수를 컨트롤 할 수 있습니다. 예를 들어 보컬 레벨이 낮다면 Mid에서 250Hz 대역을 올려 보컬 레벨만 증가시키거나 5KHz 대역을 올려 선명도를 향상시키는 작업이 가능합니다.

04 Compressor를 M/S로 사용하면 악기와 보컬 간의 레벨 변화를 조정할 수 있습니다. 단순하게 Gain을 이용하여 보컬 볼륨을 조정하는 것도 가능합니다. 이처럼 마스터링에서 M/S 프로세싱은 반드시 필요한 테크닉이므로 기억을 하기 바랍니다.

| 바운스

01 마스터링이 끝난 프로젝트는 바로 MP3 음원 및 오디오 CD 제작을 위한 WAV 파일로 만들수 있습니다. Command+A 키를 눌러 전체 리전을 선택하고, Command+U 키를 눌러 사이클 구간으로 설정합니다. 믹싱 프로젝트를 Wav 파일로 바운스하여 마스터링 작업을 진행하는 경우에는 해당 리전을 선택하고, Command+U 키를 누릅니다.

전체 구간 선택

02 Command+B 키를 누르거나 파일 메뉴의 바운스에서 프로젝트 또는 섹션을 선택합니다. 믹서 창에서 작업 중이었다면 Stereo Out 트랙의 Bnc 버튼을 클릭해도 됩니다.

프로젝트 또는 섹션

Bnc

03 대상 목록에서 제작하고자 하는 파일 형식을 선택합니다. 오디오 CD를 제작하겠다면 PCM, MP3 음원을 만들겠다면 MP3를 선택합니다. 동시 제작이 가능하며, 애플 뮤직 M4A:AAC와 CD/DVD에 굽기도 가능합니다.

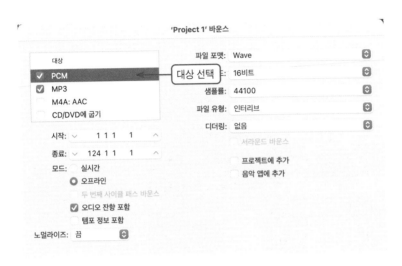

● **시작/종료** : 파일 제작 범위를 설정합니다. Command+A 및 Command+U로 설정한 구간이 표시되며, 필요한 경우에 변경 가능합니다.

● **실시간/오프라인** : 실시간은 프로젝트를 재생하면서 파일을 제작하고, 오프라인은 재생하지 않고 빠르게 제작합니다.

● **두 번째 사이클 패스 바운스** : 실시간 모드에서 프로젝트가 무거운 경우라면 문제가 발생할 수 있는데, 파일을 반복 재생하여 문제점을 해결합니다.

● **오디오 잔향 포함** : 타임 계열 장치를 사용하여 잔향이 있는 경우에 -60dB로 감소되는 범위까지 파일을 제작합니다. 잔향이 있다면 미리 해당 범위까지 선택하는 것이 좋습니다.

● **템포 정보 포함** : 파일에 템포 정보를 포함합니다. 마스터 파일을 만들 때 프로젝트 템포를 자동 설정되게 할 수 있습니다.

● **노멀라이즈** : 피크를 0dB까지 증폭시킵니다. 권장하는 옵션은 아닙니다. 단, 피크 초과가 예상되는 경우에는 과부하 보호만으로 0dB을 초과하는 레벨을 낮추도록 합니다.

● **파일 포맷** : Wave, AIF, CAF 포맷을 선택할 수 있으며, 오디오 CD 제작이 목적이라면 Wave를 선택합니다.

- **해상도** : 샘플 비트를 선택합니다. CD 제작이 목적이라면 16비트를 선택합니다.
- **샘플률** : 샘플 레이트를 선택합니다. CD 제작이 목적이라면 44100Hz를 선택합니다.
- **파일 유형** : 좌/우 채널을 분할하거나 스테레오(인터리브) 파일을 만듭니다.
- **디더링** : 24비트 프로젝트를 16비트로 변환할 때 발생할 수 있는 오류를 제거합니다. POWr #1, 2, 3 순서로 정밀하게 처리되고, 다이내믹을 확장하지만, 결과물은 UV22HR이 가장 우수합니다.
- **서라운드 바운스** : 서라운드 프로젝트를 바운스 할 수 있습니다.
- **프로젝트에 추가** : 바운스 파일을 프로젝트 오디오 브라우저에 추가합니다.
- **음악 앱에 추가** : 바운스 파일을 음악 앱에 추가합니다.

04 Mp3 옵션입니다.

- **모노 및 스테레오 비트율** : MP3 비트율을 선택합니다. 특별한 경우가 아니라면 최상의 음질을 가질 수 있는 320kbps를 선택합니다.
- **가변 비트율(VBR) 인코딩 사용** : 데이터에 따라 비트율이 변하는 VBR 형식으로 인코딩 합니다. 옵션이 해제된 경우에는 비트율이 일정하게 유지되는 CBR 형식입니다.
- **음질** : VBR 옵션을 체크한 경우에 음질을 선택할 수 있습니다.
- **최상의 인코딩 사용** : 최상의 음질을 만듭니다.
- **10Hz 이하의 주파수 필터링** : 사실상 들리지 않는 10Hz 이하를 제거합니다.
- **스테레오 모드** : 통합 및 일반 중에서 선택할 수 있습니다.
- **ID3 태그 쓰기** : 설정 버튼을 클릭하면 곡 정보를 입력할 수 있는 창이 열립니다.

필요한 대상과 옵션을 설정하고, 확인 버튼을 클릭하면 파일 이름을 입력할 수 있는 저장 창이 열리며, 바운스 버튼을 클릭하여 완료할 수 있습니다. 완성한 MP3 파일을 온라인에 직접 업로드하거나 유통 업체에 의뢰하여 본격적인 뮤지션 활동을 시작할 수 있습니다. 음원 유통 업체는 인터넷에서 검색할 수 있으며 등록 비용은 무료입니다. 몇 군데 전화 및 온라인 상담을 해보고 친절한 곳과 계약하면 됩니다.

최이진 실용음악학원(02-887-8883)/hyuneum.com

학원 선택?
누구에게 배울 수 있는지가 중요합니다!
전 세계 유일의 특허 화성학 저자 최이진에게 직접 배울 수 있는 곳!
EJ 엔터테인먼트 전속으로 졸업생 모두 음악 활동이 가능한 곳!

보컬	입시반과 연습반으로 운영되고 있으며, 연습반 졸업생은 EJ 엔터테인먼트 전속으로 음반 및 방송 활동 기회를 제공합니다.
작/편곡	세계 유일 화성학 이론 특허를 가지고 있는 노하우로 그 어떤 학교나 학원에서도 배울 수 없는 수업을 접할 수 있습니다.
재즈피아노	수많은 프로 연주자를 배출한 교육 시스템으로 초, 중, 고급 개인차를 고려한 일대일 맞춤 수업을 진행합니다.
컴퓨터음악	실용음대 표준 교재 집필 및 라이센스 문제 출제 위원으로 활동하고 있는 저자의 일대일 수업으로 실무 작업 테크닉을 배울 수 있습니다.
방송 음향 믹싱	교회, 라이브, 클럽, 스튜디오 등의 다양한 현장 경험과 교육으로 축적된 노하우를 제공합니다. 입시 또는 실무자를 위한 개인별 목적에 맞추어 진행합니다.
기타/베이스	십년 이상의 공연과 수많은 앨범 세션 경험을 바탕으로 실무 테크닉. 포크, 클래식, 재즈, 일렉 스타일별 맞춤 교육.

● 위치 : 2호선 서울대입구역 8번 출구

EJ 녹음 스튜디오 (개인 음원 제작에서 발표까지)

작곡, 편곡, 녹음, 믹싱, 마스터링 - 분야별 의뢰 가능!

B급 비용으로 A급 사운드의 음원을 제작할 수 있게 도와드립니다.

- *개인 음원 - 작곡, 편곡, 녹음, 믹싱, 마스터링, 음원 제작*
- *뮤지컬 및 연극 - 작/편곡, 단원 트레이닝 및 연습, 녹음, 음반 제작*
- *오디오 북 - 성우 녹음, 음악 및 효과 제작*
- *게임 음악, 오케스트라 녹음, 트로트 음원 제작, 행사 음악, 교회 음악 등...*
- *※ 모든 과정마다 의뢰인과의 충분한 상담을 거쳐 후회 없는 결과물을 완성합니다.*